本书为2014年度国家社科基金青年项目“网络谣言的形成原因与治理对策研究”的成果

北京文化研究丛书

首都师范大学文化研究院　编

网络谣言及其治理研究

陈国战　著

河南人民出版社

图书在版编目(CIP)数据

网络谣言及其治理研究 / 陈国战著. — 郑州 : 河南人民出版社, 2022. 12
ISBN 978-7-215-13238-2

Ⅰ. ①网… Ⅱ. ①陈… Ⅲ. ①互联网络-谣言-治理-研究-中国 Ⅳ. ①D669.4

中国版本图书馆 CIP 数据核字(2022)第 235775 号

河南人民出版社 出版发行
(地址:郑州市郑东新区祥盛街 27 号 邮政编码:450016 电话:65788060)
新华书店经销 郑州龙洋印务有限公司印刷
开本 710 毫米×1000 毫米 1/16 印张 12.25
字数 200 千字
2022 年 12 月第 1 版 2022 年 12 月第 1 次印刷

定价: 49.00 元

目　　录

绪　论

近年来,随着社会的快速发展和互联网的普及,网络谣言大量出现,这些谣言涉及社会生活的方方面面,借助互联网强大的传播能力,经常造成社会恐慌情绪的蔓延,甚至引发规模或大或小的集体行动,成为社会稳定的潜在威胁。2012 年 4 月 16 日,《人民日报》发表文章列举了此前一段时间出现的 10 起网络谣言案例,其中包括:"蛆橘事件"让全国柑橘严重滞销;地震谣言令山西数百万人街头"避难";响水县"爆炸谣言"引发大逃亡,4 人遇难;"皮革奶粉"传言重创国产乳制品;QQ 群里散布谣言引发全国"抢盐风波";伪造传播"47 号公告"被拘 15 天;一大学生网上散布"针刺"谣言被拘;"滴血食物传播病毒"传言引发恐慌;散布非典谣言被劳教两年;造谣"军车进京",6 人被拘、16 家网站被关。[①] 很多人都还记得,这些网络谣言的影响范围非常广泛,很多都波及全国,成为一段时间内在社会中热烈传播和讨论的话题。

基于这种形势,自 2012 年以来,我国政府高度重视网络谣言问题,公开对网络谣言亮剑,不仅出台了一系列法律法规,为网络谣言治理提供法律依据,而且开展专项行动,形成了对网络造谣、传谣行为的强大威慑。几年下来,我国的网络谣言治理已经初见成效。然而,在当前的主流舆论中,对网络谣言的形成原因、治理对策等问题的理解还有待深化;在当前的学术研究中,也存在一些亟待廓清的理论问题。在这种背景下,通过梳理目前已有的谣言研究成果,结合网络传播的特点,综合分析网络谣言的形成原因、主要类型、动员策略等,并在此基础上提出治理网络谣言的对策建议,仍然具有较强的现实意义和学术价值。

① 参见黄庆畅、张洋:《近年致严重后果的十起网络谣言案例》,《人民日报》2012 年 4 月 16 日。

一、当前主流舆论中的网络谣言观念

从2012年开始，各大主流媒体对网络谣言问题进行了大量的报道和讨论，以从舆论上配合国家的治理行动。然而，纵观这些讨论，可以发现它们对网络谣言的认知还不够深入，基本上没有参考关于谣言的学术研究成果。这些论述的目的在于为治理和打击网络谣言提供合法性，而不是为了深化人们对于网络谣言的认知。

首先，网络谣言为什么会层出不穷、大行其道？主流舆论一般将其归咎于互联网的传播特性，认为正是互联网"为谣言插上了翅膀"。有文章提出："随着互联网时代的突飞猛进，谣言的繁殖能力更强，因为门槛更低，几乎零门槛；谣言的传播速度更快，可以用裂变式传播来形容。有人说，一个BBS就是一张报纸，一个论坛就是一个讲堂，一个微博就是一个广播台甚至是电视台。如果不法分子借机造谣，后果确实可怕。"①还有文章做了更为具体的分析：网络谣言是互联网发展到一定阶段的伴生物，在现实生活中，我们有这样的共识：一个人说了什么话、做了什么事，后果都要由自己来承担；不讲诚信、不负责任的言行，将会受到社会谴责和法律制裁。"而网络谣言之所以能够大行其道，一个关键的原因就在于以往互联网应用习惯于模糊或扭曲这种对应关系，正所谓'在互联网上，没有人知道你是一条狗'，突出的表现就是无须用真实身份、真实信息来注册和使用。"经过这种分析，作者自然就得出了下面的结论，即实行网络真实身份信息注册，既是铲除网络谣言滋生土壤的必然要求，也是用制度来规范网络行为的根本性举措②。

其次，网络谣言有什么危害？很多人都认为："网络谣言既有针对公民个人的诽谤，也有针对公共事件的捏造。小而言之，网络谣言败坏个人名誉，给受害人造成极大的精神困扰；大而言之，网络谣言影响社会稳定，给正常的社会秩序带来现实或潜在的威胁，甚至损害国家形象。"③还有文章提出："网络谣言的另

① 秦宁：《对造谣传谣者就该勇敢亮剑》，人民网，http://opinion.people.com.cn/GB/17556703.html，访问日期：2012年4月1日。

② 参见京平：《遏制网络谣言的治本之策》，《北京日报》2012年4月9日。

③ 张贺：《认清网络谣言的社会危害》，《人民日报》2012年4月16日。

一大危害也不容忽视，那就是网民的热情被利用、网民的正义感被亵渎。”[①]既然网络谣言有如此多的危害，那么对其进行治理和打击也就顺理成章了。

最后，如何治理网络谣言？有论者提出：“无论是网民还是经营者，都有责任净化互联网的环境。当然，仅仅依靠道德自觉，造谣者和传谣者不会自动退席，完善法律法规，加大惩处力度，对造谣者积极亮剑才更有效。”[②]经过这样的讨论，主流媒体已经为相关网络立法以及对网络谣言的专项治理做好了舆论上的准备。

于是，在2012—2013年，我国针对网络谣言的蔓延采取了一系列密集动作。2012年12月28日，全国人民代表大会常务委员会出台《关于加强网络信息保护的决定》，其中规定：“网络服务提供者为用户办理网站接入服务，办理固定电话、移动电话等入网手续，或者为用户提供信息发布服务，应当在与用户签订协议或者确认提供服务时，要求用户提供真实身份信息。”这也就是人们通常所说的“网络实名制”。在整治网络谣言的背景下，网络实名制作为一项重要的治理对策被推出。紧接着，2013年6月18日起，公安部开展集中打击制造和传播网络谣言等违法犯罪专项行动，查处了包括“秦火火”“立二拆四”等在内的一批网络推手，关闭了一批造谣传谣的微博账号，公安机关也对相关人员做出了治安拘留等处罚。一时间，网络谣言成为众矢之的，人人喊打，各地迅速跟进，对涉嫌传播网络谣言的个体和媒体进行严厉惩处。几年下来，网络谣言治理取得了明显成效，网络谣言层出不穷的局面得到扭转，网络空间变得更加风清气正了。

不过，值得注意的是，在治理网络谣言的过程中，社会上也出现了一些争议之声。比如，如何处理治理网络谣言与保护言论自由的关系？苏州大学法学院周永坤教授提出了不同意见，他认为：“公民有没有‘猜测’政府行为的权利？我认为这是言论自由的范围，对于‘传播’，那更是公民的自由。因为公民不承担对自己所传播的话语的‘真实性责任’，如果法律苛以此责任，则公民动辄得咎，无疑处于恐惧之中。据此，政府没有必要‘清理网络谣言’，它劳民伤财；更没有

---

① 周勇：《是时候严惩网络谣言》，《人民日报》2013年8月23日。

② 秦宁：《对造谣传谣者就该勇敢亮剑》，人民网，http://opinion.people.com.cn/GB/17556703.html，访问日期：2012年4月1日。

权力以谣言为由关闭网站,因为它违反宪法第三十七条规定的言论自由。”[①]还有人提出:“打击网络谣言与保护网络自由,本身是不矛盾的。因为言论自由并不等于信口雌黄、无事生非,或借此恶意攻击他人甚至要挟诈骗。问题在于,网络谣言是否真是谣言,在真相大白之前往往没有标准。如果打击网络谣言的权力被滥用为‘维护形象’‘保护官员’的法宝,则可能会危及网络世界的言论自由和不记名开放。”[②]甚至还有一种声音认为,“秦火火”等虽然制造了一些谣言,但有些谣言在客观上促使有关部门积极回应,推动了行政公开、透明。

针对这些言论,主流媒体立即做出了回应。2013 年 8 月 22 日,《解放日报》发表评论提出“公开透明不能靠网络谣言推动”[③]。2013 年 9 月 16 日,《光明日报》发表评论文章《网络谣言与网络言论自由背道而驰》,其中提出:“网络让草根阶层获得了发声的空间,极大地扩大了公民的言论表达空间和自由,网络在反腐败、公民监督政府、凝聚社会基本共识、弘扬社会正能量上的作用也是有目共睹的。但是,网络谣言与网络言论自由的理念根本上是背道而驰的,就像热带雨林中的绞杀树反噬宿主的营养一样,如果任由网络谣言泛滥,迟早会令网络丧失创新活力。”[④]还有文章提出:“保护‘说错话’的权利,并不意味着放纵故意造谣。说错话与造谣言,在性质上有根本区别。美国联邦最高法院有过一句名言:绝不会保护任何人在戏院中诳呼起火引起恐慌的自由。捏造、散布虚假事实的行为,在法律上不属于行使言论自由,世界上没有哪个国家的言论自由,会包括造谣的自由。”[⑤]在主流媒体出面回应以后,有关争议很快淹没在对网络谣言的挞伐声中。对于这种舆论氛围,我们可以通过一些评论文章的标题窥见一二,如《整治网络谣言必须出重拳》《严惩网络谣言是时候了》《对散布网络谣言决不能姑息》《让网络谣言成为人人喊打的“过街老鼠”》,等等。

可以看出,在这场关于网络谣言的密集讨论中,人们所依赖的谣言观念与社会公众对谣言的负面认知是高度一致的。根据这种观念,谣言传递的信息都是捕风捉影的、虚假不实的,传播谣言的人不是盲目轻信,就是别有用心。谣言的社会影响完全是负面的,不仅会对个人造成伤害,而且会对社会稳定形成威

---

① 周永坤:《毛小平落马与清除谣言》,法律博客网站,http://guyan.fyfz.cn/b/629880,访问日期:2018 年 10 月 1 日。

② 《打击谣言与网络自由并行不悖》,《检察日报》2013 年 9 月 2 日。

③ 张驰:《公开透明不能靠网络谣言推动》,《解放日报》2013 年 8 月 22 日。

④ 于志刚:《网络谣言与网络言论自由背道而驰》,《光明日报》2013 年 9 月 16 日。

⑤ 钟新文:《言论可以自由,谣言不能自由》,《人民日报》2014 年 8 月 12 日。

胁。因此,我们必须彻底铲除谣言,建立一个完全没有谣言的世界。然而,这些解释无法回答一些关于谣言的基本问题。比如,既然谣言的内容都是虚假的,那为什么还会有那么多的人相信并传播谣言?谣言可以彻底根除吗?一个完全没有谣言的世界就是一个更好的世界吗?显然,这些问题的答案都并非自明的,它们需要借助已有的谣言理论来解释。

二、网络谣言治理中的误区和偏见

不管是在西方,还是在中国,谣言研究都已经取得了丰富的理论成果,这些成果在一定程度上改变了关于谣言的各种偏见。比如,什么是谣言?虽然谣言的定义林林总总,但大多数研究者的观点都没有超出卡普费雷的总结,他提出:"谣言是在社会中出现并流传的未经官方公开证实或者已被官方辟谣的信息。"[①]显然,不管是"未经官方公开证实的信息",还是"已被官方辟谣的信息",都没有对谣言的真假做出判断,谣言既可能是虚假的,也可能是真实的。否则,我们就无法解释那些事后被证明为真的谣言。谣言的真假往往是一种事后判断,只有在谣言被证伪或证实以后,人们才认识到谣言是真的或假的。而在谣言传播过程中,人们通常无法判断其真假,正是由于这种原因,它才常常以"我听说……"或"有人说……"开头。这种表达方式具有双重效果:一方面达到了传播信息的目的,另一方面又撇清了传播者自己的责任——"我"不对信息的真实性负责,即使这一信息事后被证明为假,也不至于太损伤"我"的声誉。

从谣言的定义还可以看出,传播谣言的主体必然是"民间的",而不可能是"官方的"。官方当然也可能会发布事后被证明为假的信息——也就是人们通常所说的"官谣",但这类信息不能被称作谣言。这是因为,界定谣言的标准并不是真实与否,而是信息是否出自官方渠道。有学者在"谣言"和"谎言"之间做了区分:"在谣言与撒谎之间,其实有着微妙的区别:谣言背后没有真相,而谎言的背后有真相;谣言常常被用于攻击,而谎言则往往被用于掩盖;谣言可能止于智者,而谎言则只能止于揭露。"[②]可以看出,在2012—2013年,虽然人们对网络谣言进行了连篇累牍的讨论,但其实并没有对一些基本问题进行认真清理。

---

① 让-诺埃尔·卡普费雷:《谣言:世界最古老的传媒》,郑若麟译,上海人民出版社2008年版。

② 何龙:《政治谣言要警惕不同概念》,《羊城晚报》2013年8月30日。

再比如，关于传播谣言的动机，很多文章都认为，散布网络谣言的人都有恶意动机。有文章提出："众所周知，制造谣言者的目的就是反社会、反体制，宣泄对现实不满情绪。另外他们利用或制造热点事件，炒红一些人从中牟利，或先行诋毁污蔑，而后通过非法删帖收取大量黑钱。"[①]《检察日报》上的一篇文章也提出："人的各种行为的背后往往有着促使其产生的动机，在网上造谣传谣，在很多情况下也有着切实而强劲的利益驱动。"[②]不可否认，这些判断对于一部分网络谣言是合适的，但显然并不适用于所有的网络谣言。人们传播谣言的动机十分复杂，不可一概而论。对此，谣言研究者涩谷保（Tamotsu Shibutani）曾做出过总结，他提出：

> 一些人之所以在明知信息未经证实的情况下还要把它传播出去，是因为他们认为群体正处于危险之中；在灾难情形下，所有信息交换都出自互助精神。而另外一些人则可能是为了显示自己能够获得"内部消息"，并借此来提高自己的声誉；那些处于重要位置上的人还可能会觉得自己在传播网络中扮演着关键角色，因而有责任表达自己的观点。[③]

根据涩谷保的总结，谣言传播者基本上都没有什么恶意动机，如果说谣言反映出什么人性弱点的话，那也最多是虚荣。虽然他的总结不能完全涵盖所有的动机类型，但却提醒我们不能将所有网络谣言都视为出自恶意动机。

可见，不管是在谣言的定义上，还是在谣言动机的认定上，当前的主流舆论都秉持这种观念，我们对待网络谣言的态度必然是严厉打击，以建立一个彻底根绝谣言的"风清气正"的世界。而实际上，作为一种最古老的信息传播媒介，谣言始终与人类社会相伴随，在任何一个社会中，谣言都像细菌一样无处不在，据人民网报道：在2012年3月28日至4月4日一周时间里，有关部门就查处网络谣言39万多起。[④] 显然，在数量如此庞大的网络谣言中，只有极少的一部分

---

① 张宇航：《勿做互联网法治疆域的"边民"》，人民网，http://opinion.people.com.cn/n/2013/1018/c1003-23245980.html，访问日期：2013年10月18日。

② 柴春元：《盯住网络谣言背后的非法利益》，《检察日报》2013年9月30日。

③ Tamotsu Shibutani, *Improvised News: A Sociological Study of Rumor* (Indianapolis: Bobbs-merrill, 1966), pp. 14-15.

④ 参见《舆情综述：网民支持查处网络谣言》，人民网，http://opinion.people.com.cn/GB/17577312.html，访问日期：2012年4月5日。

得到了广泛传播,而绝大部分几乎没有产生什么社会影响,它们会通过社会信息环境的自净化作用而自生自灭。在治理网络谣言的过程中,我们一方面不能一味地将网络谣言污名化,另一方面也要摒弃将网络谣言完全铲除的不切实际的想法。

三、当前学术研究中的网络谣言观念

在国家治理网络谣言的大背景下,近年来,我国学术界对网络谣言的研究也出现了一个高潮,出版了一系列专著,其中比较重要的有:周裕琼的《当代中国社会的网络谣言研究》(商务印书馆 2012 年版)、姜胜洪的《网络谣言应对与舆情引导》(社会科学文献出版社 2013 年版)、郭小安的《当代中国网络谣言的社会心理研究》(中国社会科学出版社 2015 年版)、雷霞的《新媒体时代抗议性谣言传播及其善治策略研究》(中国社会科学出版社 2016 年版)、严富昌的《网络谣言研究》(中国书籍出版社 2016 年版)、王颖吉主编的《突发公共事件中的谣言传播与治理》(中国传媒大学出版社 2018 年版)等。

这些研究成果基本上都借鉴了西方的谣言理论,体现出不同于主流舆论的网络谣言观念。早在 2009 年,胡泳就提出一种观点,将谣言视为一种社会抗议。他提出:"信息永远存在两个来源:一个是大众媒介所说的,另一个则是个人从他周围最直接的人那里获得的。后者就是谣言。谣言的扩散经常显示出一种对官方管道的不信任,甚至对政府本身就缺乏信任。"①网络谣言之所以大行其道,反映出的是在大众媒介与小道消息的竞争中,人们更愿意相信小道消息。就此来说,社会公众通过传播网络谣言间接地表达了对官方的不信任,以及对官方提供的信息的拒绝。

周裕琼在她的专著中提出,我们不应该把网络谣言视为洪水猛兽,而应该将其视为一种民间话语和舆论监督。她提出:"有必要在认识到网络谣言负面影响的同时,将之视作信息安全阀和社会预警器,深入考察谣言表达社会诉求、展开话语博弈、进行曲线舆论监督、实现虚拟社会参与的新型社会功能。"②基于这种观念,她还具体分析了谣言在"瓮安事件"和"石首事件"中发挥的社会功

① 胡泳:《谣言作为一种社会抗议》,《传播与社会学刊》2009 年第 9 期。

② 周裕琼:《当代中国社会的网络谣言研究》,商务印书馆 2012 年版,第 3 页。

能:“在这个过程中,谣言(以及网络谣言)作为一种与地方政府声音和官方媒体报道相对立的‘替代性新闻源’,成为典型的‘抗争性话语’,通过三种方式为底层民众的话语博弈赢得筹码。”①其中包括:谣言将“弱者”作为“武器”,造势、借势、用势,为草根赢得舆论的同情等。可以看出,这种观点明显受到了詹姆斯·斯科特的“弱者的武器”理论的影响,将网络谣言看成底层民众争夺话语权的一种方式。

在《当代中国网络谣言的社会心理研究》一书中,郭小安总结了当前中国学术界出现的几种有代表性的理解谣言的方式,其中包括:“谣言是一种反权力”,“谣言是非正常权力的补偿渠道”,“谣言是一种社会抗议,是‘弱者的武器’”,“谣言是一种非制度化的政治参与”,“谣言是一种特殊的政治监督渠道”等。②从中可以看出,当前有很多学者主张将网络谣言去污名化,与主流舆论中的网络谣言观念形成鲜明反差。这是一种认识上的深化,有助于纠正在治理网络谣言过程中出现的一些简单粗暴的做法。但是,这些理解网络谣言的方式也有一个共同的不足之处,即它们都有以偏概全的嫌疑,并不适用于所有网络谣言。进而言之,它们都把网络谣言当成一种民间话语,而将其置于官方话语的对立面,与官方话语形成一种竞争关系,甚至是对抗关系。这样一来,网络谣言在去污名化的同时,又被过度政治化了,这一方面与现实情况不符,无意中拔高了某些网络谣言的社会功能和意义;另一方面也将网络谣言问题敏感化了,使其更容易被当成一种危险的管控对象,更容易造成社会紧张。

事实上,在很多突发公共事件中,网络谣言的确在客观上发挥了舆论监督的作用,迫使有关部门不得不回应公众关切,公开相关信息,从而倒逼社会的透明化进程;而在另外一些事件中,网络谣言则成为一种“弱者的武器”,表达了对社会的不满情绪,以及对官方信息的否定和拒绝态度。但是,这并不适用于所有的网络谣言。比如,在很多关于地震即将来临的谣言中,不实信息不胫而走,恐慌情绪到处蔓延,就这种情境而言,我们很难说地震谣言是在表达社会抗议,或者是一种“反权力”。在这种情况下,大多数人之所以传播谣言,是因为他们感到群体正处于危险中,因而有相互提醒的义务。很多谣言都是一种危险情境中的群体自保行为。人们之所以传播谣言,是因为他们觉得有义务提醒别人

① 周裕琼:《当代中国社会的网络谣言研究》,商务印书馆2012年版,第212页。

② 郭小安:《当代中国网络谣言的社会心理研究》,中国社会科学出版社2015年版,第68—73页。

(尤其是家人和朋友),而没有什么明确的政治动机。

如何理解网络谣言,直接关乎我们对待网络谣言的态度,以及相应的治理对策。当前,我们既不能一味地将网络谣言污名化,不能假定所有网络谣言的内容都是假的,也不能假定人们传播谣言的动机都是居心叵测的;同时又要避免将网络谣言过度政治化、敏感化,不能为了强调网络谣言的正面社会功能,而不加区分地将网络谣言置于官方话语的对立面。

四、作为一种社会资本的网络谣言

借鉴西方的谣言研究成果,尤其是其中对谣言与社会信任之间关系的分析,本书提出将谣言理解为一种社会资本的主张。社会资本(social capital)概念早在1916年就已经出现了,但它的流行却是20世纪90年代的事情,这要归功于两位理论家:一位是詹姆斯·科尔曼(James S. Coleman);另一位是罗伯特·帕特南(Robert D. Putnam)。科尔曼区分了不同的资本形式,并指出:不同于其他资本形式(物质资本和人力资本),社会资本存在于不同行为者之间的相互关系结构中。它既不以行为者自身的形式而存在,也不以产品的物质实现形式而存在。据他理解,社会资本是无形的,表现为人与人的关系。如果没有社会资本,个人或组织的目标就难以实现,或必得付出极高代价。[①] 科尔曼的研究启发了罗伯特·帕特南,后者在《使民主运转起来》一书中将社会资本当成一个主要的分析工具,并对它进行了界定,他将社会资本定义为:"普通公民的民间参与网络,以及体现在这种约定中的互惠和信任的规范。"[②]而在他的另一本社会学名著《独自打保龄:美国社区的衰落与复兴》中,罗伯特·帕特南则描述了20世纪60年代以来美国社会在多种因素的共同影响下,公民精神和公民参与活动逐渐衰落的过程,在他看来,这一过程同时也是美国的社会资本逐渐流失的过程。[③] 借助于这本书的广泛影响,社会资本概念流行起来。

此后,这一概念的影响超出了社会学领域,在经济学、政治学、法学等领域

---

① 参见燕继荣:《社会资本与国家治理》,北京大学出版社2015年版,第37页。

② 罗伯特·帕特南:《使民主运转起来:现代意大利的公民传统》,王列、赖海榕译,江西人民出版社2001年版,中文版序。

③ 参见罗伯特·帕特南:《独自打保龄:美国社区的衰落与复兴》,刘波等译,北京大学出版社2011年版。

得到广泛运用,成为一个国际性的学术热点。在很多学者看来,社会资本是由社会或群体成员之间的相互交往而形成的一种无形的社会资源。不管是对于一个大型的社会来说,还是对于一个小型的社群来说,社会资本都是不可或缺的,否则其成员就会陷入一种各自为战、一盘散沙的状态,并由此导致效率低下、人际关系紧张,甚至带来社会或群体的分崩离析。如果一个社会或群体完全依靠法律、制度、规则等来运行,那它的运行成本就会高昂得无法承受。因此,除这些外部的、硬性的限制和约束外,社会或群体成员之间还必须拥有一定程度的相互信任和协作,也就是拥有一定数量的社会资本。

社会资本以社会或群体成员之间的相互信任为前提。弗朗西斯·福山(Francis Fukuyama)指出:"社会资本是由社会或社会的一部分普遍信任所产生的一种力量……尽管契约与私利是人们结合在一起的重要因素,但是最有效的组织都是建立在拥有共同的道德价值观的群体之上的。这些群体不需要具体周密的契约和规范其关系的立法制度,因为道德上的默契为群体成员的相互信任打下了坚实的基础。"①如果社会成员之间充满信任,那他们就倾向于合作,并且在合作过程中较少依赖其他形式的约束,而以彼此的信誉为担保。这样一来,对于整个社会来说,其运作成本就会降低,生活于其中的人会更有效率、心态更积极,幸福指数也会随之提高。可见,要防止社会资本的流失,就要增加社会成员之间的相互信任,否则,如果每个人都对其他人充满怀疑和戒备,对自己听到的每句话都首先打上一个问号,那这必然是一个人际关系紧张、人情冷漠的社会,也是一个社会资本极度匮乏的社会。

正是从这个角度,加里·阿兰·费因(Gary Alan Fine)敏锐地提出了谣言与信任之间的辩证关系。在他看来,谣言可以被视为社会信任状况的晴雨表,一个社会的谣言传播状况,可以测试出这个社会的信任状况。他提出:

> 谣言既来自信任的社会组织,又为信任的社会组织做出了贡献。从某种意义上说,谣言表明人们对公共机构的信任已经破产。谣言的存在表明,那些散布谣言的人或隐晦或明确地认为,那些来自官方的信息是不完整的或不准确的,不管是哪种情况,它们都是不充分的或不道德的,确切的

① 弗朗西斯·福山:《信任:社会美德与创造经济繁荣》,彭志华译,海南出版社2001年版,第30—31页。

信息必须通过其他方式来获取。这在确切信息至关重要却又无法获得的情况下显得尤为突出,比如,在灾难(如卡特里娜飓风)发生的情况下,谣言会提供相关信息,并分析那些负责提供信息的机构为什么会失职。

谣言表明对公共机构及其所提供的信息信任不足,与此同时,它也显现出公民之间的相互信任。每一个正常运转的社会都需要一些认知信心作为基础。但这并不意味着,在向他人提问时,他人的回答总会被接受,而是可能会被接受。谣言对公共机构的信任提出质疑,同时,它也显现出对于社会的信任。①

这也就意味着,谣言可以同时测试出两种社会信任状况:一种是人们对公共机构的信任。如果谣言满天飞、人们宁愿相信谣言也不愿相信官方提供的信息,完全把谣言当成自己行动的指南,那说明人们对公共机构已经彻底失去信任,认为它们根本不会或不愿意透露真相,要想了解真相,只能借助其他信息渠道。另一种是公众之间的相互信任状况。谣言之所以能够传播和流行,说明社会成员之间还彼此信任、彼此关心。正如一些研究表明的那样,很多谣言的传播都出于利他动机、分享动机,都是在尽一种相互提醒的义务,因此,如果每个人都对他人漠不关心,事不关己高高挂起,那谣言也就很难流传起来。此外,谣言的流行还表明社会具有一定的宽容度和自由度,给各种小道信息的流传留下了一定空间,人们对传播小道消息也不是十分畏惧;相反,如果每个人都生活在恐惧中,将官方来源之外的信息视若猛虎,那谣言也不可能流行。

因此,加里·阿兰·费因总结说:

谣言是公民社会的一个有机组成部分,在一定程度上,谣言促进了社会的稳定。我认为,谣言的规模构成了一个倒U形的曲线,适当数量的谣言意味着社会参与、对集体秩序的投入和社会信任;但如果谣言成了主导话语或几近消失了,那就意味着不信任或冷漠(或恐怖)。谣言建构了集体记忆,借助这些集体记忆,一个拥有共同价值观和共同关切的群体——即一个判断的共同体——得以形成。对于一个运转良好的公共领域来说,这

① 加里·阿兰·费因:《谣言、信任与公民社会:集体记忆与判断的文化》,陈国战译,载陶东风、周宪主编:《文化研究》第20辑,社会科学文献出版社2015年版,第88页。

种判断的共同体是至关重要的。

一个没有谣言的政治共同体,必然是一个冷漠的世界。在这个世界中,公众不去追问意义。这个世界也不存在即兴新闻,因为新闻不是不容置疑的,就是毫无必要的。如果信任太多,任何事情都将不受质疑地畅行无阻;民主政治所必需的争论也将难觅踪迹。

相反,一个谣言成为主导性政治话语的世界,必然是一个行将崩溃的世界。人们对公共机构的信任消失了,他们对任何说法都充满怀疑,并力图探求那些被隐藏起来的利益,他们认为这种利益与他们的共同善观念是相互对立的。人们认为当权者其实是在谋一己之私,于是,他们在一个充满阴谋的世界中寻找着那些言外之意。人们认为,所有的信息都是不可靠的;所有人的声誉也都必须自己去争取。在这种情况下,集体记忆极少能够进入人们的共识。①

基于这种认识,本书提出将谣言(尤其是网络谣言)理解为一种社会资本的主张。其实,从很多学者给谣言下的定义就可以看出,在他们眼中,谣言就是人们通常所说的"小道消息"。比如,涩谷保提出:"谣言是在一群人议论过程中产生的即兴新闻"②;卡普费雷认为:"谣言是在社会中出现并流传的未经官方公开证实或者已被官方辟谣的信息";迪方佐和波迪亚提出:"谣言是在模糊或危险情景下产生的未经证实却正在流传的工具性说法,能够帮助人们弄清事实并控制风险。"③这些定义不仅强调了谣言的"民间性",而且指出了谣言的"信息性",不管其内容是真是假,都能给人提供一种解释,以帮助人们弄清事实并控制风险。从这个角度说,谣言就是所谓的"小道消息"。

在任何一个社会中,各种小道消息都是不可消除的,也是必不可少的。只要存在人际交往,小道消息就会大量存在;要想彻底消除小道消息,只有完全禁绝人际交往,这显然是无法做到的,更是不值得追求的。从另一个角度看,我们每天都需要接收大量信息,以帮助我们理解当前的处境,并形成判断,指导我们

① 加里·阿兰·费因:《谣言、信任与公民社会:集体记忆与判断的文化》,陈国战译,载陶东风、周宪主编:《文化研究》第20辑,社会科学文献出版社2015年版,第99页。

② 参见 Tamotsu Shibutani, *Improvised News: A Sociological Study of Rumor*(Indianapolis: Bobbs-merrill, 1966), pp. 14-15.

③ 参见 Nicholas DiFonzo & Prashant Bordia, *Rumor Psychology: Social and Organizational Approaches* (American Psychological Association, 2006), p. 13.

的行动。没有这些信息,我们将变得寸步难行。这些信息的来源是多种多样的,不能完全依赖官方信息渠道:一方面,官方渠道的信息并不充分,再多的电视新闻和报纸新闻也不足以完全指导我们的生活;另一方面,官方渠道的信息常常是不及时的,尤其是在紧急情况发生以后,官方媒体的反应往往比较滞后,我们通常都是先听到了传闻,然后才在官方媒体上得到了确认或辟谣。因此,作为人际交往方式的小道消息是一种重要的社会资本。

各种小道消息并不是总能够赢得人们的信任。面对这些庞杂的信息,我们时刻都在做出判断,以确定哪些信息是可信的、哪些信息是不足信的。通常情况下,我们都无法亲自验证这些信息的真假,那么,我们判断的依据是什么呢?首先就是先前的经验。如果我们觉得一条信息符合我们已有的经验,并且传播信息的人是可靠的、值得信任的,那我们就会倾向于相信这条信息;反之,当我们发现一条信息与我们的经验大相径庭、传播信息的人也很可疑时,那我们就会倾向于拒绝相信这条信息,并不再把它传播给他人。这样一来,这条信息的传播链条就终止了。因此,那些广泛传播的小道消息基本上都是符合人们已有认知的信息。从这点上看,小道消息与谣言也是一致的。

在互联网普及时代,几乎所有谣言都成了网络谣言。对于网络谣言来说,我们把它理解为一种社会资本就更为恰当了。一方面,互联网为所有网民提供了发布信息的平台,在海量般的网络信息中,大部分都是普通网民生产和发布的,因此,从定义上看,只要这些信息没有得到官方确认,它们都是所谓的网络谣言。这些信息成了人们主要的信息来源,构成了重要的社会资本。另一方面,很多学者都曾提出,谣言是一种集体行动,它试图赋予不确定的情境以意义。但在互联网出现以前,这种"集体行动"还缺少相互组织和协调的手段,谣言主要还是一种线性传播。而互联网却使谣言成为一种真正的"集体行动",在网络平台上,人们不仅可以实现谣言的网状传播,而且可以通过"求辟谣""求真相"等方式就谣言的真实性展开讨论,甚至可以引发线下的集体行动。在这种条件下,将网络谣言视为一种集体行动和社会资本,就更加名副其实了。

需要指出的是,将网络谣言视为一种社会资本,并不是要否定它可能是假的、可能有负面影响。正如帕特南指出的那样,社会资本也能够用来做坏事,比如,一些极端组织可以利用社会资本相互协作,实现其反社会的目的。同样,网络谣言也可能造成极大的社会危害,对此,我们不能视而不见。将网络谣言视为一种社会资本,就是要避免不加区分地将其污名化、妖魔化,同时也反对将其过度政治化、敏感化，而是把它看成社会存在的一部分。面对网络谣言，我们既不必过分恐慌，更不能一味肯定。随着互联网越来越深地融入人们的日常生活，我们必将与网络谣言相伴而行。在治理网络谣言的过程中，我们需要仔细甄别那些有恶意的商业目的和政治目的的网络谣言，依法进行打击；同时，也要注意区分治理的对象和范围，避免对言论自由造成伤害，甚至造成“寒蝉效应”。

五、本书主要内容

本书在梳理中西方谣言观念的历史和谣言研究成果的基础上，从媒介、社会、心理、商业等多角度分析网络谣言的形成原因；分别考察新媒体事件谣言、地震谣言、食品安全谣言、名人去世谣言等几种主要的网络谣言类型，透视其不同的社会心理成因；从情感动员角度分析网络谣言传播过程中的情感因素，以及情感治理的方式和策略；在此基础上，分析当前网络谣言治理方式的效果与问题，并有针对性地提出建议。

第一章回顾中西方的谣言观念史和谣言研究史，并在此基础上分析网络谣言之于传统谣言的新变化。古希腊人将谣言看成一种不可解释的、无法捉摸的神秘现象。在古希腊人的观念中，虽然谣言在人群中传播，但它本质上是一种神谕，而正确理解神谕是困难的，所以谣言传递的消息通常都隐晦不明、真假难辨，它既给人带来巨大的希望，又会让人感到深深的绝望。在古罗马诗人维吉尔笔下，谣言女神法玛是一个青面獠牙、冷酷无情的可怕怪物，后来人们对谣言女神的想象基本上都是基于维吉尔的描述，在西方很多绘画作品中，谣言女神无不凶神恶煞，这反映出人们对谣言的恐惧。中国古人也十分重视谣言现象，但他们的谣言观念却与西方有较大差别。从总体上看，中国古人深知谣言的危害，强调应该提高辨别谣言的能力；但同时又将谣言视为一种“民意”，是社会底层百姓的心声。由于中国自古就有民本传统，所以统治者为了政权稳定，也会敬畏民意、敬畏谣言，将谣言当成一种社会警示，甚至赋予谣言一种舆论监督功能。

虽然中西方对谣言现象的关注都由来已久，但真正将谣言当成一种学术研究对象，却是直到20世纪中期才开始的。一般认为，西方的谣言研究开始于二战时期美国学者对战争谣言的研究。战时的信息环境对人的判断能力构成了严峻挑战，在人们迫切需要信息又不得的情势下，各种谣言就会甚嚣尘上。为了应对战争谣言的危害，美国、英国、日本、德国等各参战国都在前方战场之外，同时展开了对抗谣言的“战争”，对谣言的研究也应运而生。几十年来，奥尔波特、纳普、波斯特曼、涩谷保、卡普费雷、迪方佐、博尔迪亚等人对谣言的定义、谣言形成的原因、人们传播谣言的心理等问题做了深入的探讨，奠定了西方谣言理论的基础。而在中国，早在1939年，曾在哥伦比亚大学学习心理学的陈雪屏就出版了专著《谣言的心理》，这本书颇具开创性地研究了谣言的意义、谣言的成因、谣言的演变原则以及谣言的影响等，为中国的谣言研究奠定了一个相当高的起点。此后，鲜有中国学者再关注谣言问题，直到2000年以后，在历史研究领域出现了苏萍的《谣言与近代教案》、吕宗力的《汉代的谣言》等著作。可以说，直到网络谣言出现并形成引人注目的影响以后，中国的谣言研究才真正引起学界重视，并形成一个研究热潮。从整体上看，中国的网络谣言研究成果大多出自传播学学科，尤其是研究新媒体的学者之手。他们主要将网络谣言与突发公共事件联系起来，分析网络谣言的形成原因、传播规律和治理对策等。

第二章探讨媒介转型之于谣言传播的影响，尤其是网络谣言相比于传统谣言的新变化。值得注意的是，在当前的谣言理论中，无论是对谣言成因的解释，还是对谣言传播规律的总结，以及理解和研究谣言的方法，都是建立在口耳相传的谣言的基础之上的。对于媒介变化之于谣言传播的影响则关注不够，论述不多。其实，作为一种信息传播现象，不管是大众传媒的出现，还是互联网时代的来临，都在很多方面改变了谣言传播的面貌。

从谣言到网络谣言，虽然谣言的基本内核并没有发生变化，但网络谣言的形成原因、传播方式、影响范围等无疑都发生了显著变化。首先，它的传播速度更快、影响范围更广了。传统谣言大多是地方性的，在向四周扩散的过程中，它的影响力会越来越弱，以至最终消失。而网络谣言的影响范围通常都是全国性的，乃至全球性的。其次，网络谣言的传播手段更加多样化了。受口语媒介的限制，传统谣言大都十分简略，缺少丰富的细节；而网络谣言往往更详尽，也更生动，不仅有文字信息，而且通常还有图片、声音、视频等来佐证。这一方面是因为互联网为谣言传播提供了更丰富的传播手段；另一方面也是因为网络交往不同于线下的熟人交往，彼此之间的信任程度较低，只有各种信息要素都完备的谣言才能赢得人们的信任。再次，网络谣言的形成原因更加复杂了。传统谣言研究大都不对传播谣言的动机进行判断，而在当前，商业因素的渗入是网络谣言研究需要特别关注的新问题。最后，网络谣言的自我纠错能力也更强了。

互联网为人与人之间的交流与协作提供了技术上的可能，这有助于形成一种集体智慧，从而更能够明辨哪些信息是真实的，哪些信息是不可靠的。

第三章分别从社会、心理、商业三个角度分析网络谣言的形成原因。从社会角度看，网络谣言的大量出现既是现代社会复杂化、专业化、风险化造成的客观后果之一，也与社会危机与动荡局面的出现，以及一个社会的言论自由状况、政府公信力状况密不可分。从个体心理的角度看，网络谣言的产生主要与不安情绪和认知失调、从众心理、寻找替罪羊心理等有关。从群体心理的角度看，谣言主要是社会恐慌情绪的表达。从集体记忆的角度看，很多网络谣言都是集体记忆在特定情境中的复活，它们既是由各种现实条件激发的，同时也植根于集体记忆之中。从商业的角度看，网络推手的出现是网络谣言传播的一个新特点，在很多轰动一时的网络谣言背后，都可以发现有网络推手在起作用。网络推手的目的无疑是谋取经济利益，但不同于传统的商业谣言，网络推手不是靠促销商品或打击竞争对手而谋利，而是靠炒作热点话题从而提高自己的被关注度，再为接下来的谋利活动准备条件。可以说，“先造谣，再赚名，然后赚钱”，已经形成了一条完整的灰色利益链。这是当前很多网络谣言得以兴起的潜在原因。

第四章分析了当前网络谣言的几种主要类型，包括新媒体事件谣言、地震谣言、食品安全谣言、名人去世谣言等。这些网络谣言类型涉及不同社会领域，都是由特定的社会条件酝酿而成的，同时也反映出不同的社会心理，因此需要分门别类地加以分析。

新媒体事件引起的社会环境和社会心理条件变化为网络谣言的滋生和传播提供了十分适宜的土壤，因此，在新媒体事件发生以后，往往会出现网络谣言满天飞的状况，有关部门在应对新媒体事件时，不得不分出很大一部分精力来应对网络谣言。新媒体事件谣言往往不是单个出现的，而是以“系列谣言”的形式前后相继地出现，这主要是因为它往往带有更加强烈的情绪宣泄特征，只要公众的恐慌、焦虑等负面情绪没有排解，这些谣言就很难彻底消除。

地震谣言由来已久，作为一种难以预测的天灾，地震会给人的生活环境和未来命运造成重大影响，因此，它成为谣言的高发领域并不奇怪。按照出现的时间划分，地震谣言可分为震前谣言、震中谣言和震后谣言，它们反映出的社会心理并不完全相同。在地震发生前，人们谣传将要发生地震，反映出的是他们对未来命运的担忧，以及对地震预报机构的不信任。在地震中，人们通过自己的想象来夸大或编造事实，这类谣言反映出的是人们惊慌失措的心理，以及急于为地震的破坏性影响寻找“替罪羊”的心理。在大地震发生以后，人们自然会担心灾区或相邻地区会再次发生地震，这类谣言反映出的是公众在余悸未消之时的一种合理担心。

食品安全谣言在近年大量出现，它之所以屡禁不止，主要是由以下原因造成的。首先，自 2008 年“三鹿奶粉事件”出现以后，我国食品领域问题高发，公众对我国食品安全总体形势缺乏信心。其次，由于现代科技的加入，公众对食品的生产过程越来越不了解，在食品领域出现了严重的信息不对称。最后，食品安全谣言关注度高，事后追责又比较困难，因此，很多网络推手往往炮制食品安全谣言，以达到其谋利目的。

名人去世谣言会给其本人和家人带来极大的情感伤害。从谣言所涉及的对象来看，都具有极高的知名度，因此，名人去世谣言具有重要的传播价值。从谣言传播的主体角度看，名人去世谣言不仅为人与人之间的闲聊提供了谈资，而且创造了一种情感交流的机会，表达了对生命易逝与命运无常的唏嘘。从谣言传播的媒介角度看，很多自媒体为了吸引眼球，常常会将一些道听途说的消息抢先发布，以追求首发效应，从而导致谣言误传。

第五章从情感动员的角度考察新媒体事件和网络谣言的生成与传播规律。网络谣言大都出现在危机情境中，此时，人难免会产生焦虑、恐惧、怨恨等负面情感，在这些情感的作用下，人的认知能力和判断能力必然会受到影响，从而将网络谣言的传播过程变成一个情感与理性相互交织的过程。可以说，情感不仅是网络谣言生成的心理基础，而且为网络谣言的传播提供了重要的动力。网络谣言传播的情感基础主要有以下几种类型：首先，由不确定性所造成的焦虑感是网络谣言产生的重要基础之一。面对不确定的情境，谣言提供了一种解释，它让人产生一种重新理解和掌控了环境的感觉，从而减轻了他们的焦虑。其次，恐惧也是网络谣言传播的重要情感动力。尤其是在战争、地震等危机情境中，人们面临各种不可知的凶险，恐惧感油然而生，于是，谣言就会大量滋生。最后，怨恨也是催生很多网络谣言的重要心理基础。可以说，人们既不满现状，又看不到甚至不相信有改变的希望，是怨恨情绪的典型特征，当前很多网络谣言都是这种怨恨情绪的表达，尤其是一些涉及不同社会群体冲突的谣言。

为了更具有说服力、更能激起人的情感共鸣，谣言往往会诉诸一些情感动员策略，主要有以下几种：首先是极端化策略，以增强传播动力。谣言的内容越离奇,就越能够刺激公众的神经,越具有充足的传播动力。因此,谣言在传播过程中会有一种夸张趋势,其中一种很重要的表现形式就是数量夸大。其次是戏剧化策略,以打动人心。善恶分明是大众最容易接受的冲突类型,可以发现,网络谣言经常使用这种截然两分的叙事策略,将新媒体事件讲述为一个"恃强凌弱"的故事。为了增强戏剧冲突效果,网络谣言还会提供一些生动的"细节"。再次是情境化策略,以借力热点事件。一些网络谣言会利用公众关注的热点问题实现"借势传播"。最后是脚本化策略,以激活集体记忆。网络谣言常常求助于过往的同类谣言,从中获得故事脚本,借此激活公众的集体记忆。

第六章以2020年上半年新冠肺炎疫情防控期间的网络谣言和网络舆情为例,分析近年来我国网络舆论场发生的新变化,反思网络舆情治理的得失。新冠肺炎疫情发生后,我国网络舆论场一直十分活跃,各种与疫情相关的话题始终占据着中心位置。从整体上看,与非典时期相比,虽然新冠肺炎疫情防控期间也出现了大量谣言,但其存续时间和影响力都比较有限,没有引起大规模的社会恐慌和集体行动。与之形成鲜明对比的是,各种网络舆情却一波未平一波又起,不断激起不满、悲伤、怨怼等情绪,将网民凝聚为一个个情感共同体。在相隔17年的两次疫情中,中国社会从谣言满天飞到网络舆情此起彼伏,从恐慌情绪蔓延到不满、悲伤、怨怼三种情绪相互交织,折射出我国公众在面对疫情时的心态变化,以及近年来我国社会的一些深层次问题。

第七章分析当前治理网络谣言的两种主要举措,即网络实名制和网络辟谣的效果与问题,并在此基础上提出治理网络谣言的对策建议。当前,随着我国对网络空间治理力度的加大,网络谣言的社会影响明显下降,可以说,网络谣言治理已经初见成效。我们在肯定网络谣言治理成效的同时,也应该认识到转变治理观念、更新治理方法的必要性。首先,要转变网络谣言治理观念。网络谣言治理的目标不是完全消除网络谣言,而是要尽可能地抑制其消极作用,发挥其正面功能。治理网络谣言也不能诉诸一味地强硬打压。其次,要区别对待不同类型的网络谣言。大多数网络谣言会在传播过程中自行消失,根本不必进行辟谣和治理。对于那些可能产生重大影响的网络谣言,有关部门要提前研判,及时出面辟谣,防止谣言的进一步扩散。在治理由突发公共事件引起的网络谣言时,要特别重视对公众情绪进行引导。再次,要加大政府信息公开的力度,提升政府公信力。网络谣言体现着信任的博弈,为了压缩网络谣言的存在空间,正规渠道的信息就要更加及时、更加全面,更能赢得人们的信任。这就要求,每当重大公共事件发生以后，有关部门应及时发布准确、权威的信息，以回应公众期待，消除产生网络谣言的隐患。同时，还要将政府信息公开常态化、制度化，以信息公开提升政府公信力。最后，还要提高政务新媒体的影响力。作为官方信息发布和网络辟谣的重要平台，政务新媒体要通过渠道整合提升关注度和影响力。同时，还应该注重利用多元化的辟谣平台，提升辟谣效果。

第一章　谣言研究:西方与中国

不管是在西方,还是在中国,人们对谣言现象的关注都由来已久。在大众传媒出现之前的漫长人类历史中,人与人之间的信息传播主要是口耳相传,由于人类感官本身的不可靠性,再加上传播者和接收者主观意图的影响,各种信息歪曲、讹误、捏造等都是不可避免的。这些信息鱼龙混杂、真假难辨,但却对个人和群体产生了至关重要的影响。因此,谣言一直是一种重要的社会现象,人类对谣言的关注由来已久。

一、作为一种古老的信息传播媒介的谣言

谣言传播的信息通常都事关重大,同时又显得神秘莫测,难辨真假。人们不知道风起于何处,却又真真切切地看到它吹起粼粼波痕,甚至掀起惊涛骇浪。正如卡普费雷分析的:"对于公众来说,谣言这个词令人想到一个神秘的,甚至是神奇的现象。分析一下有关谣言的常用词汇,颇有值得玩味之处:谣言漫天飞,谣言甚嚣尘上,谣言无孔不入,谣言会潜伏,谣言会不胫而走。看上去,谣言似乎是一头令人吃惊、异常敏捷、难以捕捉的动物,它不属于任何已知的种类。它作用于人的方式近似于催眠术:它迷惑人,征服人,引诱人,激励人。"[①]于是,正如对各种自然现象的解释那样,在历史上,人们也赋予谣言一种神秘色彩。

(一)古希腊的谣言观念

早在公元前8世纪,古希腊诗人赫西俄德就在《工作与时日·神谱》中提出

① 让-诺埃尔·卡普费雷:《谣言:世界最古老的传媒》,郑若麟译,上海人民出版社2008年版,前言第3页。

“要提防谣言”,他写道:“谣言是邪恶,容易滋生传播,但受害者却苦不堪言,消除它困难重重,传播的人多了,谣言永远不会干净全部地消失,甚至在某种情况下成为真理。”[①]在雅典,谣言被视为宙斯的神谕,谣言女神是最强大的女神之一。在《荷马史诗》中,谣言经常作为一种神谕而出现,它能够预测吉凶,占卜未来,对战争产生决定性的影响;虽然谣言在人群中传播,但它本质上却是一种神谕,而正确理解神谕是困难的,所以谣言传递的消息通常都隐晦不明,真假难测,它既给人们带来巨大的希望,又让人感到深深的绝望。

(二)古罗马的谣言观念

在古罗马,谣言女神的名字叫“法玛”(Fama),这个词在拉丁语中指的是名誉、公众的看法、声誉、流言飞语和谣言。不管是好名声还是坏名声都叫法玛。诗人维吉尔详细描述了谣言女神的面貌和行踪,在他笔下,法玛是一个青面獠牙、冷酷无情的可怕怪物,他在《埃涅阿斯纪》中写道:

> 法玛有一双飞毛腿和一对飞快的翅膀,是个硕大无比的可怕的怪物,说来奇怪,她身上每片羽毛下面长着一只睁开的眼睛,一条舌头,一张聒噪的嘴和一只竖起的耳朵。到了晚上她趁着夜色在天地之间飞翔,翅膀扇动发出刺耳的声音,她也从不闭目安眠;白昼,她坚守在人家的屋顶上,或宫殿的高檐间,在大都市上面散布恐惧,因为她心里隐藏着害人的谎言,也准备说真话。[②]

维吉尔的描述生动形象、惟妙惟肖。后来人们对谣言女神的想象,基本上都是基于维吉尔的描述,在很多绘画作品中,谣言女神无不凶神恶煞。

在后面这幅创作于16世纪的版画作品中,我们就可以看到维吉尔描述的诸多特征:首先,谣言女神长着一对巨大的翅膀,它粗壮有力,随时准备展翅起飞,这表明谣言具有强大的移动能力,它能够快速地从一个地方传播到另一个地方。其次,谣言女神的耳朵非常硕大,几乎与面部同高,这意味着她消息灵通,任何微小、隐秘的信息都逃不过她的耳朵。再次,谣言女神浑身上下长满了

---

① 赫西俄德:《工作与时日·神谱》,蒋平、张竹明译,商务印书馆1991年版,第24页。
② 维吉尔:《埃涅阿斯纪》,杨周翰译,译林出版社2018年版,第86页。

版画《谣言女神》(16 世纪)

大大小小的眼睛、舌头、嘴和耳朵,它们一刻不停地打探着周围的一切,并随时准备将它们传播出去,使社会中充满飞短流长。最后,更引人注目的是她那长长的獠牙和身上挂满的各式武器,尤其是她手中拉满的弓箭,她同时射出三支箭,这表明谣言不仅会给人们带来伤害,而且伤害的对象是不明确的,很容易造成无辜者“躺枪”。

而在德国版画家 A. 保尔 · 韦伯(A. Paul Weber)的作品《谣言》中,谣言已经褪去人形,而成为一条龙形怪兽。韦伯被阿诺施密特称为“我们最伟大的新版画家”,这幅创作于 1969 年的作品被称为“达 · 芬奇之后最好的讽喻画”。从这幅画中可以看出,谣言怪兽身形巨大,面目丑陋,它长着两只巨大的耳朵,目光如炬,身体的鳞片上则长满了密密麻麻的眼睛。它在城市上空逡巡游荡,仿佛妖魔降临人间,人们纷纷被它吸引,从窗户探出头来。而它又有头无尾,拥有强大的吸附能力,在它所过之处,人们纷纷被它吸引过来,成为它身体的一部分。这表明,谣言没有固定的形状,它对人有强大的吸噬能力,每个人都会成为谣言的组成部分。此外,从版画中还可以看出,谣言怪兽的游荡之处是鸽笼般的公寓楼,这似乎意味着谣言更能够吸引那些社会底层的民众。

古罗马历史学家普鲁塔克(Plutarchus)曾经记载过一则谣言,从中我们可以清楚地看出西方古老的谣言观念。公元前413年10月,一个希腊理发师正在雅典比雷埃夫斯港的理发店中为一位陌生的顾客理发修面,这个陌生人从远方带来的一条可怕的消息,彻底改变了这个理发师的生活。这个陌生人对他说:雅典的海军在大海港被锡拉库斯打得溃不成军,雅典军事家、西西里总司令德摩斯特内斯和尼克雅思也被杀了,希腊军队全军覆没。而他本人则是个奴隶,他和主人一起侥幸逃脱。于是,理发师马上动身赶往6公里外的雅典城,通知那些与此事相关的雅典人和当权者。让他没有想到的是,他的厄运由此开始了。当时人们普遍认为理发师是喜欢搬弄是非的人,因为那些爱搬弄是非的人都集中在他们那里。于是,理发师就被带去盘问,而他连提供消息的人是谁都说不出来。人们彻底愤怒了,于是就用当时流行的土办法寻求历史的真相:人们搬来一个轮子,把理发师绑在上面,一直折磨他。不久以后,那些从战场上逃出来的人证实了这个可怕的消息,希腊军队的确全军覆没了,于是,人们立刻四散奔逃,为自己的不幸痛哭流涕。而那个可怜的理发师却依旧被缚在车轮上,直到晚上才被放开,而这时他已经奄奄一息了。

汉斯-约阿希姆·诺伊鲍尔(Hans-Joachim Neubauer)在《谣言女神》一书中绘声绘色地讲了这个故事,从这个故事中可以看出当时人们对待谣言的基本态度。首先,理发师传播的谣言最后被证实了,这说明在古罗马人的观念中,谣言并不必然是虚假的,而可能是一种预言。其次,这个理发师从一个陌生人那里听来了消息,他与这个陌生人根本就不认识,也说不出他的名字,这表明在罗马人的观念中,谣言的来源通常是不确定的。再次,这则谣言产生于港口旁边的理发店中,这是谣言传播的理想环境。正如汉斯-约阿希姆·诺伊鲍尔分析的:

> 从古典时期直到今天,理发店和鞋店、时装店一样一直被视为流言飞语和其他消息的集散地,不论男女,甚至奴隶在这种商业场所都可以参与谈话。在这样一种公开与隐秘混杂的地方,洛格博伊欧斯这个善于杜撰和捏造故事的人找到了最理想的登台亮相的地方。在这里,陌生人变得亲近,正是这种扰乱了距离感、让人感到十分惬意的亲近诱使人们交换故事和粉饰过了的花边新闻。①

① 汉斯-约阿希姆·诺伊鲍尔:《谣言女神》,顾牧译,中信出版社2004年版,第5页。

这表明，在当时人们的观念中，谣言传播的理想环境是公共性和私人性相杂糅的空间，这种认识直到今天依然是成立的。最后，理发师传播的谣言及其遭遇表明，谣言大都是“坏消息”，是人们不愿意相信和接受的消息。从西方流传下来的版画中可以看到，谣言女神的画像大都是凶神恶煞的，这反映出人们对谣言的恐惧。从人们惩罚理发师的方法还可以看出，人们对待谣言的方法类似于一种驱魔仪式，希望通过严酷的肉体惩罚来驱散谣言。

（三）中国古代的谣言观念

中国古人对谣言现象的关注也由来已久。在古代汉语中，“谣”本来是指在民间流传的歌谣，不管是歌，还是谣，都是一种韵文，都朗朗上口，便于口头传播。这是在信息传播媒介匮乏的条件下，古人为了传播信息的实用目的而使用的一种修辞手段。根据吕宗力的研究，“谣言”与“流言”“讹言”“妖言”“谶言”和“谶谣”等意义相近。其中，“流言”是指公开散布、传播的言论，它有时的确与虚假、没有根据的言论有关系，但并不等同于污蔑、诽谤。“讹言”与“流言”类似，“只不过，流言兼指在朝廷或民间散播的言论，讹言则更多用来标签民间流传之言”①。“妖言”也是谣言的一种表现形式，只不过，它代表着怪异、妖异、危险、不可信的负面信息。与前两者相比，历代统治者都对妖言深恶痛绝，处罚也更加严厉。所谓“谶言”，是指以口语或文字表述的异常言论或征兆，其中暗藏玄机，以隐喻、隐晦的方式启示天命所归，预言个人或政权的命运。而“谶谣”则是谶言的一种，一般以童谣的面目出现，看上去更像是娱乐性强的嬉戏儿歌，却往往被视为言语异常、暗藏天机、预言未来的隐语式谶言。从这些繁多的命名可以看出，中国古代社会中的谣言是非常兴盛的，它遍布朝野，是古人重要的信息交流手段，也是最早的社会舆论形态。从总体上看，中国古人深知谣言的危害，强调应该提高辨别谣言的能力；但同时又认为不能轻视谣言，而应该将谣言当成一种社会警示。

关于谣言造成的危害，中国古人早有领会，《国语·周语下》中所说的“众口铄金”，说的就是社会舆论和谣言的威力。《战国策·魏策二》所记载的著名的“三人成虎”的故事说的也是谣言混淆视听、以假乱真的能力。屈原在《离骚》

---

① 吕宗力：《汉代的谣言》，浙江大学出版社 2011 年版，第 22 页。

中说“众女嫉余之蛾眉兮,谣诼谓余以善淫”,这种“谣诼”让屈原信而见疑、忠而被谤,是造成他投江悲剧的重要原因。可见,中国古人对谣言的威力和危害早有认知。

不仅如此,中国古人还赋予谣言一种舆论监督功能。有学者指出:“古代政治民谣的盛行是一种十分突出的政治现象,是对专制制度钳制言论的一种反动。当一个社会下层意见不能通过正常渠道上达时,便会出现民谣这一类‘无组织’信息的流动,并形成特殊的民间舆论,在某种程度上影响着政策的变化和政治的走向,从而发挥其应有的社会功能。”①为了维护政权的稳定性,中国历代统治者都十分重视人心之相背,密切关注民心之异动。通过正规的上传下达渠道,最高统治者不可能听到来自民间的呼声,因此,中国自先秦以来就有“采风”的传统。到了东汉时期,光武帝刘秀建立起一个以民间歌谣为郡国长官考绩凭据的舆论监督制度,即所谓“举谣言”,这被视为中国古代行政监督史上的一个创举。

由此可见,中西历史上的谣言观念既有相通之处,又有显著的差异。其相通之处在于,它们都深刻认识到谣言的巨大威力,并对之心存敬畏。其差异性表现在,西方人将谣言视为一种神谕,认为它来自谣言女神,可以预知吉凶,占卜未来;而中国人则将谣言视为一种“民意”,是社会底层百姓的心声。由于中国自古就有民本传统,所以统治者为了政权稳定,也会敬畏民意、敬畏谣言。他们认识到:“以严刑峻法封杀一切妖言,虽可在一定范围内、一定程度上压制对统治者不利的舆论,维持一段时间的社会稳定,却也妨碍了朝廷与民间、统治集团内各层面各派系间的正当有效沟通,反而会对政治与社会的长治久安带来不良影响。”②因此,到了汉文帝时期,诽谤、妖言之罪就被废除了。不管是在西方,还是在中国,这种谣言观念都在相当长的历史时期内支配着人们对谣言的认知:一方面对谣言心存警惕,并适时查禁一些危及社会稳定的谣言;另一方面又对谣言心存敬畏,密切关注谣言所透露的社会信号。

二、西方的谣言研究

虽然人类对谣言现象的关注由来已久,但真正将谣言作为一种学术研究对

① 谢贵安:《古代政治民谣及其社会舆论功能》,《湖北行政学院学报》2002 年创刊号。

② 吕宗力:《汉代的谣言》,浙江大学出版社 2011 年版,第 74 页。

象,却是20世纪中期以后的事情。一般认为,西方的谣言研究肇始于二战时期美国学者对战争谣言的研究。谣言之所以迟迟没有成为学术研究的对象,主要是由以下原因造成的。

首先,研究谣言具有相当的难度。谣言来去无踪,既没有明确的制作者,又没有固定的传播者,它是在人与人之间传播的真假难辨的信息,即使是传播谣言的人,也不能确定它的真假,也对它将信将疑。因此,谣言很难进入以真实确凿为标准的历史学家的视野,甚至被他们当成一种对历史真实的干扰而丢弃。如此一来,谣言就很难留下可供查证和研究的文字记录。而且,谣言的影响越大,越显得不可捉摸、难以研究。在现代信息存储和传播媒介出现以前,情况就更是如此了。让-诺埃尔·卡普费雷(Jean-Noel Kapferer)解释说:

> 研究报纸、无线电广播或电视轻而易举,因为它们的资料都保存着。人人都能去查阅杂志或报纸的合订本。同样,录音机和录像机也使人们可以重听或重看过去的节目。而研究谣言却完全不同。除了少数例外,研究者在获悉谣言的存在时总是太晚:谣言要么已经过去,要么已进入最后阶段。于是研究者只能通过采访去追寻残存在人们记忆中的谣言,而记忆容易遗漏、容易理性化和失真。这样进行工作,研究者实际上研究的并不是谣言,而是谣言存在人们头脑中的记忆。然而记忆是很难供人观察的。①

其次,人们研究谣言的动机也不是十分强烈。因为谣言大都是与时事相关的信息,它与当时当地的人关系密切,而时过境迁之后,这些在当时人看来很重要的信息,后人可能已经不再感兴趣了。

最后,长期以来,人们研究谣言的理论工具也比较匮乏。二战期间,奥尔波特等人着手研究战争谣言时发现:"当我们开始分析与战争及和平年代流言散布有关的试验时,却苦于缺乏系统描述该课题的社会心理学文献。至今,似乎无人尝试对谣言的基本现象做统一协调的描述。"②谣言是一种复杂的社会现象,对谣言的研究涉及社会学、人类学、心理学、传播学、语言学等不同学科,而这些学科的理论和方法出现较晚。这就导致,过去人们主要对谣言进行一种道

---

① 让-诺埃尔·卡普费雷:《谣言:世界最古老的传媒》,郑若麟译,上海人民出版社2008年版,第2页。

② 奥尔波特等:《谣言心理学》,刘水平、梁元元、黄鹏译,辽宁教育出版社2003年版,原著序。

德分析和评判,甚至将其看成一种神秘现象,而没有深入谣言的结构、谣言产生的原因和传播方式等问题。只有在现代心理学、传播学等学科的理论和方法成熟以后,谣言研究才正式进入学术研究的视野。

(一)谣言研究的兴起

对谣言的学术研究起源于对战争谣言的分析,这是很容易理解的。诺伊鲍尔早就指出:“雅典人对谣言女神的崇拜也是源自于战争。”①在战争时期,社会动荡不安,人的安全感受到极大威胁,迫切需要有关局势走向的信息,而恰恰在这时,出于保密的考虑,参战各方都会对自己的军事行动讳莫如深,甚至有意散布一些真假难辨的消息,以达到迷惑对手或鼓舞士气的目的。因此,战时的信息环境对人的判断能力构成了严峻挑战,在人们迫切需要信息又不得的情势下,各种谣言就会甚嚣尘上。谣言是人们通过相互交流、相互求证,以获得一种对局势的合理解释和心理安慰的方式。

二战期间,在日本偷袭珍珠港之后,美国加入了对抗轴心国的战争。这时,谣言也大量出现。有谣言声称德国已经被打败,有谣言声称希特勒已经死亡,还有谣言说本国军队已经战败甚至全军覆没。根据奥尔波特等人的分析,这些谣言可以分为三种类型:一类是恐惧性谣言,这种谣言夸大形势的严重性,会打击人们对战争获胜的信念。一类是希望性谣言,这些谣言过分乐观,有时也会导致因沾沾自喜而削弱战斗力。第三类是挑起分裂的谣言,它是战时谣言中最多的一种,会带来内部不同群体之间的仇恨和敌意。“分析表明,1942 年夏天的所有谣言中,约有三分之二是怀有敌意目的,造成分裂影响。”②

为了应对战争谣言的危害,美国、英国、日本、德国等参战国都在前方战场之外,同时展开了对抗谣言的“战争”,通过各种方式告诫国民要谨言慎行,切勿传播谣言。1942 年,哈佛大学心理学教授戈登·W. 奥尔波特和他的博士生罗伯特·H. 纳普合作建立了第一所谣言诊所,他们在《波士顿周日报》上开设了一个专栏,旨在澄清一些对战争有重大影响的谣言。此后,在美国和加拿大的很多地方出现了 40 余家这样的谣言诊所。

谣言诊所主要从社会心理角度研究谣言,这种尝试具有重要的示范意义。

---

① 汉斯－约阿希姆·诺伊鲍尔:《谣言女神》,顾牧译,中信出版社 2004 年版,第 12 页。

② 奥尔波特等:《谣言心理学》,刘水平、梁元元、黄鹂译,辽宁教育出版社 2003 年版,第 5 页。

但是,由于谣言诊所的主要功能是消除谣言所造成的社会恐慌和分裂,而非客观地认识谣言,所以也存在一些局限。严格来说,谣言诊所并不是一个谣言研究机构,而是一个旨在消除谣言影响的公共安全部门。卡普费雷评论说:"在第二次世界大战的背景下,要求全民族共同努力,纳普的这些建议似乎是合法的,可以实行的。然而在和平时期重读这些建议时,就好像是在描写一个极权国家。"[①]在西方,真正从学术研究的立场对谣言进行研究始于奥尔波特和波斯特曼 1947 年出版的《谣言心理学》。

(二)谣言的定义

弗朗索瓦丝·勒莫(F. Reumaux)提出:"谣言是个难以界定的对象。可以将这一对象同物质实体、人群、公众、团体或集会等同考虑,而谣言又可以归于那些声音越大越让人捉摸不清的词,如传闻、吵嚷、喧哗等。"[②]谣言问题之所以聚讼纷纭,在很大程度上是由谣言定义的分歧造成的,除此之外,学术研究中的谣言定义与日常使用中的谣言概念也不尽相同,日常使用中的谣言概念更具贬义色彩,这也是造成谣言观念混乱的重要原因。

奥尔波特和波斯特曼给谣言下的定义是:"一种通常以口头形式在人们中传播,目前没有可靠证明标准的特殊陈述。"[③]从这个定义可以看出,奥尔波特和波斯特曼界定了谣言的两个特征:一是谣言的传播方式是口耳相传。二是谣言的真假是悬而未决的,即"没有可靠证明标准",它们可能是假的,也可能是真的。他们的定义深刻影响了后来的研究者,后来者不断对谣言定义进行完善,但基本上都没有推翻这两个基本假设。

在谣言研究史上,涩谷保也是一个重要的理论家。如果说奥尔波特、波斯特曼的贡献在于将心理学视角引入谣言研究,那么,涩谷保的贡献则在于从社会学的角度研究谣言问题。在 1966 年出版的《即兴新闻:谣言社会学研究》(*Improvised News: A Sociological Study of Rumor*)一书中,涩谷保提出:"虽然过去两千年中大多数谣言研究者主要关注的是口耳相传的不确切的报道,但是必须

① 让-诺埃尔·卡普费雷:《谣言:世界最古老的传媒》,郑若麟译,上海人民出版社 2008 年版,第 6 页。

② 弗朗索瓦丝·勒莫:《黑寡妇——谣言的示意及传播》,唐家龙译,商务印书馆 1999 年版,第 5 页。

③ 奥尔波特等:《谣言心理学》,刘水平、梁元元、黄鹏译,辽宁教育出版社 2003 年版,原著序。

强调的是,虚假并非谣言的必要特征。”[①]在这一点上,他与奥尔波特和波斯特曼是一致的。不同的是,他更强调谣言现象的过程性和集体性。在他看来,过去的谣言研究都存在一个误区,即都把谣言看成一个“物”(object),而不是把它看成一个“过程”(process)。他提出,“也许因为‘谣言’是一个名词,而不是一个动词,所以它就被看成一个独立存在的物。它被当作一种能够在人与人之间传递的东西——就像一块砖头那样”[②]。而实际上,谣言并没有固定的形状,也没有一个所谓的“原作”,它是在连续不断的传播过程中一步步生成、变形或强化的。谣言不是由个体制造和传播的,它是一种集体创作。因此,谣言研究不能从个体心理的角度切入,而应该从社会心理的角度入手——正是基于这种观念,他将自己的著作命名为“谣言社会学”,而非“谣言心理学”。涩谷保从社会学角度给出了自己的定义:“谣言是一种反复出现的交流模式,人们在不确定的情势中借助它聚集起来,并通过贡献各自的智慧来获得一种有意义的对此情势的解释。”[③]简言之,谣言就是在一群人议论过程中产生的即兴新闻。当一件脱离常规的事件发生以后,人们为了明智地行动,就迫切地寻找新闻,而谣言就是这样一种新闻,它适时地出现,满足了人们对新闻的需求。

卡普费雷是西方谣言研究的集大成者,在1987年出版的《谣言:世界最古老的传媒》一书中,他把谣言从一种社会现象提升为一种政治现象,提出谣言是一种“反权力”。他给谣言下的定义是:“在社会中出现并流传的未经官方公开证实或已经被官方所辟谣的信息。”[④]在他看来,谣言的特征在于它的传播渠道是非官方的。从法律意义上来说,官方发布的信息具有一种权威性,它被认为是真实可靠的,是检验其他信息真实与否的标准。但是谣言却对官方信息的权威地位提出挑战,它或者先于官方信息而出现,或者对官方信息提出质疑,并提供一个不同于官方信息的版本。谣言与官方信息形成一种竞争关系,争夺公众的信任,从这个意义上说,谣言市场类似于信息“黑市”,当官方信息及时、充分

---

① Tamotsu Shibutani, *Improvised News: A Sociological Study of Rumor* (New York: The Bobbs-Merrill Company, INC, 1966), p. 17.

② Tamotsu Shibutani, *Improvised News: A Sociological Study of Rumor* (New York: The Bobbs-Merrill Company, 1966), pp. 7-8.

③ Tamotsu Shibutani, *Improvised News: A Sociological Study of Rumor* (New York: The Bobbs-Merrill Company, 1966), p. 17.

④ 让-诺埃尔·卡普费雷:《谣言:世界最古老的传媒》,郑若麟译,上海人民出版社2008年版,第15页。

而且可靠时，谣言的市场就会萎缩；相反，当官方信息迟迟不到、不能充分解释人们的疑惑，或者不能赢得公众的信任时，谣言就会大行其道，公众就会选择相信谣言而拒绝官方信息。因此，谣言的泛滥是官方权威流失的表征，这也是谣言在历史上总是引起统治者忌惮的原因。为了应对这种局面，官方在大力清剿谣言的同时，也不得不提供更多的信息，以揭穿谣言或论证官方说法的可信性。这样一来，谣言就在客观上提升了公众的知情权，提高了政治的透明度。基于此，卡普费雷将谣言称为“第一台自由广播电台”。

2007 年，尼古拉斯·迪方佐（Nicholas Difonzo）和普拉尚·博尔迪亚（Prashant Bordia）出版了《谣言心理学：社会和组织的方法》（*Rumor Psychology*：*Social and Organizational Approaches*）一书，进一步完善了谣言的定义。他们提出：“我们将谣言界定为在各种含混不清的、危险的或具有潜在威胁的环境中流传的、未经证实的工具性信息表达，其功能在于帮助人们理解和应对风险。”[①]这个定义明确指出了谣言产生的社会环境特征，即要么含混不清，要么危险已经来临，要么危机四伏，在这几种环境中，人们都迫切需要关于环境的信息，以弄清发生了什么、将发生什么以及如何应对。谣言就产生于这种需求，不管可靠与否，它都给人提供了解释和建议，有助于人们弄清自己所处的环境，并采取应对之策。如果说人天生就有获得安全感的需求，而安全感首先来自对自身所处环境的把握，那么就可以说，谣言是人在不确定的或危险的环境中的一种自保行为。也就是说，谣言传播者首先考虑的是如何在新的环境中保护自己，从这个意义上说，谣言的首要功能是满足传播者的心理需求和现实需要，不管是其社会功能还是政治功能，都是派生性的。

（三）谣言、传言与都市传说

根据谣言的定义，我们可以把谣言从其他同类概念中区分出来，其中，与谣言关系最密切的两个概念是流言（gossip）和都市传奇（urban legend）。根据尼古拉斯·迪方佐和普拉尚·博尔迪亚的分析，谣言（rumor）具有四个方面的特征：首先，它是信息陈述，也就是说，它是一种宣称，而非指令或审问。其次，它是通过人群来传播的，而不是存在于某个人头脑中的想法。再次，传播者认为

① Nicholas Difonzo, Prashant Bordia, *Rumor Psychology*: *Social and Organizational Approaches*（Washington: American Psychological Association, 2007）, p. 13.

这些信息有某种用处。最后,它是未经证实的。[①] 也就是说,虽然谣言的内容是未经证实的,真假难断,但公众却热衷于传播它们,因为这些信息对人是有用的,能够帮助人理解自身所处的环境。

与谣言相比,迪方佐和博尔迪亚将流言界定为:"一种关于个体的评价性议论——通常不是关于现在的,它产生于社会网络形成、变动和维持的过程之中,即建立群体团结的过程之中。"[②]从内容上看,流言是关于个体的、通常带有负面评价的议论。人们之所以热衷于传播流言,是因为通过分享有关他人的流言,能够强化传播者和倾听者之间的关系、通过比较提升自我的地位、排斥流言所针对的目标,并且可以借此交流对于群体规范的认知。通过比较可以看出,谣言和流言的内容、功能都是不同的:谣言一般涉及重要的公共话题,而流言则针对个人的私人事务;谣言的功能主要是理解不确定的环境,应对潜在的威胁,而流言则主要作用于人际关系——强化人际联系、排斥特定的目标或建立群体规范。

另一种与谣言类似的信息是所谓都市传说,迪方佐和博尔迪亚将都市传说描述为:"关于非同寻常的、幽默的或可怕的事件的故事,包含着与现代世界有关的主题;被人们当作已经发生之事或可能已经发生之事来讲述,它的变体会出现在多个地点和时间;通常包含道德内涵。"[③]这里所说的"都市",并不是说都市传奇一定发生在城市中,而是说它们与传统题材不同,是与现代社会中出现的各种新问题密切相关的。与谣言相比,都市传奇的特点主要体现在以下三个方面:首先,谣言的内容通常都与当前出现的某个具体问题有关,作为一种信息,它能够帮助人们理解当下的环境;而都市传说则试图理解这个世界,它不一定是由某个具体问题引发的,而是某种人们长期关切的问题的反映。其次,谣言的内容通常都比较短小,在传播过程中,其主要信息不断简化,谣言的指向也越来越明确;而都市传奇则类似于一则道德寓言,它通过讲述一个完整的故事,隐晦地表达某种社会焦虑。最后,谣言通常是孤立存在的,具有时效性和地域性;而都市传说则是流动的,在一时一地沉寂下去以后,它并没有消失,而是潜

---

① 参见 Nicholas Difonzo, Prashant Bordia, "Rumor, Gossip and Urban Legend", *Diogenes*, 2007 (213):pp. 19-35.

② Nicholas Difonzo, Prashant Bordia, *Rumor Psychology: Social and Organizational Approaches* (Washington: American Psychological Association, 2007), p. 19.

③ Nicholas Difonzo, Prashant Bordia, *Rumor Psychology: Social and Organizational Approaches* (Washington: American Psychological Association, 2007), p. 23.

伏下来，一旦遇到合适的时机，还会以改头换面的方式在其他地方重现。

比如，大概从2008年开始，我国网络上开始流传一种说法：据说，作者朋友的父亲是农业部门的官员，他在参观肯德基的养鸡场后发现，每只鸡身上都插满了管子，一只鸡从孵出来到成品鸡的时间只有两个星期。鸡身上根本没有毛，每只鸡身上都长着6个翅膀、8条腿，为了证明这种说法，网络传言中还配有相关图片。这种说法当然荒诞不经，但肯德基方面发现，在短短时间内，网络上就出现了几千条相关内容。虽然明眼人很容易看出这种说法的荒诞性，但它还是流传甚广，隔几年就会死灰复燃。显然，这是一则典型的都市传奇，它反映出的是人们对现代社会中的食品安全问题的担忧，以及对“垃圾食品”“洋快餐”的抵制心理。在很多家长心中，以汉堡、鸡腿、鸡翅为代表的“洋快餐”是垃圾食品，但这并不能阻挡很多儿童和青少年对其趋之若鹜。这则都市传奇表达的其实就是很多消费者对“洋快餐”的敌意，以及对快速养殖的担心，只要这种敌意和担心一直存在，这类都市传奇就不会彻底消失。

总之，谣言、流言、都市传说指称的都是在社会中流传的未经证实的信息，不管是在日常使用中，还是在谣言研究中，它们之间的边界都是模糊的，经常被不加区别地分析。但无论从内容上看，还是从功能上看，它们之间都存在微妙的区别。简言之，流言就是人们通常所说的流言飞语，它们一般都指向个体的私人生活，满足的是群体交往的需要；谣言通常都涉及刚刚发生的公共事务和重大事件，满足的是人理解变化了的环境的需要；而都市传说则类似于寓言故事，它通过讲述一个相对详尽的故事，表达的是某种道德警示或社会焦虑。

（四）谣言为什么会流传？

法国有句古老的谚语：“想听的话，再聋也能听到。”中国也有一句古训：“无风不起浪。”这些古老的智慧都可以看作是对谣言流传原因的解释。可见，自古以来，人类就在思索：既然谣言的内容都是不可靠的，那它为什么还能广为流传呢？人们传播谣言的动机是什么？在谣言研究中，对谣言流传原因的分析是一个基本问题。从总体上看，很多人都认为谣言流传的原因是复杂的，应该从不同角度进行具体分析，而不能一概而论。

在《谣言心理学》中，奥尔波特和波斯特曼提出，谣言的流传与两个因素密切相关，即谣言的重要性与含糊性。他们还总结出一个著名的公式：“$R = i \times a$”，即谣言的流传广度等于谣言的重要性乘以事实的含糊性。

> 用语言表达就是:流行谣言传播广度随其对相关人员的重要性乘以该主题证据的含糊性的变化而变化,重要性与含糊性之间的关系不是加法而是乘法,因为,如果两者之中有一个为0,也就没有谣言了。例如,一个美国公民一般是不会传播关于阿富汗骆驼的市场价格这种谣言的,因为这个话题对他没有任何重要性,虽然它具有相当的含糊性。……光有重要性也不行。假如我在一次汽车事故中失去了一条腿,虽然此事对我具有悲惨的意义,但我不会相信有关我受伤程度的谣言,因为我知道真相。①

这个公式有助于我们理解现代社会中的各种谣言现象,比如,为什么在自然灾害、食品安全等问题上会谣言高发?因为这些问题事关重大,与每个人的生活都息息相关。再如,为什么在那些新闻管制的社会环境中谣言会层出不穷,因为公共事务不透明导致公共事件的含糊性提高,公众想要获知真相而不得,于是谣言就会四处蔓延。由此可见,谣言与正规渠道的信息构成一种互补和竞争关系,如果官方渠道的信息充分且可靠,那么谣言的立足空间就比较狭窄;相反,如果官方渠道的信息匮乏或不可靠,那么公众就会转而求助于信息黑市,求助于谣言,这样一来,在与正规渠道信息的竞争中,谣言就会胜出。正因为如此,谣言甚至被解释为"遥遥领先的预言"。

从这个公式还可以看出,谣言是人们试图消除含糊性、弄清事实真相的一种努力,从这个意义上说,谣言是一种集体性的认知行为,是人们试图理解和把握自己周围环境的一种努力。同时,谣言也是一种情绪宣泄方式。希望性谣言表达的是人们内心的愿望和期盼,恐惧性谣言表达的是人们的担忧和焦虑,而挑起分裂的谣言表达的则是人们对某个群体的偏见和厌恶。通过希望性谣言,人们表达了对现状的不满情绪,如果谣言真的成了现实,那么,目前这种让人不满的现状就可以得到改观了;通过恐惧性谣言,人们表达的是对现状的焦虑和担忧,谣言往往是可以设想的最坏的结果,如果这最坏的结果都可以接受了,那也就没什么更可怕的了;通过分裂性谣言,人们为自己的偏见找到了依据。比如,关于黑人的负面谣言就为一些人的种族偏见找到了借口——既然黑人的确做了这些不好的事情,那就证明了"我"之前的偏见并不是无中生有的,而是有

① 奥尔波特等:《谣言心理学》,刘水平、梁元元、黄鹂译,辽宁教育出版社2003年版,第17—18页。

根有据的。因此，不管哪种类型的谣言，都具有一种情绪宣泄功能。奥尔波特和波斯特曼提出，谣言流传还有一些其他的原因，比如，通过讲述谣言，一个人可以显得消息灵通，从而成为人际交流的中心，获得一种居高临下的感觉，甚至可以借此提高自己在人群中的地位。“还有，某人也许会发现，通过重复他最近听到的东西，便于填平谈话中可能会出现的令人尴尬的沉默”①。这些分析主要借用心理学的研究成果，指出了谣言流传的复杂原因，对后来的研究影响甚大。

对于人们传播谣言的动机，涩谷保曾经做出过比较全面的分析，他提出：

> 一些人之所以在明知信息未经证实的情况下还要把它传播出去，是因为他们认为群体正处于危险之中；在灾难情形下，所有信息交换都出自互助精神。而另外一些人则可能是为了显示自己能够获得“内部消息”，并借此来提高自己的声誉；那些处于重要位置上的人还可能会觉得自己在传播网络中扮演着关键角色，因而有责任表达自己的观点。②

可见，人们传播谣言的动机是多种多样的。在一些情况下，谣言是一种善意的提醒，它提醒人们可能会发生某种危险，为了提醒他人规避这种风险，传播者不惜拿自己的信誉去冒险。在另一些情况下，人们传播谣言是另有所图，比如，为了提高自己的声誉、为了显示自己消息灵通等。而人们之所以接受谣言，也大都不是完全相信，而是抱着“宁可信其有，不可信其无”的态度。

卡普费雷也很关注人们为什么传播谣言，他专门分析了人们传播谣言的各种动机，以及谣言的几种基本功能。第一，谣言是一种新闻。“在任何情况下，谣言之所以流传，就是因为如果对这个无论真假的新闻茫然无知的话，就存在着危险，不管是有形的还是象征性的危险”③。第二，传播谣言是为了求知。人是一种社会动物，有一种与群体成员保持一致的倾向。通常情况下，人总是要等到知道了他人的想法后，才形成自己的观点，这也就是伊丽莎白·诺埃勒-诺依曼（Elisabeth Noelle-Neumann）所说的“沉默的螺旋”。从这个意义上说，传

---

① 奥尔波特等：《谣言心理学》，刘水平、梁元元、黄鹏译，辽宁教育出版社2003年版，第17—18页。

② Tamotsu Shibutani. *Improvised News: A Sociological Study of Rumor*（New York: The Bobbs-Merrill Company，1966），pp. 14-15.

③ 让-诺埃尔·卡普费雷：《谣言：世界最古老的传媒》，郑若麟译，上海人民出版社2008年版，第55页。

播谣言就是在向其他人求证,通过与他人的交流,人们会形成一个一致意见。正是在这个意义上,我们把谣言视为一种集体创作,它是一种集体现象,而非个体现象。第三,对于一些谣言传播者来说,传播谣言就是为了说服别人。他们与自己传播的谣言完全融为一体,拒绝相信谣言或对谣言产生怀疑,就是拒绝传播者本身。如果能够成功说服别人,使其相信自己传播的谣言,他们就可以获得一种内心的满足。第四,传播谣言是为了自我解放,为了发泄个人的焦虑。有些谣言涉及一些令人恐怖的事件,比如危险化学品即将发生爆炸、恐怖分子已经确定了下一个袭击目标等,谈论这些事件本身就是在疏解紧张不安的情绪。通过传播谣言,个人感受到的危险转化成了集体的危险,既然人人都有危险,人人都紧张不安,那么个人感受到的危险和不安的程度就降低了。第五,有些人传播谣言仅仅是为了取乐。从这个意义上说,谣言的功能类似于幽默,它没有现实价值,却可以增加一个人的魅力。第六,传播谣言只是"为说而说"。在人际对话当中,总是会出现一些令人尴尬的空白,双方都哑口无言。在这种时刻,谣言就可以发挥使谈话得以继续以避免尴尬的作用。在这种情况下,"带来一个谣言,意味着他想和交谈者开始或继续一种更为密切的关系,在这种关系中,每一方都更多地暴露自己,在毫不谈及自身的情况下,使自己的思想和才华赤裸裸地表现出来。总之,谣言提供的不是一个交流信息的机会,而是一个交流各自表现的机会"①。

通过以上分析可知,西方谣言研究基本上达成了三个共识。第一,关于谣言的真假问题,研究者一般都认为是悬而未决的,谣言是未经官方证实却在广泛流行的信息,它可能是真的,也可能是假的。第二,人们传播谣言的动机是多种多样的,既有求知的目的,又有情绪宣泄的需要,还有娱乐消遣的心理。第三,谣言是集体性的,而非个体性的。它是一种集体行动,而非个体的凭空臆造。这也就意味着,我们不能仅从个体层面来分析谣言流传的原因,也不能只诉诸惩治个体来消除谣言。

三、中国的谣言研究

值得注意的是,中国学者对谣言的研究并不晚于西方,早在1939年,曾在

① 让-诺埃尔·卡普费雷:《谣言:世界最古老的传媒》,郑若麟译,上海人民出版社2008年版,第63页。

哥伦比亚大学学习心理学的陈雪屏就出版了专著《谣言的心理》[①]。在这本书中，陈雪屏颇具开创性地研究了谣言的意义、谣言的成因、谣言的演变原则以及谣言的影响等，为中国的谣言研究奠定了一个相当高的起点。但他的理论开拓并没有产生多少回响，直到 21 世纪以后中国才陆续出版了几本研究专著，如苏萍的《谣言与近代教案》（2001）、吕宗力的《汉代的谣言》（2011）、李若建的《虚实之间：20 世纪 50 年代中国大陆谣言研究》（2011）等。

（一）陈雪屏的《谣言的心理》

陈雪屏曾在美国哥伦比亚大学心理研究所学习，熟悉西方的心理学理论，回到国内以后又一直从事心理学教学工作。1931 年"九一八"事变期间，他正在沈阳的东北大学任教，耳闻了很多战争谣言。回到北平以后，1937 年又赶上卢沟桥事变，抗日战争全面爆发，北平城内谣言四起。正是基于这些亲身经验，再加上他的心理学知识，以及对中国古代文献中的谣言的分析，他于 1939 年出版了《谣言的心理》一书，开启了中国谣言研究的序幕。

陈雪屏提出，谣言是一种复杂的心理社会现象。一般认为，谣言的本质是一种失真的消息，但是，在不可靠或不真实这一点上，谣言与新闻、传说、历史等并没有本质上的不同。在他看来，不可靠或不真实并不是谣言独有的特征，其他一切语言文字记录或陈述同样也是不可靠的或不真实的。比如，有时候新闻可以变成谣言，谣言也可以变成新闻。在可靠性或真实性这方面，它们只存在程度上的差别，而并没有本质上的不同。因此，要给谣言下一个确切的定义，实属不易，但陈雪屏尝试总结了谣言的几个特点：第一，谣言包括强烈的情感成分，如犹疑、怨恨、恐惧等；第二，谣言的演变是由于同时积累而成；第三，谣言的力量很大，可以使一个团体立刻瓦解，或者使很多懦夫变成一群勇士。关于谣言的成因，他也做了详细的分析，他提出：

> 谣言是多数人集合的反应，大都产生于非常的情境中。为害于人类生

① 陈雪屏（1901—1999 年），江苏宜兴人，父亲陈漱六是大银行家，曾任伪满奉天中央银行行长。1920 年，陈雪屏考入北京大学预科班，1926 年毕业，同年前往美国哥伦比亚大学心理研究所深造。1930 年，陈雪屏回国，先后在东北大学、北京大学等校任教，与徐志摩、沈从文、林徽因素有来往。1948 年曾短暂代理国民政府教育部部长，后任台湾大学心理学系教授等职。他的《谣言的心理》于 1939 年由商务印书馆出版。

活的自然界变化,如水旱、地震、瘟疫等,或剧烈的人事更动,如大革命、暴虐政治、国际战争等,使身受者忧惧、忿恨、惊诧、焦急或惶惑,因而失却应付的能力。事变本身原已包含极多不可知的成分,任何有关于事变的消息,无论真伪的程度是多是少,凡足以为不可知的成分作注解的,便立刻在某一区域或团体中流行起来;一人在报告,数人或数十人在听,这些听众在短时间内又再成为传播者,而将各个人自己的希望、恐怖、与其他种种神秘而不合理的推测融合了进去。①

从以上分析可以看出,陈雪屏的谣言研究早于美国的奥尔波特、纳普等人的研究,凭借扎实的心理学知识和丰富的谣言案例,他得出的结论是非常深刻的。首先,他认识到应从集体心理而非个体心理的角度切入谣言研究。其次,他认识到谣言常常产生于非常情境中,面对自然的或社会的威胁,谣言满足了人们对消息的需求,因此,不管真假程度如何,它都广受欢迎。最后,他着重强调了谣言传播过程中的情感因素,不管是谣言产生的原因,还是人们传播谣言的动机,都与各种情感因素密不可分。谣言产生于忧惧、忿恨、焦虑等情感,通过加工和传播谣言,人们表达的其实是自我的希望和恐惧。可见,在诸多方面,陈雪屏得出的结论都与后来西方的谣言研究不谋而合,可以说,他的研究不仅在时间上更领先,使用的案例更丰富,同时,也更符合中国社会中的谣言状况。

陈雪屏提出,包括谣言在内的任何语言文字报告都难免有不可靠与不真实的成分,这主要是由三种原因造成的:一是观察的范围有限;二是记忆的不可恃;三是语言文字意义的暧昧。这些都是谣言形成的基本原因。除这三种基本原因外,谣言在传播过程中还会发生各种演变,从而变得面目全非,陈雪屏总结出六种改造与补充谣言的方式:一是自以为是的补充;二是夸大的补充;三是类比与联想的补充;四是主观的好恶与愿望的补充;五是自圆其说的补充;六是故意捏造的补充。可以看出,陈雪屏对谣言成因的总结是非常全面的,其中既有客观方面的原因,又有主观方面的原因;既有无意中产生的讹误,又没有避讳有些谣言的确是有人故意捏造的。

陈雪屏对谣言的态度并非一概否定。他提出,谣言的作用有时是消极的,有时是积极的,“因此,在非常时期我们要讲求防止谣言传播的方法,同时更要

① 陈雪屏:《谣言的心理》,商务印书馆 1939 年版,第 21 页。

利用谣言"①。他的言外之意是,为了达到同仇敌忾的目的,我们甚至可以有意散布一些谣言。可以看出,陈雪屏的谣言研究一方面具有开创性,与后来西方的谣言理论存在诸多不谋而合之处;但另一方面也没有完全摆脱战争环境的影响和局限。

(二)中国历史上的谣言现象研究

在《谣言的心理》出版以后,中国本土的谣言研究进展缓慢。2000 年前后,《谣言心理学》《谣言女神》《黑寡妇——谣言的示意及传播》等一批西方谣言理论成果被译介到中国,中国学者开始借鉴这些理论,对中国历史上的谣言现象进行研究。这些研究大都基于以下认知:谣言是社会舆论的一种非正常的表现形式。当某类谣言在全社会传播,并且大多数都信以为真,那么,研究这类谣言便可以洞悉该社会的文化所隐含的某些深层信息。② 因此,这些著作主要是把谣言当作历史研究的材料,关注的是谣言透露出的历史信息。

吕宗力的《汉代的谣言》就是这样一本历史著作,他在书中提出,谣言类言论通常被视为一种无稽之谈,在历史研究中不受重视。而在他看来,这些谣言类言论构成了诠释历史的"小注脚",有助于揭示官方文本和主流思维之外的另类真相或史观。在《汉代的谣言》中,他从浩如烟海的史料中打捞出各种各样的流言、讹言、谣言、谶言等,以管窥汉代的群体心态和社会文化氛围,以及不同阶层对谣言的态度。通过对各类谣言的传播过程和社会功能的分析,他总结道:

> 在汉代,谣言类言论往往带有民间言论的性质。在当时的社会、政治、文化语境中,汉代的政治思想家采取了独特的论述策略,包括从儒家民本观念和政治道德的高度,辅之以史学叙事和神秘主义论述策略,解构当局对民间言论或谣言类言论的污名化和妖魔化。而当局对流言、讹言、妖言等官方难以控制的谣言类言论信息,深具戒心。一方面坚持严刑峻法,以雷霆手段对有碍统治秩序的谣言类言论施加打击;另一方面也不敢小觑其对民众对心理的影响,忽视其反映舆情的功能及所传达的天启预警信息,试图建立疏通言路、聆听民意的机制,以适时适当回应、改善吏治等方法,

---

① 陈雪屏:《谣言的心理》,商务印书馆 1939 年版,第 70 页。

② 参见苏萍:《谣言与近代教案》,上海远东出版社 2001 年版,第 249 页。

维系社会和谐和稳定。①

《汉代的谣言》收集了丰富的谣言案例,不仅揭示了汉代社会不同于正史叙述的另类侧面,而且有助于我们了解中国古代社会中的谣言状况,以及不同社会阶层对待谣言的态度,从而深化对中西谣言观念差异的认识。

晚清时期,中国社会内忧外患、动荡不安,也是各种谣言频发、影响甚巨的时代。谣言是社会的一面镜子,可以映照出不同于主流叙述的历史侧面,在新历史观的影响下,很多历史学家都选择以谣言为切口,以小见大,呈现晚清社会自上至下各个社会阶层的面貌。比如孔飞力的《叫魂:1768 年中国妖术大恐慌》就从 1768 年的叫魂谣言引起的社会恐慌说起,勾连起不同社会群体和角色对叫魂妖术的反应。正如该书的译者所说:"孔飞力着力要做的,是在讲述这一系列故事时,把蕴藏在'盛世妖术'现象背后的种种时代的、政治的、社会的及文化的含义写出来。"②柯文的《历史三调》也有异曲同工之妙,作者从事件、经历、神话三个角度分析了义和团运动的三副面孔,并着重分析了义和团运动时期的谣言,以及谣言与社会现实和群体心理之间的关系。

在《谣言与近代教案》中,苏萍将反教谣言分为两大类:一类是无意讹传的谣言,另一类是有意捏造的谣言。关于无意讹传的谣言,她提出:"在中国人眼中,异族的传教士与本土的和尚道士没有本质区别,甚至更具危险性,早在明代就流传生番吃人的说法,因此关于传教士迷拐幼孩的谣言给民众造成极大的不安。"③通过此起彼伏的采生折割、诱奸妇女、迷拐幼孩谣言,中国民众表达了对外来传教士的恐惧和敌意。关于有意捏造的谣言,苏萍认为它们主要是官绅阶层所为,这是因为传教士阶层的进入,冲击了官绅阶层的权威,对他们的权力形成了挑战。"他们无力通过正当途径发泄自己的怨恨,只得诉诸制谣、传谣作为反教手段以迫使传教士就范,达到将其驱逐出境的目的"④。可以看出,苏萍的研究虽然借鉴了西方的谣言理论,但并没有亦步亦趋,而是紧密联系于近代教案的历史背景,将反教谣言置于各种社会力量相互纠缠的权力结构中来分析。虽然谣言理论一般不做动机考察,尤其是不会轻易将谣言指认为"有意捏造

① 吕宗力:《汉代的谣言》,浙江大学出版社 2011 年版,第 232—233 页。
② 孔飞力:《叫魂:1768 年中国妖术大恐慌》,陈兼、刘昶译,上海三联书店 2014 年版,第 346 页。
③ 苏萍:《谣言与近代教案》,上海远东出版社 2001 年版,第 26—27 页。
④ 苏萍:《谣言与近代教案》,上海远东出版社 2001 年版,第 27 页。

的”，但具体到反教谣言，苏萍却令人信服地指出，在持续 40 年之久的晚清教案中，始终活跃着士绅的影子，他们最知道中国民众恐惧什么、担心什么，因而有意制造出迷拐幼孩、诱奸妇女、挖眼剖心等谣言，以达到同仇敌忾地排斥西方传教士和中国教民的目的。

李若建在《虚实之间：20 世纪 50 年代中国大陆谣言研究》中提出，谣言的传播具有鲜明的地域特征，谣言是被激活的集体记忆。新中国成立初期，百废待兴，中国各地陆续出现各种大规模的谣言，如“毛人水怪”谣言、“割蛋”谣言、“仙水”和“神药”谣言、投毒谣言等。通过分析，作者发现这些谣言呈现出明显的地域性：“‘毛人水怪’的谣言暴发在水网密布的区域，‘割蛋’谣言暴发在农牧混杂的地区，‘投毒’事件多发生在有‘放蛊’传闻的西南地区。这些说明谣言的产生与各地的生产、生活方式相关。”①同时，作者还发现，这些谣言并不是无中生有的，而是在历史上一直都存在，只不过，它们在新的历史条件下重新暴发出来。从这个意义上说，谣言就是一种被激活的集体记忆。这也启示我们，谣言不仅仅是社会舆论的反映，同时也是被压抑下来的集体记忆，谣言研究不仅要借助社会学、心理学方法，同时也需要借助人类学方法。

（三）当前中国的网络谣言研究

在互联网出现以后，西方的谣言研究也关注媒介技术的更迭对谣言传播的影响。比如，加里·阿兰·费因提出：“在解释谣言的动力时，考察技术变化对共同信念的影响是至关重要的。”②卡斯·R. 桑斯坦（Cass R. Sunstein）在《谣言》一书中以网络时代为背景，分析了谣言的形成原因及治理困境，他提出：“谣言几乎与人类历史同龄。但是随着互联网的兴起，谣言变得俯拾皆是。实际上，我们正生活在谣言泛滥的时代。”③2007 年，丹尼尔·索洛伍（Daniel J. Solove）出版了《名声的未来：网络上的流言、谣言与隐私》（*The Future of Reputation: Gossip, Rumor, and Privacy on the Internet*）④，分析了互联网上的流言飞语和谣

① 李若建：《虚实之间：20 世纪 50 年代中国大陆谣言研究》，社会科学文献出版社 2011 年版，第 9 页。

② Gary Alan Fine, Veronique Compion-Vincent and Chip Heath (ed.), *Rumor Mills: The Social Impact of Rumor and Legend* (Transaction Publishers, 2005), p. 3.

③ 卡斯·R. 桑斯坦：《谣言》，张楠迪扬译，中信出版社 2010 年版，第 3 页。

④ Daiel J. Solove, *The Future of Reputation: Gossip, Rumor, and Privacy on the Internet* (Yale University Press, 2007).

言对一个人名声的影响。2013 年,格雷戈·达尔齐尔(Greg Dalziel)选编了论文集《网络时代亚洲的谣言与传播》(*Rumor and communication in Asia in the Internet Age*)①,从不同角度考察了互联网对谣言和传播的影响。然而从整体上看,西方学界以“网络谣言”(internet rumor)为题的论著和论文较少。

中国的情况则大不相同。可以说,直到网络谣言出现并形成引人注意的影响以后,中国的谣言研究才真正引起学界重视,并形成一个研究热潮。在中国知网上以“谣言”为关键词进行检索可以发现,在 2010 年以后,中国的谣言研究迅速升温,而在这些研究中,网络谣言是其主要研究对象。这种中西差异大概是由以下原因造成的。

首先,当代中国的谣言研究起步较晚,长期以来,谣言并没有成为一个特别重要的社会学研究对象,在网络谣言成为一个突出的社会问题之前,只有零星的论文关注到了地震谣言、商业谣言等。中国谣言研究的兴起在很大程度上是为了应对网络谣言的大量出现。

其次,中国独特的学术生产机制也推动了网络谣言成为一个研究热点。自 2012 年以来,我国高度重视网络谣言治理,不仅通过行政和司法手段查处大量网络谣言、利用主流媒体大造舆论声势,而且通过课题立项、出版资助等方式,支持开展关于网络谣言的学术研究。比如,周裕琼 2012 年出版的《当代中国社会的网络谣言研究》、郭小安 2015 年出版的《当代中国网络谣言的社会心理研究》、王颖吉 2018 年出版的《突发公共事件中的谣言传播与治理》等都是国家社会科学基金项目的结项成果;蔡盈洲 2014 年出版的《数字新媒体环境下突发性群体事件的谣言传播研究》是教育部人文社会科学研究基金项目成果;姜胜洪 2013 年出版的《网络谣言应对与舆情引导》是天津市哲学社会科学规划基金项目的成果;等等。可以看出,我国政府从治理网络谣言的实际需求出发,引导学者开展网络谣言研究,这也使得很多研究都具有应用性研究的性质。

最后,中国的互联网的确也扮演着不同于西方的角色,在西方,互联网只是为人提供了一个新的信息接收和传播方式,而在中国,互联网则被赋予了更多的功能和期许,被视为一个更加自由的言论空间,因此,中国网络谣言的社会影响更为显著,也更能引起学者重视。郭小安提出:

---

① Greg Daniel: *Rumor and Communication in Asia in the Internet Age*(Routledge, 2013).

从学术规范上讲，网络谣言并不是一个严谨的概念，容易产生网络导致谣言的错觉，因此，网络谣言在国外并不是专门的研究对象，而只是传统谣言研究的一个分支，或隶属危机管理的分支学科范畴。国内的研究情况却大为不同，由于现实政治中制度化参与渠道的不畅通，长期累积的民众诉求得不到及时满足，以至于在互联网上得到了充分释放后，一发不可收拾，网络谣言在某种意义上是"社会挤压"后的产物。①

正因为网络谣言在中国扮演着不同于西方的特殊角色，再加上在当前这个网络时代，几乎所有谣言都上了网，所以当前中国的网络谣言研究才蔚为大观，短短几年之内就出版了数量众多的研究专著，相关学术论文更是层出不穷。

从整体上看，中国的网络谣言研究成果大多出自传播学学科，尤其是研究新媒体的学者之手。他们主要将网络谣言与突发公共事件联系起来，探讨网络谣言的形成原因与治理对策。在《数字新媒体环境下突发性群体事件的谣言传播研究》中，蔡盈洲收集了从 2003 年到 2012 年发生的 16 个突发性群体事件案例，通过对这些事件的分析，他发现："几乎每一个突发性群体事件中都有谣言的身影，谣言是突发性群体事件背后的催化剂。"②进一步分析可以发现，突发性群体事件中的谣言与当下的社会转型密切相关，贫富分化、社会分层、腐败问题和警察形象危机等是谣言产生的主要社会根源，很多谣言都体现出仇富、仇官的社会心态。

还有学者提出，突发公共事件之所以能够助长谣言的传播，是因为它对谣言传播的心理环境、信息环境、社会信用环境等都产生了重要的影响。首先，突发公共事件与社会公众的利益密切相关，同时又事发突然，公众完全没有心理准备，这就不可避免地加剧了公众的恐慌和焦虑情绪，使他们更容易轻信各种真真假假的信息。其次，在突发公共事件发生以后，公众迫切需要信息，这时候，各种渠道的信息纷至沓来，鱼龙混杂，使得"传播噪音"加重，而"突发公共事件爆发后，受众会对最先接收到的信息更为信服，形成'首因效应'。如果是谣言最先到达受众，那么处于恐慌状态的受众很可能会失去理性从而形成错误的

---

① 郭小安：《网络公共事件中的谣言与情感动员》，载陶东风、周宪主编：《文化研究》第 20 辑，社会科学文献出版社 2015 年版，第 104 页。

② 蔡盈洲：《数字新媒体环境下突发性群体事件的谣言传播研究》，江西人民出版社 2014 年版，第 94 页。

判断，继而采取过激行为”[①]。最后，很多突发公共事件都根源于社会公信力危机，反映的是公众对政府部门或公共机构的不信任，因此，在这一过程中，官方渠道的信息很容易遭到质疑，而谣言反而更能赢得公众的信任和传播。

从以上分析可以看出，虽然网络谣言的研究者大都是传播学者，但他们基本上都主张谣言产生的根本原因并不在媒介自身——这与主流舆论将网络谣言的泛滥归咎于互联网的兴起形成了鲜明对比。周裕琼提出，我们应该从宏观、微观和中观三个层面来理解网络谣言的成因。从宏观层面看，谣言的产生与环境危机、社会动荡、道德恐慌和信任缺失有关，这是网络谣言产生的社会根源。从微观层面看，谣言的产生与个体感受到的焦虑与担忧有关。从中观层面看，谣言是一个集体互动的过程，正如涩谷保所说，谣言是在一群人议论过程中产生的即兴新闻，因此，谣言反映了集体的关切与焦虑。同时，在危险来临的情势下，代代相传的集体记忆也会被激活，成为谣言产生和传播的重要推动力量。根据这种分析，周裕琼总结出谣言形成的一般过程：

> 处于环境危机、社会动荡、道德恐慌和信任缺失的社会文化大背景下，发生了某一社会事件，个体感觉到此事与己有关且存在不确定性，从而产生焦虑不安，不同个体之间开始进行信息交易。同时，这一事件也激发了整个社会的集体无意识和集体记忆，这些社会意识和记忆在“集体交易”的过程中，转变为谣言。[②]

在她看来，网络谣言与传统谣言的产生原因并没有本质上的不同，因而，她在这里的分析并没有涉及媒介因素，而主要关注的是谣言产生的社会根源，以及谣言从酝酿到形成影响的一般过程。

在《新媒体时代抗议性谣言传播及其善治策略研究》一书中，雷霞以抗议性谣言为例，从传播、心理、社会、技术四个方面系统分析了网络谣言的成因。从传播角度看，谣言是一种新闻，它满足了公众对信息的需求。与正规渠道发布的信息相比，谣言往往更有吸引力，因为谣言常常显得神秘莫测，它的不确定性恰恰满足了人们的猎奇心理。从心理角度看，谣言反映了某种社会心理或社会

---

① 王颖吉主编：《突发公共事件中的谣言传播与治理》，中国传媒大学出版社 2018 年版，第 6—7 页。

② 周裕琼：《当代中国社会的网络谣言研究》，商务印书馆 2012 年版，第 43—44 页。

环境，传达了大众对于某些社会事件的焦虑、担心、猜测和恐惧等心理因素。从社会角度看，社会焦虑情绪的蔓延、政府公信力的下降等都是造成网络谣言的重要原因。从技术角度看，新媒体技术带来了信息生产和传播的便利，也为谣言的传播带来了便利，在新的技术条件下，制造和传播谣言变得更加简单易行，同时追查和辟谣的难度却增加了。值得注意的是，作者还特别指出了娱乐因素、商业因素对网络谣言的影响。“在新媒体时代，有的时候，网友们明知是不实消息，但为上下接龙或别的‘好玩’的原因而传播，也是一种新媒体时代特有的‘谣言’传播中的娱乐性因素和特质。这种情形下，谣言制造者和传播者都图一乐，并不在乎信息是否准确和真实”①。此外，在一些网络谣言中，还疑似植入了商业广告和商业营销，可以说，这些都是新媒体时代出现的新现象。

还有学者根据对现实状况的总结，提出当前我国网络谣言的复杂成因：一是社会生活的不确定性为谣言的产生和传播提供了温床。二是科学知识的欠缺，为谣言的传播提供了可乘之机。三是社会信息管理的滞后，为谣言传播提供了机会。四是一些地方政府部门公信力下降，使公众的不信任感增强。五是国内一些媒体及少数党员干部纪律观念淡薄，助长了政治谣言的传播。六是网络推手制造网络谣言，助长了谣言的扩散，挟持了网民的意见。七是商业利益的驱动，是谣言滋生的经济动因。八是西方敌对势力制造和利用各种谣言，加紧对我国实施“西化”、分化。② 根据这种分析，网络谣言的类型是十分复杂的：既有由社会问题自然滋生的谣言，也有出于各种目的故意炮制的谣言；既有商业谣言，又有政治谣言。因此，网络谣言的成因应该具体分析，不能一概而论。

网络谣言不仅是一个重要的学术研究课题，而且是一个重要的现实问题，尤其是在中国，因此，很多研究成果都试图开出治理的药方。整体来看，这些治理对策主要从观念、政府、公众、媒体几个方面入手，来探讨降低网络谣言危害的方法。从观念的角度看，就是要摒弃将网络谣言视为洪水猛兽、必欲除之而后快的观念，“不求从根本上消灭网络谣言，但求提高全社会对网络谣言的‘免疫力’”③。从政府的角度看，就是要及时回应社会利益诉求，提高政府部门的

---

① 雷霞：《新媒体时代抗议性谣言传播及其善治策略研究》，中国社会科学出版社 2016 年版，第 128 页。

② 参见姜胜洪：《近期我国社会谣言传播的特点、形成原因及对策研究》，《红旗文稿》2011 年第 16 期。

③ 周裕琼：《当代中国社会的网络谣言研究》，商务印书馆 2012 年版，第 273 页。

公信力。从公众的角度看,就是要提高公民的媒介素养,增强他们辨别谣言的能力。从媒体的角度看,就是要一方面提升主流媒体的权威性,另一方面加强对网络媒体的监管,依法惩治造谣、传谣行为。

从以上回顾可以看出,不管是在西方还是在中国,谣言问题都由来已久。谣言来去无踪,神秘莫测,长久以来,人们一方面对谣言心存敬畏,将其看成一种"神谕"或"民意";另一方面又试图通过严厉的惩罚来减轻谣言的社会危害。进入20世纪中期以后,随着社会学、心理学、传播学等学科的成熟,谣言才真正成为学术研究的对象。目前,在西方的谣言研究中,谣言已经去污名化了,学者基本上都认为,谣言是人们在不确定环境中的一种集体创作,其目的在于寻求安全感。中国学者基本上接受了这种观点,并结合中国的现实状况,对网络谣言进行了大量研究。这些研究在很多方面都体现出开创性,比如,对网络谣言复杂成因的分析、对网络谣言传播过程中的娱乐因素和商业因素的强调、对网络谣言传播规律的总结等。

第二章　从谣言到网络谣言

谣言首先是一种传播现象，它本身就是一种古老的信息传播媒介。在漫长的人类历史中，谣言一直扮演着十分重要的角色，正如奥尔波特所说："直到最近，全世界的人们除从谣言中获得消息外，没有其他方式可以获得消息。报纸、电报、收音机是后来的发明，在它们产生以前，公众不得不依靠旅行者带来的口头传闻。"①可以说，在现代大众传媒出现以前，谣言一直是民间信息交流的主要形式，谣言不仅为人带来远方的消息，同时也是社会心理的重要表征。

谣言的传播必须借助一定的媒介，这些媒介手段不仅决定了谣言的形成原因和传播特点，而且决定了它的持续时间和影响范围。传统上，谣言一直是口耳相传的，口语媒介扮演着最为重要的角色，即使在大众媒介和网络媒介出现以后，谣言的传播依然离不开面对面的口头交往。因此，目前的谣言理论基本上是以口耳相传的谣言为基础建立起来的，而对各种现代媒介技术之于谣言传播的影响，则关注不够。甚至有学者提出，媒介对谣言的影响微乎其微，可以忽略不计。② 其实，一个社会中的谣言状况与媒介技术的变迁是密不可分的。"与面对面交往相比，大众媒体具有完全不同的传播方式。电子媒介能够快速地将信息传播给不同的人群，而直接的人际交往则依赖于持续的接触。从产生到扩散开来，口头传播的谣言通常需要更长的时间，它消失得也比较慢。由于一些技术没有抵达所有人群，所以每种媒体都有自己潜在的受众，他们决定了谣言的最终传播范围"③。因此，研究网络谣言，首先应该将其纳入媒介变迁的历史

---

① 奥尔波特等：《谣言心理学》，刘水平、梁元元、黄鹂译，辽宁教育出版社2003年版，第116页。

② 参见 R. Kelly Garrett, "Troubling Consequences of Online Political Rumoring", *Human Communication Research* 37 (2011).

③ 加里·阿兰·费因：《谣言、信任与公民社会：集体记忆与判断的文化》，陈国战译，载陶东风、周宪主编：《文化研究》第20辑，社会科学文献出版社2015年版，第95—96页。

中，考察大众媒介、网络媒介的兴起对于谣言传播的影响。

一、谣言与媒介转型

从谣言传播的角度看，人类历史上曾经经历了从口语媒介到现代大众媒介，再到网络媒介的重大转型，这些转型不仅对人类社会产生了全方位的深刻影响，甚至塑造了不同的文化形态，而且对谣言传播产生了至关重要的影响。尤其是在互联网出现以后，谣言传播的方式、速度和影响范围等都与以往大为不同。然而，当前的谣言理论具有一定的媒介偏向，它们基本上都建立在口语媒介的基础之上，因此，其研究方法和结论不可避免地带有一定的局限性。

（一）口语媒介与谣言

谣言最古老、最重要的传播媒介是口语。在西方关于谣言女神的想象中，基本上都突出表现她灵敏的耳朵、密密麻麻的眼睛和阔大的嘴巴。在中国古代，"谣"是指民间流传的歌谣，也是一种口语媒介。可见，不管是在西方，还是在中国，谣言最初都是以口语为媒介、通过人际交往口耳相传的。

在报纸、广播、电视等大众媒介出现以后，一些媒体由于各种各样的原因也会成为谣言之源，这些出现在大众媒介上的谣言往往显得更为可信，但是，它们的传播仍然离不开口头交往。通常情况下，大众媒介上的信息都只是为人群的聚集提供了一个契机，为人际交往提供了一个中介，人们通常都是从大众媒介上获得信息，然后再将它传播给身边的其他人，这样一来，大众传播与人际传播就结合了起来，大众媒介时代的谣言仍然离不开口语媒介。

正因为口语媒介在谣言传播中如此重要，所以目前的谣言理论基本上都建立在口耳相传的谣言的基础之上。比如，关于谣言的形成原因，很多研究者都认为，这在很大程度上归咎于人的感官（尤其是眼睛和耳朵）和记忆的客观限制。谣言大都是一种转述，不管是转述听来的话，还是转述亲身经历的一个场景，都不可避免地会出现遗漏和歪曲。汉斯－约阿希姆·诺伊鲍尔曾引用一位战争档案学家的话，来说明人类记忆的不可靠性。这位档案学家提出：

> 一个事件只持续几秒钟，人的知觉无法像摄影机一样把所有这些转瞬即逝的阶段记录下来。每个目击者都是凭直觉、用自己的方式将部分记忆

下来的事件中的一系列过程补全。他填上空白的地方，并从那时起就忘记了这曾是个空白。他认为自己曾看到过这件事，也真的相信曾经看到过。[①]

其实，这种歪曲根源于人类心理过程中的完形能力，也就是说，人类的观察和记忆都是有局限的、碎片化的，但要让它们产生意义，就必须将它们连缀成为一个整体，这就需要借助想象填补其中存在的空白，赋予其合理的逻辑。只不过，在此之后，人们自己也分不清哪些来自记忆、哪些来自想象了。这种转述过程中出现的歪曲并非出自故意，而是人类的感官和记忆本身存在的一种难以克服的客观局限。与此同时，这种歪曲也与口语媒介自身的性质密不可分。

关于谣言歪曲的一般规律，奥尔波特曾经总结出简化、强化、同化三种模式。所谓简化，就是省略掉谣言中的一些细节，从而使它变得更加易记、易传。奥尔波特提出："当谣言传播时，它的趋势是变短、变简洁、越来越易被理解与讲述。"[②]从表面上看，简化源于人类记忆能力的限制，人在一定时间内只能记住有限的信息，从而不可避免地会有所遗漏。而从更深的层面看，记住哪些细节、遗漏哪些细节往往反映了人的主观倾向，通常情况下，人都会记住那些支持自己的主观倾向和期待的细节，而遗漏那些与之相悖的细节。

所谓强化，其实是一个与简化相对等的过程，当一些信息被遗漏了，那么保留下来的信息自然就得到了突出。为了达到强化的效果，谣言在传播过程中会出现各种各样的歪曲，比如，数字上的夸张，即通过增加数目来强化谣言传播的效果，陈雪屏曾经记载过抗日战争时期的一则谣言："北平陷落以后，教育界中人人自危，七月二十九日便有谣传，说是：敌方已开列所拟逮捕的抗日教授名单，有确实姓名，共二十余人，三四天中便增加到三百名。同时又说天坛中拘囚学生已达三千余人。"[③]这是一则典型的通过夸大数字来增强传播效果的谣言案例，通过数字的不断提升，人们为自己的恐慌不安找到了越来越充分的理由。另一种常见的强化方式是改变事情发生的时间，将很久以前发生的事说成刚刚发生的事，这无疑增加了谣言的新闻性，使它显得更加紧急而重要，仿佛危险已经迫在眉睫，必须当即采取行动。比如，一些谣言会一再重复出现，它每次改头换面重新出现时，都会宣称这是刚刚发生的事。

---

① 汉斯－约阿希姆·诺伊鲍尔：《谣言女神》，顾牧译，中信出版社 2004 年版，第 107 页。

② 奥尔波特等：《谣言心理学》，刘水平、梁元元、黄鹂译，辽宁教育出版社 2003 年版，第 45 页。

③ 陈雪屏：《谣言的心理》，商务印书馆 1939 年版，第 40 页。

所谓同化，就是在心理学上所说的"认知协调"的影响之下，将谣言中的信息与传播者的偏见、习惯、愿望等协调起来，使谣言更能表达某种主观倾向。同化既可能是由某些客观原因造成的，也可能是在主观情感的作用下形成的。在研究谣言歪曲的一般规律时，学者经常求助于实验室中的传话游戏，这表明，这些规律同样是建立在口语媒介的基础之上的。

此外，很多谣言理论都强调，谣言不是一种个体现象，而是一种集体行动，是一种社会性的意义生产。当人们生活的环境中出现了一些不确定的因素，这往往意味着某种危险正在来临，对人们已有的社会认知形成了挑战，于是，人们就试图通过集体协作的方式找到一种合理的解释，以重新把握这种环境，获得一种安全感。其实，这种谣言观念同样是建立在口耳相传的谣言的基础之上的。作为人类最古老的信息交流媒介，口语不仅实现了人与人之间的有效沟通，而且将分散的个体凝聚为一个群体。口语文化是一种集体性的文化，而文字阅读则是孤独的个体行为。谣言之所以能够集结起众人，与其口耳相传的性质是密不可分的。因此，在当前的谣言理论中，无论是对谣言成因的解释，还是对谣言传播规律的总结，其实都是建立在口耳相传的谣言的基础之上的，而对于媒介变迁之于谣言传播的影响则关注不够，论述不多。

（二）大众媒介与谣言

人们常说"空口无凭""信口开河""耳听为虚"，这表明，人们对口语媒介和人类听觉充满根深蒂固的怀疑，认为存在于嘴巴和耳朵之间的信息流不足为凭。相比而言，似乎人的眼睛和视觉更为可靠，因此才会有"眼见为实""白纸黑字"等说法。如果说谣言产生的直接原因是口耳相传过程中不可避免的歪曲，那么，在印刷媒介出现以后，人类有了一种比传闻更可靠的信息获取途径，谣言会不会就此消失呢？在《法国大革命前夕的舆论与谣言》中，阿莱特·法尔热（Arlette Farge）生动地描绘了18世纪中期巴黎市民阅读各种小册子中的谣言的状况：

> 每个人都在清晨读到它们时欢喜无比，到了晚上却又因为读到了与前夜相悖的故事而愤慨不已。从本质上来说，它们就是传播谣言，永不停息，一直在变来变去，前后矛盾。甚至对那些最冷静的巴黎人来说，手写新闻

也是一个令人快乐却无法解决的谜团。[①]

阿莱特·法尔热指出，尽管当时已经有了正规出版的官方报刊，但当时的巴黎市民还是更喜欢阅读这些秘密编辑的手写新闻。因为它们绕过了官方的审查，为读者提供了国内外的信息，只是他们从来都不能确定，这些信息是真是假。虽然这些信息真假难辨，还经常出现“反转”，但这依然不能阻挡人们的阅读热情。可见，谣言的载体并不局限于口语媒介，文字也可以成为谣言传播的工具。

如果说这些秘密流传的小册子为了吸引读者，难免会捕风捉影，添枝加叶，那么正规出版的大众媒介也时常会成为谣言之源。这大概可以分为两种情况：一种情况是，一些报纸、电台、电视台的编辑为了追求新闻效应没有尽到核实新闻真伪的责任，或者核实真伪存在客观上的困难，无意中成为传播谣言的帮凶。另一种情况是，大众媒介为了获得某种宣传效果，有意地制造和传播谣言。“在那些杂志报纸为极权政府服务的国家里，它会成为谣言之源。在德国、意大利和日本就是如此。散播谣言正是轴心国宣传的主导形式”[②]。其实，如果严格从定义上说，后一种情况已不能被称为“谣言”，而应该被称为有组织的“谎言”。

那么，与口耳相传的谣言相比，大众媒介时代的谣言有哪些不同呢？首先，口耳相传的谣言是一种人际传播，它依靠人的移动将谣言带向不同的地方。因此，它的扩散通常比较缓慢，一般都是按线性传播，我们可以从地域上描画出它的传播轨迹。而大众传播是一种一对多的传播、中心发散式的传播。在大致相同的时间里，不同地域的人可以同时接收到相同的谣言，因此，它的传播速度更快，影响范围更广。其次，由于文字比声音更具有稳定性，也显得更加客观，所以大众媒介上的谣言往往更能说服人，同时，在传播过程中较少受到简化、强化、同化等规律的影响，更容易保持原貌。再次，从主题上看，口耳相传的谣言通常都是当地性的，涉及的是那些发生在传播者身边的事情。而大众媒介上的谣言却突破了地域的限制，将发生在远方的真假未知的信息带给受众。最后，大众媒介上的谣言很少只存在于大众传播过程中，当受众接收到一则谣言后，

① 阿莱特·法尔热：《法国大革命前夕的舆论与谣言》，陈旻乐译，文汇出版社2018年版，第38页。

② 奥尔波特等：《谣言心理学》，刘水平、梁元元、黄鹂译，辽宁教育出版社2003年版，第135页。奥尔波特和波斯特曼的这本书首次出版于1947年，他们在此论述的是二战时期的谣言，因此，这里所说的也是二战时期的德国、意大利和日本。

他们出于各种动机通常都会与周围的人进行分享和交流，从而将大众传播与人际传播结为一体，这样一来，谣言就会产生更大的社会影响。

（三）网络媒介与谣言

互联网的出现无疑是人类传播史上的一次革命，它不仅带来人类信息环境的重大改变，而且使普通人第一次获得了公开发布信息的权利，同时，互联网还为人提供了一个在虚拟空间中聚集和交流的平台。只要连接上互联网，一个人就可以获得海量的信息资源。每个能够连接上网的人还都能够发布自己所掌握的信息，这打破了专业新闻机构对信息发布渠道的垄断，使每个网民都可以成为一个潜在的信源，从而为各种不确定信息的传播大开方便之门。

从传播方式上看，网络媒介的特点更有利于谣言的传播，因为它无限放大了人类眼睛、耳朵和嘴巴的功能，不仅使人变得更加消息灵通，而且使信息的传播仿佛插上了翅膀，可以跨越高山大海，瞬时达至千里。由此，谣言的传播不仅不再受制于山水的阻隔，而且在一定程度上不再受新闻审查的筛选。汉斯－约阿希姆·诺伊鲍尔提出，互联网的结构和听传是一样的，古罗马诗人奥维德在《变形记》中对谣言女神住所的描述，像极了今天的互联网。他分析说：

> 电脑空间的最初形象却不是20世纪的发明，而是奥维德设计的。他对谣言女神之家的描述就像是在分析数字化交往。互联网也是无处不在，像谣言女神的家一样有“上千个入口”和“无数个窗”：“日日夜夜门都开着，整栋房子用叮当作响的铜铸成，角角落落都在发声，重复着听到的事。”奥维德这样描述无秩序的民众交际活动。“所有发生的事，不管在哪儿，离得多远，都能在那里听到；任何声响都逃不过它的耳朵。”最后“边嘀咕边漫步，和事实混杂一处是谣言的千万个想象，散播着杂乱无章的流言飞语”。没人知道什么是对的，但是每个人都能够参与谈话。①

因此，虽然互联网没有改变谣言的基本性质，仅从技术上看，它在给谣言传播带来便利的同时，也给辟谣信息的传播带来了同样的便利。但毫无疑问的是，它极大地改变了谣言传播的规律，对谣言的数量规模、扩散模式和影响范围

① 汉斯－约阿希姆·诺伊鲍尔：《谣言女神》，顾牧译，中信出版社2004年版，第200页。

等,都产生了至关重要的影响。而这些变化都与网络传播的特点密不可分。

二、网络传播的特点

网络传播相对于大众传播的特点已经众所周知。笼统地说,一方面,网络传播是一种"多对多"的传播,它增加了人们接收信息的主动性和选择权;另一方面,网络传播还是一种交互传播,提供了信息沟通和人际交往的可能。如果说大众传媒因其信息流动的单向性而生产出一种命令式的语言,从而成为一种导致社会控制和集中化的力量,那么互联网则因为具备了对话和交流的可能而成为一种带来权力平等化和分散化的媒介,使网络空间呈现众声喧哗之势。就其对谣言传播的影响而论,网络传播带来的变化主要体现在以下几个方面。

(一)公共性和私人性相混杂

网络空间到底是一个公共空间还是私人空间,这在当前是一个十分重要的理论问题,也是网络空间治理包括谣言治理过程中面临的难题。在互联网出现早期,它通常被人们设想为一个公共空间,在对这一空间进行研究时,阿伦特、哈贝马斯等人的公共领域理论是人们经常引用的理论资源。很多人热情洋溢地预言,互联网将在虚拟空间建立起一种新型的公共领域。

然而,不管是在阿伦特那里,还是在哈贝马斯那里,公共领域理论都建立在对"公共"和"私人"的严格区分之上,自古希腊以来,这种区分有悠久的传统,甚至已经成为西方文明的一块基石。而随着互联网越来越深地融入人们的日常生活,它的私人性特征越来越明显。尤其是在各种社交媒体出现以后,它们已经不仅仅是一种服务于公共交往的媒介,更是一种服务于人们日常生活的社交工具。如此一来,网络空间就呈现出公共性和私人性相混杂的特征。正如有学者描述的那样,它"类似于一个敞开大门的私人房间,保留着通往公共场所的通道,却依然带有私人活动的深刻印记"①。一方面,它是一种私人性的社交媒介,满足的是人们沟通信息、展示形象、表达情感的需求;另一方面,它又具有一种公共性,能够被其他人看到或听到,借助一系列机缘巧合,在个人社交媒体上发布的信息甚至可以传诸千里,成为公共议题。

---

① 刘津:《博客传播》,清华大学出版社2008年版,第23页。

近年来,很多网络公共事件其实都是由网络传播的这种特征造成的。比如, 2012 年 12 月,维珍航空公司两名中国籍空姐利用微博发表评论,吐槽自己公司推出的"精致餐食"服务,认为"东西少,又难吃,光改餐又有什么用?"结果遭到公司解雇。两位空姐不服,上诉到法院,而法院判决也支持了公司的解雇决定。在微信出现以后,类似事件也时有发生。比如,2015 年 4 月,央视某主持人在私人聚会场合的视频通过微信朋友圈流出。此事产生巨大影响,该主持人随即被停职。2015 年 9 月,中国人民大学历史学院某教授发表公开信,与自己的一名硕士研究生断绝师生关系,原因是这位硕士研究生在微信朋友圈里随意点评学界前辈,对其中两位学者出语不敬。

不难发现,这些网络公共事件的共同之处在于,当事人都把微博、微信等社交媒体完全当成了私人空间,而没有意识到它可能产生的公共后果,结果引火上身,付出惨重代价。这些事件突显出的一个共同问题是:一方面,网络空间具有公共性,人们的一言一行随时都可能昭告天下;另一方面,很多人都将网络空间,尤其是社交媒体完全当成私人空间来对待,认为在此空间中不必谨言慎行,大可以畅所欲言。显然,这种公共性与私人性相混杂的空间特征为谣言传播提供了十分适宜的环境。

从公共性—私人性的角度看,这样一些空间的性质是模糊的,它们既不完全是公共空间,又不完全是私人空间。于是,发言者在说话的时候,认为自己身处一个私人空间,不必过于严谨认真;而这种信息一旦传播出去,就获得了公共空间的传播效应,听到的人可能就会把它当成一条确凿无疑的信息加以传播。

(二)匿名性

匿名性是网络传播最重要的特征之一,所谓匿名性,是指相对于面对面交往而言,在网络交往中一个人可以把自己的身体和身份隐藏起来,随意塑造自己的身份,包括性别、年龄、职业、社会地位、个人容貌等。用马克·波斯特(Mark Poster)的话来说就是:一个人同他在网络空间中的身份分离开来——他成为自己身份的作者,而他的身份则成为他为自己建构的一个角色。[①]

网络匿名性会带来一种"松绑效应"(disinhibition effect),它一方面减少了

① 参见 Mark Poster, *What's the Matter with the Internet* (The University of Minnesota Press, 2001), p. 75.

人们在说话时的各种顾虑，鼓励人们说出自己真实的想法；另一方面也弱化了人的责任意识，使人发言更加随意，更不考虑可能造成的后果。从这个角度看，匿名性确实会使人放松对自己发言的审查，而将一些真假未定的信息传播出去。奥尔波特等人的谣言实验也证实了这一点，他们发现，有没有观众在场会对实验者产生明显的影响："当人们觉得自己处于被观察状态，就会更加小心和保守……基本报告清楚地显示：观众在场使得描述更简短——这是保守与谨慎的产物。描述者倾向于谨慎，只讲述他认为准确的那些内容。"①而在没有他人在场的情况下，也就是在匿名的情况下，被测试者的描述就会更加大胆，由此可见，匿名性确实会弱化人的责任感，从而更容易滋生谣言。

此外，匿名性对人们发言的影响还与具体的社会环境有关系。不同的社会环境决定了人们对匿名性的态度。一般来说，在言论自由得到保护的社会，人们通常不会感到有匿名发言的必要。而在另一些社会中，人们在发言时会首先进行"自我审查"，如果他们感到自己的言论可能会给自己带来麻烦，他们就倾向于选择匿名发言，这会给他们带来一种安全感——尽管很多事例表明，匿名性的保护其实是非常脆弱的。

（三）先出版后过滤

在大众传媒时代，由于媒体资源的稀缺性，人们只能选择先过滤后出版，这虽然不可避免地限制了人们可以获取的信息的范围，但也保证了信息的质量，因为它们事先都经过了专业人员的过滤。对于互联网来说，尤其是对于社交媒体来说，先过滤后出版的原则显然已经不再适用，相反，先出版后过滤成为唯一可行的信息发布和筛选机制。于是，哪些信息更有价值，哪些信息更值得信赖，如今已经不再取决于专业人员的判断，而是由作为业余者的全体网民共同决定的，这就为各种不实信息的流通提供了便利。

于是，正如很多学者批评的那样，互联网虽然解决了信息匮乏问题，但却为人带来信息泛滥这一新的难题。互联网成为一个庞杂的、没有分类的信息仓库，各种良莠不齐的信息充斥其中，谣言和新闻真假难辨。过于丰富的信息会让人应接不暇、不知所措，从而破坏人的理性思考能力和独立判断能力。互联网一方面极大地拓展了人的视野，另一方面也极大地拓展了人的未知领域，使

---

① 奥尔波特等：《谣言心理学》，刘水平、梁元元、黄鹏译，辽宁教育出版社2003年版，第43—44页。

人在更多问题上无法做出独立判断。这就带来一个十分吊诡的后果:在互联网时代,人在变得更加见多识广的同时,也变得更加盲目轻信了。

有学者提出:“人们越是崇拜信息也就越是需要信息,越是拥有信息就越是渴求信息。换句话说,信息泛滥所引发的后果并不是人们对信息的满足感,而是更加深度的信息匮乏感。”①在这种情况下,人们越来越渴求得到更多的信息,因为要理解我们不断扩大的外界环境、填充我们不断扩大的未知领域,就需要获得更多的信息,哪怕这些信息是来源不明的、不确切的。不确切的消息从来都不缺少市场,相反,信息越是显得扑朔迷离,反而越能激起人们谈论和传播的热情。

(四)“信息茧房”与“群体极化”

如果说大众传媒的“一对多”传播方式必然带有一定的强制性,剥夺了人们选择信息的自由,那么,互联网允许人们各取所需地选择信息,就成为一种更具有自由和民主潜力的媒介。从这个角度看,互联网的作用无疑是积极的,在互联网出现以后,阅听大众才真正成为有选择自由的消费者。

不过,这种选择自由也是一把双刃剑,其弊端之一就是容易造成“信息茧房”(information cocoons)效应——由于有了选择自由,我们可以只选择那些自己感兴趣的东西和能够愉悦自己的东西,而把其他一切都摒除在外,从而使自己的信息环境越来越同质化、越来越狭窄。这是由两方面原因造成的:从技术上看,借助大数据技术,互联网公司很容易掌握每个用户的消费偏好,从而只将那些他们感兴趣的内容推送给他们;从用户心理角度看,每个人都更喜欢接受那些与自己的兴趣和信念相一致的信息,以减少“认知不和谐”(cognitive dissonance)。在这两种因素的共同作用下,网民的信息环境会变得越来越同质化,这一方面给人造成一种和谐、舒适的感觉,另一方面也潜藏着巨大的风险。

与此相关的是,在互联网上我们更容易找到那些与自己志同道合的人,从而形成各种各样的兴趣相投、立场相近、观点相同的虚拟社区。在这样的虚拟社区中,成员会“抱团取暖”,彼此之间不会有真正的意见交锋,他们之间的持续交往只会不断强化他们的既有观念,并且变得越来越极端。这就是凯斯·桑斯坦所说的“群体极化”(group polarization),即“团体成员一开始即有某些偏向,

① 王颖吉:《媒介的暗面:数字时代的媒介文化批评》,北京大学出版社 2013 年版,第 76 页。

在商议后，人们朝偏向的方向继续移动，最后形成极端的观点。在网络和新的传播技术的领域里，志同道合的团体会彼此进行沟通讨论，到最后他们的想法和原先一样，只是形式上变得更极端了"①。这样的虚拟社区不仅会自动屏蔽那些与自己的观点不同的人、与自己的信念相矛盾的信息，而且其成员还会互相确认、互相激励，营造出一种亲密友爱的氛围。任何与群体的信念相矛盾的信息都是不受欢迎的，甚至被视为一种挑衅，从而激发出群体成员同仇敌忾的抵制。

显然，不管是"信息茧房"还是"群体极化"，都会助长谣言的传播。在同质化的信息环境中，人对世界的认识会越来越偏狭，固有的偏见不断强化，对不同观点的敌意越来越强烈。这不仅使各种充满偏见的网络谣言获得了群体心理的支持，而且增加了辟谣的难度。因为辟谣既要推翻谣言所陈述的事实，更重要的是要扭转人们相信和传播谣言的心理基础，相比来说，后者更不容易做到。即使一个谣言被澄清了，立即就会有一个新的谣言接踵而来。对于这样一个高度同质化的群体来说，谣言为其成员提供了一个表达自己的机会、一个巩固内部团结的机会，借助谣言及谣言所携带的敌意，群体成员变得更加团结一致，任何怀疑和犹豫都是对群体身份的背叛。卡普费雷分析说："这就是为什么在企业、政治和工会生活中，在小镇里，在地方行政单位，核实谣言甚为罕见。在一个有限的群体里，类似的行动会使同伴们产生怀疑，从而导致损害团结；在这里，持怀疑态度者就是一个分裂分子。"②于是，在"信息茧房"和"群体极化"的共同作用下，网民的既有观念会更加坚定，他们一旦相信某一谣言，就更不容易发生动摇，即使出现了相反的证据，他们也倾向于将其屏蔽，或者立即找到另一则谣言以应对之。

三、网络谣言的新变

今天的谣言与网络谣言指涉的对象基本上是重合的：一方面，几乎所有谣言都上了网；另一方面，也几乎没有什么谣言完全是在网络空间传播的。传播

---

① 凯斯·桑斯坦：《网络共和国：网络社会中的民主问题》，黄维明译，上海人民出版社 2003 年版，第 47 页。

② 让－诺埃尔·卡普费雷：《谣言：世界最古老的传媒》，郑若麟译，上海人民出版社 2008 年版，第 116 页。

学者陈红梅曾经把网络谣言划分为两类,即现实参与型网络谣言和原发型网络谣言。[①] 这种区分有一定的意义,但它们的界限其实是模糊的,由于网络时代的谣言通常都很难追查其最初来源,所以也很难确定一则谣言到底是起于现实,还是起于网络。网络谣言都是在网络空间和现实空间之间往返穿梭、来回滚动,因此,这种区分无助于解释网络谣言的传播规律和影响范围。周裕琼提出,今天社会中的网络谣言几乎等同于谣言的全部,所谓网络谣言是指“那些在其产生、传播、影响的某阶段或全过程中,互联网起了关键性作用的谣言”[②]。但何为“关键性作用”？其实也很难说清楚。可以说,网络谣言已经成为谣言的新形态。从谣言到网络谣言,谣言的基本内核并没有发生变化,它依然是指“未经官方证实或者已经被官方辟谣的信息”,就此来说,网络谣言甚至是一个伪命题。但是,在互联网环境下,谣言的形成原因、传播方式、影响范围等无疑都发生了显著变化,在很多方面都对传统谣言理论构成了挑战。

(一)传播速度更快,影响范围更广

传统上,谣言都是通过口耳相传的,因此它的传播速度非常缓慢,一般都是从一个原发地出发,然后逐渐向四周扩散,具有明显的地理轨迹。通过谣言在各地出现的时间先后,就可以描画出它的传播路线。由于谣言是借助人的流动来传播的,所以它的传播路径与人口的流动路径是高度一致的,一旦遇到地理上的屏障,人口流动被阻隔,谣言的流通也就被阻断了。这使得传统谣言带有明显的地域性,在人际传播过程中,只有那些与本地相关的、事关传播者利益的谣言才能得到广泛传播。而那些发生在本地以外的、与传播者利益无关的谣言通常很难流传开来。比如,李若建在研究20世纪50年代的“割蛋”谣言时发现,这一谣言的传播不仅呈现出明显的地理轨迹,而且集中在特定的区域。“谣言传播的北部基本上呈现一条横线:从包头到呼和浩特,再到张家口。谣言传播的南部大体上呈现一条折线:从包头经忻州到天津市郊区。这一地区在地势上属于内蒙古高原的南部和内蒙古高原与华北平原的交界地区”[③]。他通过分析认为,“割蛋”谣言之所以在这一地域流传,与该地经济发展相对落后、显性社

① 参见陈红梅:《网络谣言传播的特点及其应对》,《编辑学刊》2009年第6期。
② 周裕琼:《当代中国社会的网络谣言研究》,商务印书馆2012年版,第35页。
③ 李若建:《虚实之间:20世纪50年代中国大陆谣言研究》,社会科学文献出版社2011年版,第82—83页。

会控制薄弱有关。

在互联网时代,谣言传播不再借助人口的迁徙流动,这使谣言变得来去无踪,瞬时千里。从技术上看,它到达天涯海角的时间与到达隔壁邻居的时间几乎是一样的。如果把传统谣言的传播比作步行的话,那么,网络谣言则完全摆脱了地理空间的限制,可以瞬间到达任何一个地点。这一方面加快了谣言传播的速度,使一则谣言可以迅速传播开来;另一方面也扩大了谣言影响的地域范围。传统谣言大多是地方性的,在向四周扩散的过程中,它的影响力会越来越弱,以至最终消失。而网络谣言的影响范围通常都是全国性的,乃至全球性的。这一方面固然与现代社会不同地域之间的联系越来越紧密有关;另一方面也与互联网带来的信息传播方式的变化密不可分。由于网络传播不受地理空间的限制,所以很多地方性的谣言和新闻事件常常能够引发全国乃至全球范围的关注和讨论。

互联网带来的变化还在于,人们既可以把面对面交往中听到的谣言上传至网络空间,又可以把从网络空间中获取的谣言通过面对面交往、手机短信等媒介传递给其他人,如此一来,网络谣言就不断地在网络空间和现实世界之间往返穿梭,形成一种滚雪球效应。网络传播的特点是信息传播速度加快,信息来源丰富,这使得网民的信息环境变得空前丰富和驳杂,也使谣言更容易抵达它的受众。而人际传播的特点是彼此熟悉、信任程度较高。在互联网条件下,谣言可以同时利用网络传播和人际传播两方面的优势,既加快了谣言传播的速度,扩大了谣言的影响范围,又增强了谣言的可信度,使它能够迅速流传开来。

不过,谣言的传播速度越快,就越容易被事实证实或证伪,因此,传统谣言持续的时间一般都比较长,甚至会经年累月地存在,在一个地方消失后,又会在另一个地方冒出来;而网络谣言的存在周期一般都比较短,它们大多是在短暂的沸沸扬扬之后就同时在各地戛然而止了。比如,2011 年的“抢盐风波”就是一个明显的例子。在日本福岛核泄漏事故发生以后,3 月 15 日上午 10 时许,某网友发布信息称“海水盐遭受核辐射污染,请储备食盐、干海带”。这则谣言通过互联网迅速传播开来,16 日,江浙一带的食盐就脱销了,17 日,抢购碘盐风潮席卷全国,多地超市的食盐被抢购一空。17 日晚,中国盐业总公司通过媒体澄清谣言,称目前食盐库存充足;卫生部门专家也出面辟谣,告诉大众碘盐并不能预防核辐射。于是,到了 18 日,全国食盐销售秩序就逐渐恢复了,一场闹得沸沸扬扬的"抢盐风波"得以平息。[1] 这则谣言从爆发到消退不过短短两三天时间，可见，互联网既加快了谣言传播的速度，也加快了谣言死亡的速度，这与传统谣言形成了鲜明对比。

（二）传播手段更加多样

传统上，谣言是以口语为媒介进行传播的。由于人的感官和记忆固有的不可靠性，再加上主观因素的影响，所以信息在转述过程中难免会出现歪曲和变形。很多传话实验都表明，经过简化、强化、同化等机制，一条信息在转述过程中可能变得面目全非，甚至完全变成了另外的信息。在现实情境中，谣言不同于普通的信息转述，它出现歪曲和变形的可能性更大，正如陈雪屏所说：

> 谣言大都流行于非常时期。大众正经受心理上的剧烈变化，都在等待着消息，任何消息同样被欢迎。更不容传播者仅就他所见所闻忠实地做一简单报告，便可了事。层层的盘诘，种种的暗示，使得他自己也为情感所推移，致于忘其所以，"信口开河"，则改造与补充的范围乃大为增扩，与普通的报告自有不同。[2]

研究表明，虽然传统谣言在传播过程中大都不会发生主题上的变化，但各种细节上的添油加醋、剪裁修饰却是不可避免的，可以说，谣言的每一次传递都会出现一个新的版本，这也给谣言研究和治理带来了一定的难度。

相比而言，网络谣言主要是通过复制、粘贴的方式传播的，因此，它能够最大程度地保持谣言的原貌。虽然在有些情况下，网络谣言容易引发新的谣言，但最初那个谣言的面貌基本上不会发生变化。因为网民很容易就能找出一则谣言的不同版本，通过比对，如果它们存在前后不一致或相互矛盾的话，那么，这则谣言就不攻自破了。此外，受口语媒介的限制，传统谣言大都十分简略，缺少丰富的细节，而网络谣言往往更详尽，也更生动，不仅有文字信息，通常还有图片、录音、视频等来佐证。这一方面是因为互联网为谣言传播提供了更丰富的传播手段；另一方面也是因为网络交往不同于线下的熟人交往，彼此之间的

---

① 参见严富昌：《网络谣言研究》，中国书籍出版社 2016 年版，第 68 页。

② 陈雪屏：《谣言的心理》，商务印书馆 1939 年版，第 34 页。

信任程度较低,各种信息要素都完备的谣言才更容易赢得人们的信任。有学者提出:“每天面对铺天盖地的信息,网民也积累了一些识别虚假信息的经验。如果一则消息的关键要素都是模糊的,会被网友直指为假消息。即便是关键要素都具备,网友也会坚持‘无图无真相’,信息发布者要用图片来证明其所言不虚。”①这既为网络谣言提供了更大的迷惑性和欺骗性,更容易以假乱真,同时也让网络谣言变得更加脆弱,因为在这些丰富的信息要素中,只要其中一个被指认为虚假,那么整个谣言就变得不可信了。

因此,网络谣言传播手段的多样性是一把双刃剑,它一方面增强了谣言的说服力和欺骗性,另一方面也增加了谣言的脆弱性。“有调查显示,有相关图片、视频(伪造或移花接木),号称现场目击者或相关证人爆料、事件看似逻辑合理的谣言最具欺骗性”②。但同时,这类谣言也更容易被证伪,因为在网络环境中,人们不仅可以获得更加多样的信息,从而可能消解谣言的真实性;而且通过人际交往、群体协作等方式,真相更容易水落石出。事实上,人们在网络空间传播谣言的态度与过去相比也有所不同:传统上,传播谣言的行为大都带有一定的倾向性,虽然人们声称谣言是自己听来的,无法判断其真假,但大都倾向于相信谣言是真实的;而网络谣言则不同,虽然仍有一些人倾向于相信谣言才选择转发,但同时也有另一些人纯粹是为了求证其真伪而转发,他们是为了在一个公共平台上相互讨论、协作,以求得出关于谣言真伪的结论。因此,网络谣言的传播过程也是验证其真伪的过程。

传统谣言来去无踪,给研究和治理造成极大不便。网络谣言则不同,人在互联网上的一举一动都会留下不可抹除的踪迹,通过技术手段,我们不仅可以查找到谣言的源头,而且可以描绘出它的传播轨迹,甚至可以建立起谣言传播的模型。这就给谣言研究提供了便利。同时,这也给治理和打击网络谣言提供了便利。由于口语不会留下任何物理痕迹,传统谣言大都被视为一种集体创作,要追根溯源地寻找那个最初的造谣者往往是徒劳的。而网络谣言则不同,我们可以通过技术手段找到那个最早把谣言上传至网络的人。当前,很多人提出对网络谣言“勇敢亮剑”,其实就是通过技术手段找到最初的造谣者并依法对其惩处。如果没有互联网提供的技术支持,这些治理是不可能做到的。

---

① 严富昌:《网络谣言研究》,中国书籍出版社2016年版,第68页。

② 姜胜洪:《网络谣言应对与舆情引导》,社会科学文献出版社2013年版,第44页。

(三)形成原因更加复杂

“谣言通常是社会自发的产物,既非故意亦非谋划”①。这是西方谣言理论的一个基本假定。在很多学者看来,谣言通常产生于危机情境中,面对变动的生活环境,公众不可避免地会感到恐慌和焦虑,在这种情境中,谣言是公众通过集体协作的方式重新理解变化了的环境以获得一种合理解释并进而获得安全感的方式。这就意味着:根据奥尔波特总结出的谣言公式,谣言传播通常只涉及那些直接的利益相关者,因为对于他们来说谣言才具有重要性;在大多数情况下,传播谣言都没有恶意的动机,它是一种危机情境中的自保行为,甚至是一种利他行为。此外,很多谣言都具有一定的政治色彩,作为一种“小道消息”,谣言隐晦地表达了对官方机构或官方媒体的不信任和拒绝,因此可被视为一种“弱者的武器”。基于这些判断,很多学者都认为,我们的社会应该对谣言多一些宽容,因为在危机情景中,即使有人传播了不实的谣言,也大都是一种无心之过,而没有什么不良的动机。

但是,网络谣言的形成原因却更加复杂,一些谣言已经推翻了上述两条基本假定。一方面,网络谣言的参与主体大为扩展了,不仅包括直接的利益相关者,而且包括数量更为庞大的非直接利益相关者。卡普费雷曾经提出,“一个美国人不会关心阿富汗骆驼市场的行情”,现在看来,这个定律已经被网络谣言推翻了——很多网络谣言的传播者都与谣言所涉及的事件没有直接的关系。那么,那些与谣言所传播的信息毫无联系的人为什么热衷于传播谣言呢?这是因为,网络谣言为他们提供了一个宣泄不满情绪的契机和出口。在研究我国近期发生的群体性事件时,于建嵘发现,其中有一类可称为“社会泄愤事件”(social grievance),在这类事件中,绝大多数参与者与事件本身并没有直接的利益关系,“他们参与事件,一方面是路见不平,更主要的是借题发挥,表达他们心中长期郁积的对于社会不公正、政治不清明的强烈不满”②。也就是说,这些参与者固然关心事件本身,但更重要的是,他们是在“借题发挥”,借这些事件来表达长期以来郁结于心的不满情绪。可以说,非直接利益相关者的大量出现既是当前社会公共事件的新动向,也是网络谣言传播的新特点。

---

① 让-诺埃尔·卡普费雷:《谣言:世界最古老的传媒》,郑若麟译,上海人民出版社2008年版,第23页。

② 于建嵘:《抗争性政治:中国政治社会学基本问题》,人民出版社2010年版,第158页。

当前,很多社会公共事件都会引发大量非直接利益相关者的参与,并催生出影响巨大的网络谣言,这些谣言为公众提供了"借题发挥"的契机。这是很多网络谣言形成的重要原因,也是网络谣言中最应受警惕的一类。对于这类谣言来说,辟谣是很难奏效的,因为一个谣言被辟谣了,紧接着就会出现其他新的谣言,一波未平一波又起。比如,在"我爸是李刚"事件中,尽管保定市公安局先后召开多次新闻发布会,介绍案件进展,并澄清形形色色的谣言,但由于公众的愤怒情绪已经被激发出来,所以在一个谣言被辟谣以后,其他谣言就会接踵而至,比如,网络上相继传出以下谣言:"据说,李启铭在保定有五处房产""李刚的岳父是河北省副省长""李启铭经营地下赌博城"等。对于公众来说,与其说他们穷追不舍的是事件的真相,不如说他们更在乎的是宣泄自己的不满情绪。因此,"泄愤式谣言由于公众存在强烈的刻板意见和负面情绪,不管是通过哪种传播渠道传播,都是越讨论越容易极端化,辟谣效果微乎其微,甚至适得其反"①。这也给网络谣言的应对提供了重要的启示:提供相反的证据通常难以根除谣言,而疏导和化解谣言背后的社会情绪才是治本之策。

除此之外,一些网络谣言还具有明显的商业目的。传统谣言研究大都不对传播谣言的动机进行判断,但不可否认的是,很多网络谣言的确是有人为了达到某种目的故意炮制出来的,其中最为普遍的是商业目的。据报道,人民网研究院分析了2011年的50个网络谣言典型案例,分析发现,其中47则谣言是由网民或线下民众故意制造的,剩下的3则(占6%)是由于信息在传播中出现畸变,导致信息失实,以讹传讹造成的。② 虽然这些数字的代表性可以质疑,但不可否认的是,有些网络谣言的确是一些人出于牟利动机故意炮制的。这种出于牟利动机的网络谣言可分为两种:一种是通过制造和传播谣言来直接获得利益。一个典型的案例是,在2015年"8·12"天津港爆炸事故发生后,杨某某发表了长微博并开启了打赏功能,他在微博中声称自己将要读高三,爸爸在爆炸中失联,母亲去年去世。这条微博迅速传播开来,赢得很多网民的同情。截至8月14日2时45分,一共有3700多位网友主动为杨某某捐款,共计人民币96576.44元。后来,经公安机关调查,杨某某父母健在,均未去过天津,杨某某编造谣言完全是为了牟利。另一种通过谣言来牟利的行为比较复杂:"首先通

① 郭小安、董天策:《谣言、传播媒介与集体行动——对三起恐慌性谣言的案例分析》,《现代传播》2013年第9期。

② 参见人民网研究院:《网络对谣言的自净化作用研究报告》,人民网,2012年6月13日。

过制造各种耸人听闻或是极具吸引力的谣言来形成热门讨论和话题，进而赢得公众的关注，积累大量人气，之后再出卖关注度来获得盈利。"[①]在谣言治理过程中被依法打击的"秦火火"等人就是利用了这种牟利模式。可以说，商业因素的渗入是当前网络谣言研究需要特别关注的新问题。

受此影响，很多网络谣言的标题都极力追求"吸引眼球"，以达到耸人听闻的效果，这实际上已经改写了传统的新闻学定律。传统的新闻写作要求，标题要尽量简洁地概括出新闻事件的主要内容，使读者在最短的时间内了解新闻。但网络谣言的标题通常都不是在概括新闻事件，而是为了吊足网民点击标题的胃口。比如，《赶快把这个扔掉，好多人都在用，但是很致命！》《赶快看吧！1000年才出现一次！》《不要再买这个菜了，因为它100%致癌！》《太可怕了！未来80%的家庭将面临洗牌，有图有真相！》……从这些标题中，我们根本无从得知它们要说的是什么，它们在极力渲染一种紧迫感，借此激发起人们的好奇心和恐慌，使人忍不住要点开标题一看究竟，仿佛错过了就会产生极其严重的后果。这样一来，网络媒体就获得了自己想要的点击率和浏览量，从而获得了巨大的经济利益。在这种动机的驱使下，很多网络媒体都热衷于求新求奇，从而为各种不确切却离奇的信息大开方便之门。

（四）自我纠错能力更强

中国古语说：谣言止于智者。这就意味着，谣言在大众中传播时通常都是畅行无阻的，只有遇到真正有良好判断能力的智者，才会平息下来。一方面，智者是相对稀少的，普通大众往往对谣言没有鉴别力和免疫力；另一方面，即使有智者对谣言进行了证伪，他们自己做到了不信谣不传谣，但如何将他们的声音传播出去从而对其他人产生影响，通常也缺少有效的媒介手段。这就使得传统谣言在传播过程中很难遇到障碍。

而互联网的特点是，它是一种"网众传播"[②]，这种传播依赖于每个普通网民的智慧和力量，能够对海量的网络信息进行协同过滤，从而大浪淘沙，将一些虚假信息与真实信息区别开来，形成一种集体智慧。因此，虽然互联网上的信

① 王颖吉主编：《突发公共事件中的谣言传播与治理》，中国传媒大学出版社2018年版，第45—46页。

② 何威：《网众传播：一种关于数字媒体、网络化用户和中国社会的新范式》，清华大学出版社2011年版。

息鱼龙混杂，但它却具有一种自我纠错能力，网民通过相互质疑、相互辩驳，可以使虚假信息显示出它的荒谬之处，使真实信息得到更多的印证。因此，在互联网时代，网众就是阻止谣言传播的最大的集体智者。对于互联网的这种自我纠错能力，传播学者喻国明形象地将其称为“无影灯效益”。他提出：“每一个人的观点都有不全面之处，就好比每一盏灯都有‘灯下黑’。但是，当所有知情人的观点汇聚在一起时，就会形成一种互相补充、纠错的关系，就会实现真相的再现。”①因此，他认为所谓的“微博谣言”是一个伪命题，微博不是制造谣言的地方，而是粉碎谣言的地方。

很多时候，人们在互联网上传播一则谣言并不是因为相信它是真实的，而恰恰是因为对它存有疑问，难以独立判断其真假。于是，人们就将它传播出去，希望求助于群体的智慧，来消除其不确定性。对于这类谣言来说，互联网就成为一个相互协作、相互质证、集体决断的平台。很多网络谣言都是以提出疑问的方式传播的，比如，在 2009 年 5 月发生的杭州飙车案所引发的胡斌“替身”谣言中，最初出现的三个帖子都是以疑问句为标题——《杭州飙车案疑问?》《杭州飙车案审判现场的被告怎么长得不像胡斌? 顶包?》《胡斌是不是找人顶包，为什么不像了?》。后来，由于打破质疑的可靠信息没有及时出现，疑问才逐渐转变为肯定。从这个角度看，网络谣言更符合一些理论家提出的谣言是一种集体协作的判断。

虽然集体协作未必能够抵达真相，但它的确使网络谣言获得了更强大的自我纠错能力，尤其是对于恐慌性谣言来说——在危机情境中，人们在恐慌情绪的支配下更渴求准确可靠的信息，更少受到个人偏见和社会偏见的影响，因此，人们就更信赖那些得到群体确证或认同的信息。正是在这种意义上，网络谣言作为一种社会资本的性质体现得更加淋漓尽致。很多学者都曾提出，谣言是一种集体行动，试图赋予不确定的情境以意义。但在互联网出现以前，这种“集体行动”其实是缺少组织和协调的手段的。口耳相传的谣言主要是一种线性传播，从一个人到另一个人，从一个地方到另一个地方，很难将人群同时联结起来，以实现真正的集体对话、集体协作、集体行动，这种集体更多是一种“想象的共同体”。然而，互联网却使谣言传播真正成为一种“集体行动”，在网络平台上，人们不仅可以实现谣言的网状传播，而且可以通过“求辟谣”“求真相”等方

① 喻国明：《“微博谣言”是个伪命题》，《中国青年报》2011 年 9 月 11 日。

式就谣言的真实性展开讨论，从而提供相互补充的信息、相互纠正的观点，从而一步步接近事实真相。在这种条件下，网络谣言的传播不仅依赖于社会资本，即网民之间的相互信任和配合，而且其本身就构成了一种重要的社会资本，它是建立在公众相互信任基础之上的一种相互协作。

第三章　网络谣言的形成原因

传统社会中,谣言在两种情境中比较高发:一种是在一些人员流动性强、构成复杂的空间场所,如港口、码头、酒馆、理发店等。正如诺伊鲍尔所说:"从古典时期直到今天,理发店和鞋店、时装店一样一直被视为流言飞语和其他消息的集散地。"[①]另一种是在社会流动加剧的时期。比如,在分析乾隆年间的叫魂谣言时,孔飞力就指出了谣言传播与伴随着商业网络的形成而出现的人口流动之间的关系。根据他的研究,当时乞丐、外出游方的和尚道士经常成为叫魂谣言攻击的对象。[②] 与之类似,在大革命前夕的法国社会,以流浪汉和乞丐为代表的流动人口也成为儿童失踪谣言的受害者。[③] 在互联网出现以后,当代社会的谣言不仅数量更多,而且成因更加复杂了。

一、网络谣言与社会

网络谣言的大量出现,首先是与当代社会的转型联系在一起的。从这一角度看,它既是现代社会复杂化、专业化、风险化造成的客观后果之一,同时也与社会危机与动荡局面的出现,以及一个社会的言论自由状况、政府公信力状况等密不可分。

---

① 汉斯-约阿希姆·诺伊鲍尔:《谣言女神》,顾牧译,中信出版社 2004 年版,第 5 页。

② 参见孔飞力:《叫魂:1768 年中国妖术大恐慌》,陈兼、刘昶译,上海三联书店 2014 年版,第 42 页。

③ 参见阿莱特·法尔热、雅克·勒韦:《谣言如何威胁政府:法国大革命前的儿童失踪事件》,杨磊译,浙江大学出版社 2017 年版,第 42 页。

(一)谣言与风险社会

现代社会的一个突出特点是,人对自己生活于其中的环境越来越不了解。随着科技进步与专业分工的细化,社会的构成和运作方式变得越来越复杂,相对于广阔的未知领域,每个人所掌握的知识都越来越有限,对于普通人来说,现代社会变得越来越难以理解。有学者曾经提出:"除了根深蒂固的兴趣缺乏外,如果你问一个普通美国人对于政治的看法,就像让一个码头装卸工去解决天体物理学问题。"①这就是说,随着现代社会的复杂化,普通人已经没有能力理解各种政治问题,因此,他们也没有能力做出判断,只能依赖专家的意见。经典公共领域理论认为,公众可以通过相互对话和理性协商形成公共舆论,并借此影响政治进程,现在看来,这种建立在对公众的理解能力和判断能力的充分信任之上的理性协商模式,在很多领域都难以成立了。比如,日常生活中的辐射的危害到底有多大,转基因食品是不是有害,PX 项目对二甲苯化工项目对环境有什么影响等,在这些事关每个人健康的问题上,大众都不具备专业知识和判断能力。因此,他们很容易轻信那些流传广泛并貌似合理的说法。

与此同时,现代社会的风险也无处不在、与日俱增。乌尔里希·贝克将现代社会命名为"风险社会",他提出:

> 可以肯定,风险不是现代的发明。诸如哥伦布这样的人物,扬帆出航,探索新国家、新大陆,无疑是相信"风险"的。但这都是个人风险,而不是全体人类面临的全球性危险,如核裂变或核废料储藏所引发的问题。在那个时代的语境中,"风险"的言外之意是勇气和冒险,而不是地球生命可能的自我毁灭。②

这也就是说,风险是现代性的产物。与各种具体的危险不同,风险是抽象的、无处不在的,它潜藏在我们日常生活中的每一个角落,无法消除。同时,风险还是不可预测的,它可能爆发也可能不爆发,可能今天爆发也可能明天爆发。

---

① Harry C. Boyte, *Everyday Politics: Reconnecting Citizen and Public Life* (Philadelphia: University of Pennsylvania Press, 2004), p. 2.

② 乌尔里希·贝克:《风险社会:新的现代性之路》,张文杰、何博闻译,译林出版社 2018 年版,第 6 页。

在没有爆发的时候，风险与人类相安无事，仿佛根本就不存在一样；而风险一旦爆发，就会摆脱人类的控制，带来难以预计的破坏性。贝克还指出，风险的危害都是难以通过感受或肉眼加以识别的，就算那些看似清楚明白的东西，也需要由具备资质的专家来确认其客观性。“在某些情况下，危害有可能在受害者的有生之年都不起作用，但会显现在他们的后代身上。还有一些危害，需要借助科学的‘感觉器官’，如理论、实验和测量工具，才变得‘可见’或可解释。其中的典型例子是放射性物质所导致的基因突变，而这类放射现象本身却是不可触知的。”①这就不可避免地给现代人造成严重的安全焦虑，贝克认为，在风险社会中，共同的焦虑取代了共同的需求成为社会的基本驱动力，这种平等地威胁着每一个人的风险，造就一种“焦虑型团结”。显然，一个充满着共同的焦虑情绪的命运共同体，为谣言的大量滋生提供了土壤。

在这些人类无法理解、无法把握，同时又潜藏着巨大风险的社会领域中，极容易产生各种谣言。这也符合奥尔波特等人提出的谣言形成的一般规律，即谣言的影响力与事件的重要性和信息的模糊性呈正相关的关系。面对显现出来的或隐藏着的风险，人们急需要掌握确切的知识，以摆脱不安情绪的困扰，但是这些知识已经超出了普通人的理解范围，从而显得扑朔迷离、似是而非，于是，人云亦云、随大流就成为一种不得已的选择。很多人都会赌博式地选择相信大多数人的说法，相信流传更广的说法，以获得一种安全感。同时，他们还更愿意将这些信息传播出去——既然风险是不可把握的、无法预知的，那么，提前有所准备总比猝不及防要好，在“宁可信其有，不可信其无”心态的影响下，这些模糊的、不确切的信息反而能够获得更强大的传播动力。

比如，2011 年 3 月 11 日，日本发生大地震，导致福岛核电站发生核泄漏。几天以后，中国多地上演了“抢盐”狂潮。关于抢购食盐的原因，当时主要存在两种说法：一种说法是含碘食盐可以防止日本核电站损坏造成的核辐射。另一种说法是核泄漏将会对海盐造成污染，因此应该提前备货。在手机、互联网等现代信息传播手段的帮助下，这一信息迅速传遍全国。在短短几天时间里，很多地方都出现了“盐荒”，商店里的食盐被抢购一空。虽然这则谣言很快就平息下来，食盐市场也恢复了秩序，但这则谣“盐”还是深刻地留在了社会公众的记

① 乌尔里希·贝克：《风险社会：新的现代性之路》，张文杰、何博闻译，译林出版社 2018 年版，第 6 页。

忆当中,成为研究当代网络谣言的一个经典案例。

可以说,食盐是每个人每天都离不开的一种物品,我们对它都非常熟悉。但就是这个我们如此熟悉的日常物品,普通人对它的知识仍然十分匮乏。从科学角度看,这则谣言中出现的两种说法都是站不住脚的。在谣“盐”发生以后,很多人提出,我国80%的食用盐是井矿盐,海盐所占的比例只有两成左右,也就是说,即使核泄漏造成了海水污染,也基本上不会影响我国的食盐供应。关于含碘食盐可以防止核辐射,更是缺少科学依据。如果公众具备一定的科学素养,这两种说法的荒谬之处就是显而易见的。这也从一个侧面反映出当前我国公民基本科学素养的缺乏,根据2010年年底中国科学技术协会发布的《第8次中国公民科学素养调查》,2010年我国具备基本科学素养的公民比例仅为3.27%,也就是说每100个公民中,仅有不到4人具备基本的科学素养,比2005年的1.60%仅提高1.67个百分点,相当于日本、加拿大、欧盟等主要发达国家和地区20世纪80年代末、90年代初的水平。① 如果公众连我们吃的盐从哪里来这种基本常识都不知道,就更不要说其他更为专业的问题了。现代社会的这种变化造成了人们在很多问题上的盲目轻信,并为谣言的大量出现提供了客观条件。

从另一个角度看,在现代社会中,关于食盐、蔬菜、水果这样的日常食品的谣言最容易滋生。一方面,这些食品是人们每天都离不开的,直接关乎人的身体健康,因此这类谣言对每个人都具有重要性。另一方面,由于自然环境和生产方式的变化,这些食品在生产过程中都加入了新的现代科技,因此,大众在消费它们的过程中会因为不了解而产生恐慌心理。此外,还有一条重要的原因是,要规避这类谣言所提示的风险,其成本是非常低廉的、简单易行的。比如,在“抢盐”谣言中,抢购食盐的成本是非常低的,普通百姓都能参与其中,虽然抢购食盐未必有用,但多买一些食盐总没有什么大的坏处,而且花费不多,因此才会有大规模的人群加入抢购大潮中。其他很多关于食品安全的谣言也大都如此,比如,“小番茄是转基因产物”“微波食物可能致癌”“无籽西瓜喷洒了避孕药”等,要规避这些谣言所提示的风险都简单易行,不用或不吃就行了,而这并不会对人们的生活产生太大的影响,因此很多人才会在半信半疑中根据谣言采

① 参见谢兰凤:《我国公民的科学素养水平明显提升　第八次中国公民科学素养调查结果公布》,《中国科技产业》2010年第12期。

取相应的行动,以避免可能会有的风险。

(二)谣言与社会危机

从历史上看,谣言的数量和规模与社会的稳定程度紧密相关,当社会出现危机或动荡局面时,谣言就会层出不穷。为了应对谣言的威胁,官方往往会加大对制造传播谣言的惩处力度,收缩公众的自由言论空间,而这反过来又会进一步增加社会重大事件的模糊性,降低官方的公信力,从而给各种"小道消息"留下更大的传播空间。比如,在战争、革命、地震发生时,社会秩序遭到破坏,社会前景晦暗不明,大众的生活环境充满更多不确定性,这时往往就会出现谣言四起的局面。

无论是在西方还是在中国,对谣言的学术研究都开始于对战争谣言的关注。美国的"谣言诊所"就是为了应对"珍珠港事件"以后美国军中和国内谣言四起的局面。在战争期间,不管是前线的士兵还是国内的百姓,都时刻生活在战争的巨大威胁中,未来的胜败和生死都不可预测,为个人安全考虑,每个人都急切需要关于战争走势的信息。而恰恰在这时,出于保密的需要,参战各方都会对战争信息有所保留,甚至会故意散布一些虚假信息,以达到迷惑战争对手或鼓舞本方士气的目的。这就给战时的信息环境带来更大的混乱,使各种真真假假的信息甚嚣尘上。尤其是对于身在异国他乡作战的士兵来说,他们正常的信息渠道都被切断,周围环境变得一片漆黑,前途命运更是迷茫,这时,谣言就成为他们急需的信息渠道。中国学者陈雪屏也提道:

> 当"九一八"事变发生时,作者任教于东北大学,第一次感觉到谣言的魔力,引起研究兴味。以后在北平,由于华北局面年年必有一番变动,一度紧张,所搜集谣言的数目便年有增加。抗战开始以来,耳目所接,荒诞无稽,耸人听闻的消息更是屈指难数。于是将种种性质不同的谣言,加以归纳与分析,寻求出几条演变的原则,自觉可补从前研究之不足。①

由此可见,战争与谣言具有高度的亲缘关系。在战时环境中,社会动荡不安,人心惶恐不定,人们所需要的信息与实际能够得到的确切信息严重不成比

---

① 陈雪屏:《谣言的心理》,商务印书馆1939年版,第12页。

例，信息供不应求，于是，小道消息就有了广阔的传播空间，各种谣言不胫而走。

除了战争环境，谣言还大量出现在社会危机时期，此时，各种矛盾与问题暗中滋生，并借助谣言的形式呈现出来。苏萍在研究近代教案时发现，这些教案大都是由谣言引发的，通常都会带来对传教士和教民的严重暴力。“谣言是一种感情交流，它会煽动道德上的评论，引发群体的意见和感情上的反应，是加强社会联系的临时桥梁。在一个受到威胁的社会里，谣言对于重建社会凝聚力是一个强有力的手段。正是出于这个原因，晚清的官绅们选择了谣言作为抵制基督教的手段”①。谣言一方面是社会危机的反应，另一方面又会加剧社会危机的混乱程度。就近代教案中的谣言来说，它们只是通过将民众的愤怒情绪引向共同的外部敌人，暂时维系了社会内部脆弱的稳定，并预示着更大的社会危机即将来临。

法国大革命前夕也是谣言高发的时期，成为很多学者考察的对象，这些谣言预示着一场更大的社会风暴正在酝酿。到了 1750 年，巴黎民众与警察的持续冲突终于酿造出一则影响深远的谣言：“警察不仅逮捕流浪汉，而且还绑架儿童向其父母索要赎金。”②这一谣言迅速引发了一场规模巨大的社会叛乱，对法国社会打击巨大。而到了大革命期间，法国社会中的谣言更是有增无减。“这些谣言之所以能够对社会产生如此深远的影响，一部分原因在于精英和群众的某种共识，即他们普遍认为早期革命的混乱及权力真空必然引发犯罪浪潮”③。可见，社会危机之所以会造成谣言四起的局面，是因为公众的生活和社会的前途都出现了更多的不确定性，在担忧和恐慌情绪的支配下，他们更渴望通过频繁的信息交流获得一种稳定性和安全感。在此期间，平时不怎么关注公共事务的人也感到个人的命运与社会的走向紧密地联系在了一起，因此，任何有关社会的信息都能引起他们极大的关注热情和传播兴趣。

除此之外，地震、台风、疫情等灾害也会引起网络谣言的高发。在此类危机情境中，由于生活环境的重大变动，人们一方面需要更多的信息，以理解变化了的环境；另一方面，人们也会在紧迫心理的作用下“饥不择食”，失去平时具有的

---

① 苏萍：《谣言与近代教案》，上海远东出版社 2001 年版，第 22 页。

② 阿莱特·法尔热、雅克·勒韦：《谣言如何威胁政府：法国大革命前的儿童失踪事件》，杨磊译，浙江大学出版社 2017 年版，第 2 页。

③ 谭旋：《暴力与反暴力：法国大革命中的恐怖政治》，黄丹璐译，山西人民出版社 2019 年版，第 124 页。

对信息的判断能力。可以说,尽管谣言无时不有、无处不在,但社会危机的确会造成谣言的集中爆发。也是在这种意义上,有人将谣言视为社会稳定的预警器,透过谣言,我们可以把握社会公众的集体关切和忧虑。

(三)谣言与社会公信力

现代社会条件下,不管是官方还是公众的信息传播手段都变得极为丰富,这既为谣言的传播提供了便利,同时也给辟谣信息的传播带来了便利。从技术角度看,谣言依赖于公众之间的水平传播,而官方的辟谣信息则可以借助由上至下的、中心发散式的庞大信息传播网络,因此,后者具有更大的传播优势,能够更便捷地到达受众。在这种情况下,谣言之所以能够在社会中畅行无阻,往往并不是因为缺少辟谣信息,而是辟谣信息不能赢得公众的信任,在谣言和辟谣信息的竞争中,公众更愿意相信谣言。从这种意义上说,谣言不仅产生于辟谣信息的缺席处,而且出现在辟谣信息的失效处。因此,要理解网络谣言的巨大影响力,还必须引入社会公信力的维度。

所谓社会公信力,是指"国家机关或公共服务部门在处理社会公共关系事务中所具备的为社会公众所认同和信任的影响能力。也是公民在社会生活中对社会组织体系、社会政策实施以及其他社会性活动的普遍认同感、信任度和满意程度,公民对社会组织及其政策的一种积极评价"①。对于官方来说,社会公信力是权威的来源;而对于公众来说,社会公信力则体现为对官方机构的信任。在任何社会中,公共事务不透明、社会公信力下降都是谣言大行其道的根本原因。谣言产生于信息的供不应求,而供不应求的原因有两种:一种是信息供给不足;一种是供给的信息不为人所信。当一个重大的公共事件发生以后,人们急需关于它的信息,这时,如果正规渠道的信息供给不足,或者不能够赢得公众的信任,那么各种小道消息就会不胫而走,也正是在这种意义上,涩谷保将谣言称为一种"即兴新闻"。

比如,在2011年甬温线动车事故发生以后,一时间各种网络谣言甚嚣尘上,如"遇难者遗体被集体火化""高铁司机培训仅10天""吊车厢时有死者遗体掉出"……这次事故之所以造成谣言满天飞,大概可以从三个方面来理解:一是,对于当时很多中国公众来说,动车还是一个新鲜事物,像任何一种新出现的

---

① 参见奚洁人:《科学发展观百科辞典》,上海辞书出版社2007年版,"社会公信力"词条。

科技产品一样,人们几乎是出自本能地对其安全性存有疑虑,而这次事故恰恰印证了很多人隐隐的担忧,为他们疏解自己的不安情绪提供了一个契机。二是,随着中国高铁建设序幕的拉开,它正变得与每个人的出行息息相关,人们对于高铁的安全性格外关心。三是,在事故发生以后,面对公众想要了解真相的诉求,有关部门闪烁其词,激起了公众的不满情绪。不管是"这是一个奇迹",还是"至于你信不信,我反正信了",都不能消除公众的疑惑。公众的疑惑得不到解答,自然会相信各种貌似合理的解释,于是各种"集体创作"就出现了。

公共事务不透明必然导致政府公信力下降,并影响辟谣效果。当公共事件发生以后,如果政府不能提供一个有说服力的解释,就势必会引发各种猜想。传播学者胡泳分析说,由于当下很多政府部门都实行重大事故"一票否决制"。所以一有事故发生,部门第一反应通常是封锁消息,争取消除影响的时间,但这样往往会陷入自我矛盾的境地——一方面,他们对包括谣言在内的信息都采取压制态度;另一方面,正是由于封锁消息,谣言才有了滋生的土壤。对于谣言,如果完全采取封锁和压制的方法,只能是越封锁,谣言越多。[1] 不仅如此,这种做法还隐藏着"塔西佗陷阱"的危机,目前,这种危机已经在很多领域有所显现。比如,在甬温线动车事故发生以后,就有人戏仿说:"不管你信不信,反正我是不信了。"在 2011 年 6 月"郭美美事件"出现以后,中国的慈善事业也遭遇了寒冬。据中国公益慈善网公布的信息:"郭美美事件"发生后,公众通过慈善组织进行的捐赠大幅降低。2011 年 3—5 月,慈善组织接收捐赠总额 62.6 亿元,而事件发生以后的 6—8 月总额降为 8.4 亿元,降幅达 86.6%。[2] 可见,公众一旦形成官方不可信的负面刻板印象,就很难改变,即使有一天官方及时公布了真实信息,人们也会不相信这就是事实的全部。2012 年 7 月,《中国青年报》社会调查中心的调查结果显示,71.8% 的受访者确认身边普遍存在习惯性质疑者,41.1% 的人坦言自己就有"习惯性质疑症"。而政府、专家、媒体都是公众习惯性质疑的对象。[3] 显然,一旦形成这样的刻板印象,官方辟谣往往无济于事,因为网络谣言滋生的土壤恰恰会使辟谣信息不被信任。

① 参见向楠:《83.2%受访者确认现在社会谣言很多》,《中国青年报》2011 年 9 月 8 日。

② 参见《全国慈善组织受捐额剧降近九成　点对点捐赠增加》,搜狐网,http://news.sohu.com/20110826/n317406738.shtml,访问日期:2021 年 3 月 19 日。

③ 参见陈仁泽:《舆情监测显示民众对政府专家及媒体信任度低》,《人民日报》2011 年 9 月 8 日。

二、网络谣言与心理

法国有句古老的谚语:“想听的话,再聋也能听到。”这表明,自古以来人们就认识到谣言与心理需求之间存在着紧密的关系,谣言所传播的信息通常都是人们所期待的信息。西方第一本谣言研究专著是《谣言心理学》,在这本书中,奥尔波特等人主要就是从心理学的角度分析谣言的成因、类型和传播规律的。在中国第一本谣言研究专著《谣言的心理》中,陈雪屏也是从心理学的角度介入谣言研究的。在网络谣言引起学界重视以后,心理学角度的研究也几乎占据了半壁江山。从心理学角度看,谣言与个体心理、群体心理、集体记忆都关系密切。网络谣言的心理成因既与传统谣言有一致之处,也出现了一些不可忽视的新变化。

(一)网络谣言与个体心理

从个体心理的角度看,谣言的产生主要与不安情绪和认知失调有关。如前所述,谣言大量出现在战争和社会危机时期,这时,人的周围环境发生了重大变化,生活变得前途未卜,这种外部条件的变化势必对人的心理造成严重冲击,既使他产生理解新环境的压力,又使他对个人的前途命运充满不安情绪。在这种环境中,谣言同时给人的理智和情绪提供了安慰,正如奥尔波特所说:“谣言提供一种能排解紧张情绪的口头发泄途径。它们通常能为这种情绪的存在作辩解,而如果直接面对这些情绪,当事者也许难以接受;它们有时能为周围环境中令人费解的现象提供更广泛的解释,从而在使周围世界变得可理解的理智驾驭过程中占有重要位置。”①借助谣言,周围环境变得可以理解了,人的不安情绪也得到了释放,正是在这种意义上,弗朗索瓦丝·勒莫提出:“谣言是对失衡或社会不安状况的一种反应(这是众所周知的)。”②

在这种不安状况和不安心理的影响下,人会更愿意接受那些与自己已有的认知相一致的信息,以避免出现认知失调。“认知失调”是费斯汀格提出的概念,它主要是说:当个体面对新情境,必须表示自身的态度时,个体在心理上将

① 奥尔波特等:《谣言心理学》,刘水平、梁元元、黄鹏译,辽宁教育出版社2003年版,第20—21页。
② 弗朗索瓦丝·勒莫:《黑寡妇——谣言的示意及传播》,唐家龙译,商务印书馆1999年版,第125页。

出现新认知(新的理解)与旧认知(旧的信念)相互冲突的状况,为了消除此种因为不一致而带来紧张的不适感,个体在心理上倾向于采用两种方式进行自我调适,其一为对于新认知予以否认;其二为寻求更多新认知的信息,提升新认知的可信度,借以彻底取代旧认知,从而获致心理平衡。对于大多数谣言,普通人都没有办法亲自验证其真假,也不具备判断其真假的专业知识,在这种情况下,人就只能依赖于自己的过往经验,即“旧认知”,以及周围其他人的判断。基于此,人会倾向于拒绝那些给自己的认知造成混乱的信息,而接受那些与之相一致的信息。加里·阿兰·费因提出:“即使没有可信性,谣言也可能获得合理性。”[①]不管其内容真假,谣言通常都显得是一种“合理的解释”,人们之所以相信并传播谣言,是因为它与自己已有的信念相一致。

同时,每个人都有一种从众心理,通过认同于大多数人,人能获得一种安全感,这也是一种消除个体不安的方式。托马斯·舍夫(Thomas Scheff)重新检验了所罗门·阿希(Solomon Asch)对服从进行的社会心理学经典研究。[②] 他主张:“人们对错误答案一致遵守的根源是情感,更具体地说,被试是为了避免因和他人不同而表现出的尴尬和羞愧。多数被试发现他们在做出正确回答时,同时也使自己置于少数群体中。为避免成为少数群体的成员以及与单独一人相联系的消极情感,他们将同意多数群体,即使多数群体是不正确的。”[③]面对模糊不清的处境,在个人无法做出判断和抉择的情况下,选择相信大多数人就成为一种顺理成章的安全选择。这既可以避免被孤立,同时也将个人承担的风险转化为群体的共同风险,从而减少了个体的心理压力。有学者分析说:

> 谣言以陈述某事已在其他地方发生过的形式出现,因此证明此事的证据也总是在别处。出于同样的原因,人们没有理由去调查谣言的真伪,而且只要未被要求采取行动,与其冒险去发现比自己想要知道的更多的东

---

① 加里·阿兰·费因:《谣言、信任与公民文化:集体记忆与判断的文化》,陈国战译,《文化研究》第20辑,社会科学文献出版社2015年版,第92页。

② 参见所罗门·阿希曾经做过一个经典的心理学实验,他让实验对象比较第一张卡片上的线段与第二张卡片上的三条线段中的哪一条一样长,实验被安排在一个房间里进行,他安排一些假被试故意给出错误答案,以考察真被试是否会受错误答案的影响。实验结果发现,有3/4的真被试给出了同样错误的答案,只有1/4的真被试抵制了社会一致。

③ 乔纳森·特纳、简·斯戴兹:《情感社会学》,孙俊才、文军译,上海人民出版社2007年版,第129页。

西，还不如接受并进一步扩散谣言，这样实际上更为安全。不管人们的背景如何，群体的压力都会强迫人们接受谣言，而且也会引导他们去相信谣言并采取行动。谈论谣言的行为本身已经是对信息及其可能包含的恐惧的控制方式。信息扩散已经成为一种对焦虑的控制。[①]

谣言往往是难以验证的，同时也是让人焦虑不安的，为了尽快结束这种恼人的状况，人必须快速做出决断。这时，人通常会根据自己的过往经验和周围人的态度进行权衡，在避免认知失调和从众心理的共同影响下，那些貌似真实的信息、看似合理的解释往往能够赢得人们的信任，而谣言就借此得到了传播。

在谣言传播过程中，还有一种“替罪羊”心理在起作用。在《谣言心理学》中，奥尔波特等人总结了战争期间的三类谣言，即恐惧性谣言、希望性谣言和挑起分裂的谣言。他发现，“1942 年夏天的所有谣言中，约有 2/3 是怀有敌意目的，造成分裂影响。大约有 9. 3% 的谣言是反犹太人的，3. 1% 反黑人，21. 4% 反当局，19. 6% 反陆军和海军”[②]。也就是说，在战时紧张不安的状况下，很多谣言针对的不是敌人，而是自己内部的成员，甚至是那些在前线出生入死的士兵，这不可避免地会挑起群体的分裂。之所以会如此，是因为在社会动荡、前途灰暗的情境中，每个人都希望找出谁该为此负责，通过将责任归咎于某个群体，将他们当成“替罪羊”，个体既获得了一种合理的解释，同时又将自己从罪责中解脱了出来。更多的时候，这种替罪羊则来自群体外部。比如，美国社会中的共产主义者、犹太人和黑人，就经常成为谣言攻击的对象。在分析中国近代教案中的谣言时，苏萍指出了外国传教士和教民成为“替罪羊”的原因：“传教士的介入导致中国社会权力结构重组，原先官、绅、民之间的隶属关系发生了微妙的变化。异族的入侵，使原来对立的不同阶层抛开了利益冲突，寻找共同的敌人是统治者转移原有社会矛盾的最佳手段之一。”[③]而田海则进一步指出，制造“替罪羊”在中国古代的巫术故事和谣言中是屡见不鲜的：“制造替罪羊既可以是主动的，又可以是被动的，但是最终的结果是某个具有边缘外来者地位的人将会成为受害者。”[④]在这种情况下，谣言发挥着一种社会整合的功能，通过制造替罪

① 田海：《讲故事：中国历史上的巫术与替罪》，赵凌云等译，中西书局 2017 年版，第 19 页。
② 奥尔波特等：《谣言心理学》，刘水平、梁元元、黄鹏译，辽宁教育出版社 2003 年版，第 5 页。
③ 苏萍：《谣言与近代教案》，上海远东出版社 2001 年版，第 23 页。
④ 田海：《讲故事：中国历史上的巫术与替罪》，赵凌云等译，中西书局 2017 年版，第 21 页。

羊，群体内部的差异和矛盾被掩盖，个体也为自己的不安情绪找到了一个合理的解释和发泄的出口。

需要指出的是，对谣言的信任也存在明显的差异，并非所有人都对同一则谣言具有相同的免疫力。1942 年的一项研究表明："不论是流传度还是接受程度，都是穷人中比富人中更高；45 岁以上的人中比年轻人高，犹太人中比非犹太人中高。"[①]近年的一项研究也证明了这一点：针对 2016 年美国大选前后几个月用户使用社交媒体的情况，美国的研究人员发现，65 岁以上老年人是转发假新闻的主力，他们分享假新闻的数量是 18 岁至 29 岁人群的近 7 倍。[②] 之所以呈现出这种差异，一方面是因为不同的人与谣言的关系紧密程度不同，因此所感受到的恐慌和焦虑也不相同；另一方面是因为每个人判断谣言真伪的能力是有差异的。一般来说，一个社会中文化程度较高的人具有更好的判断力，而一些社会边缘群体则更容易相信并传播谣言。

对于网络谣言来说，以上这些判断依旧能够成立。不过，从个体信谣和传谣的心理角度看，互联网也带来了一些新变化。首先，网络匿名性带来一种"松绑效应"，它减少了人们在说话时的各种顾虑，也弱化了一些人的责任意识，使他们更不注意谨言慎行。对传统谣言来说，传谣在一定程度上说就是在拿自己的信誉赌博，一旦传播了不实信息，个人的声誉和信誉就会受到一定的影响。为了避免声誉受损，人在传谣之前会对谣言的可信性进行一些评估，从而客观上起到一种甄别和过滤作用。而网络谣言则不然，在匿名性的保护下，人们传播谣言时所感受到的心理压力明显减轻，同时，人们传播谣言的方式也更加便捷，只需要动动鼠标就可以完成，于是，个体在传播谣言时变得更随意、更不负责任。这也是当前社会中网络谣言大规模出现的原因之一。

其次，传播网络谣言的动机变得更加多样而复杂。在互联网时代，虽然大多数谣言仍然是由各种客观条件滋生的，但不可否认的是，也有不少谣言是有人出于各种目的故意捏造的，其中最为常见的就是出于商业目的的谣言。比如，2010 年，国内某奶业巨头就被指控雇用网络写手故意散播谣言，恶意攻击竞争对手。2012 年，某网络公司掌门人深陷离婚谣言的争议中，其本人曾公开指出，这是其商业竞争对手所为。而在 2012 年《人民日报》公布的十大网络谣言

① 奥尔波特等：《谣言心理学》，刘水平、梁元元、黄鹂译，辽宁教育出版社 2003 年版，第 5 页。

② 参见《美国研究：老年人的谣言传播力超年轻人 6 倍！》，澎湃网，https://www.thepaper.cn/newsDetail_forward_2872438，访问日期：2021 年 3 月 19 日。

中,经过后期调查,其中的"蛆橘事件""皮革奶粉"都与恶意的商业竞争有关。[①] 由此可见,随着商业因素的介入,人们传播网络谣言的心理动机变得更加复杂了,如果说传统谣言研究一般不去区分有意的和无意的谣言传播,那么,这在网络谣言的治理中就成为一个必须直面的问题。

最后,网络谣言的传播动机既有不安,也有不满。如前所述,传统谣言大多是社会不安心理的反应。而在当前这个社会转型期,社会分化严重,很多人产生了不同程度的"相对剥夺感",并由此产生对社会不满情绪,这也成为网络谣言大量出现的重要原因。根据格尔的理论,每个人都有某种价值期望,而社会则有某种价值能力,即使大众的价值期望获得满足的能力。当社会变迁导致社会的价值能力小于个人的价值期望时,人们就会产生相对剥夺感。相对剥夺感越大,人们造反的可能性就越大,造反行为的破坏性也越强。他把这个过程称为"挫折—反抗机制"[②]。随着社会的发展,人们的生活条件越来越好,与此同时,他们的社会期待也越来越高,在面对各种社会不公现象时,他们会产生严重的失衡心理,并积累起对于社会的不满情绪。当各种负面社会事件发生以后,公众的刻板印象得到印证,就会倾向于站在官方立场的对立面,宁愿相信谣言而不愿意相信官方发布的信息。有学者发现:"与过去谣言针对小人物不同,当代社会流传的大部分谣言都是针对威权阶级和强势力量。"[③]通过这类谣言,公众既表达了某种不安,又发泄了对社会强势力量的不满。

(二)网络谣言与群体心理

从群体心理学的角度看,谣言是社会恐慌情绪的表达。所谓"社会恐慌",是指"公众在面临社会风险时,出于对自身和他人安全考虑而产生的一种担心、忧虑乃至惊恐的应激性反应,在社会整体层面上往往导致出现过度关注、密集传播或集群行为现象"[④]。分析谣言的成因可以发现,谣言与社会恐慌心理之间的关系十分密切。一方面,很多谣言都产生于社会恐慌心理,当群体感到自身正面临着潜藏的巨大风险时,任何风吹草动都会引起他们极大的关注和忧虑,

---

① 参见郭小安、张荣:《谣言心理的三个研究维度:理论整合与现实关照》,《天津行政学院学报》2014 年第 3 期。

② 赵鼎新:《社会与政治运动讲义(第二版)》,社会科学文献出版社 2012 年版,第 68 页。

③ 周裕琼:《当代中国社会的网络谣言研究》,商务印书馆 2012 年版,第 201 页。

④ 廖卫民:《社会恐慌的传播机制与治理对策研究——基于谣"盐"风波的理论分析》,《当代传播》2011 年第 3 期。

从而为各种似是而非的预言提供了接受的心理土壤。另一方面,谣言也会反过来加剧社会恐慌的程度,当这些谣言通过各种媒介得到广泛传播以后,社会恐慌心理就会得到进一步印证和激化。正如"媒介恐慌论"提出的,"媒介在对社会恐慌事件进行大规模报道的过程中会导致产生新的更多的恐慌现象或恐慌心理"①。也就是说,谣言为社会恐慌提供了根据,证明这些恐慌并不是凭空产生的。

那么,这种社会恐慌是如何产生的呢?如前所述,当代社会中各种风险无处不在,这些风险大都不是个体性的,而是群体性的,甚至是笼罩在全人类头上的共同风险,如果说个体的不安情绪会因群体的矫正而得以平复,那么,群体的恐慌则会相互感染,相互激发,从而呈现出愈演愈烈的态势。因此,当代社会中的恐慌情绪如同风过麦浪一样此起彼伏。尤其是在发生了重大灾难以后,公众对于灾难发生的原因、灾难的危害程度、会不会再发生类似的灾难等问题都疑窦重重并心存忧虑,为了证明自己的恐慌并非杞人忧天,而是有根有据的,他们很容易接受关于灾难的谣言。因此,社会恐慌是现代风险社会的伴生物,而谣言也总是与社会恐慌如影随形。

从另一个角度看,社会恐慌并不是凭空产生的,而是公众基于过去经验而对未来的一种预测,也就是说,它既联系于过往,同时又指向未来。就社会恐慌引发的谣言来说,在谣言出现之时,其真假不仅难以断定,而且根本就是无法判断的。这是因为,社会恐慌引发的谣言往往具有一种"似真性":一方面,它指向尚未发生之事,因此其真实性无法判断;另一方面,它又并非空穴来风,而是随时都有可能发生。因此,针对这类谣言,辟谣的效果往往微乎其微,毕竟,谁也不能断定尚未发生之事,辟谣可以言之凿凿地宣称没有发生过什么,但却不能断言未来不会发生什么,正是由于这种原因,社会恐慌引发的谣言极易形成以规避风险为目的的大规模集体行动。

比如,2019 年 3 月 21 日 14 点 48 分左右,位于江苏省盐城市响水县生态化工园区的天嘉宜化工有限公司发生爆炸。据当地政府通报,截至 3 月 25 日零时,本次事故已造成 78 人遇难。而在这起事故发生前的几年中,有关响水化工园区发生爆炸的谣言就已经接二连三地出现了。其中最为严重的一次是 2011 年 2 月 10 日凌晨 2 点,响水县开始流传一个消息:工业园区内有化工厂发生毒

① 邵培仁:《媒介恐慌论与媒介恐怖论的兴起、演变与理性抉择》,《现代传播》2007 年第 4 期。

气泄漏，随时可能爆炸。这一消息引起陈家港、双港等镇数万名不明真相的群众陆续产生恐慌情绪，并离家外出，混乱中发生的车祸造成 4 人死亡。值得注意的是，这则谣言在当时产生了很大的社会影响，2012 年被《人民日报》列为近期发生的“十大谣言”之一。如果联系到几年之后发生的这起重大事故，可以看出，当初数万名群众连夜离家外出的恐慌情绪不是空穴来风，而是有一定根据的。

如果检索与响水县化工园区有关的新闻就可以发现，自建成之日起，它就接连出现各种安全事故，同时也一直被谣言缠身。2007 年 11 月 27 日，园区内一家企业发生大爆炸，共造成 8 人死亡，数十人受伤。2010 年 11 月 23 日上午，另一家企业发生氯气泄漏，导致下风向的某公司 30 多名员工中毒，没有人员死亡。而在此次事故发生后的几个月，就出现了前面提到的导致数万人离家外出的“响水毒气泄漏谣言”。可见，社会恐慌情绪并不是无中生有的，它是公众根据自己的过往经验而对未来的一种合理担心。在 2019 年 3 月 21 日的爆炸事故发生以后，网络上也出现了各种各样的谣言，有的谣言将其他爆炸事故的图片挪用到此次事故上，有的谣言将 2011 年 2 月央视播出的辟谣新闻与此次事件嫁接起来，还有的谣言称“18 名消防员因吸入大量致癌气体而牺牲”。可以看出，这些谣言都是公众在周围环境遭到重大破坏以后产生的恐慌情绪和不满情绪的反应，如果不消除社会恐慌产生的土壤，而一味对谣言施以重拳，其效果往往会适得其反。在 2011 年 2 月的大规模谣言发生以后，当地村民表示：“化工园区就像身边的一颗炸弹，不知道什么时候爆炸，整天心悬在半空中。”[①]多年以来，当地政府一直没有彻底消除公众对化工园区的恐慌，而时不时曝出的安全事故又进一步印证了公众的担心，所以屡屡出现关于园区安全性的谣言就不足为奇了。

再比如，2008 年“5・12”汶川大地震发生以后，通过电视直播画面，全国各地民众都为地震灾害的巨大破坏性所震撼，对于很多人来说，这都是他们第一次直观地见识到地震的巨大威力，并在此后很长一段时间里余悸未消。[②] 于是，此后几年中，全国各地此起彼伏地出现各种地震谣言，比如，2008 年 6 月 22 日的西安地震谣言、2008 年 9 月 14 日的海南地震谣言、2008 年 10 月 17 日的广西

① 参见黎明：《恐惧之下多危言》，《长江日报》2011 年 2 月 15 日。

② 1976 年 7 月 28 日唐山大地震发生时，电视还没有普及，很多人对唐山大地震的了解都来自报纸新闻和口头传说，缺乏感官的冲击。

地震谣言……其中影响最大的是2010年年初的山西地震谣言。据报道,2010年1月15日,有关山西将要发生地震的谣言开始大规模通过手机传播。此后,官方出面辟谣称:2010年1月6日至13日,山西省地震局对全省地震应急预案实施情况进行专项检查,很多部门都进行了地震应急演练,致使部分市民误认为将要发生地震了。辟谣过后,谣言暂时平息。不过,1月24日,山西运城真的发生了4.8级地震,原来的谣言变成了事实,这就进一步加重了社会恐慌情绪的蔓延。大约一个月之后的2月21日,地震谣言再度暴发,由于不久之前的官方辟谣信息已经被"打脸",所以这次地震谣言的"似真性"更强,影响范围更大,最终导致山西晋中、吕梁、太原等几十个县市的上百万人走上街头"等地震"。由此可见,社会恐慌情绪一方面与社会危机情境的出现有紧密的关系,另一方面也与集体记忆关系密切,是一种被激活的集体记忆。

谣言一旦引发集体行动,社会恐慌情绪就会迅速扩散和蔓延,并带来难以预计的后果。群体心理学的研究表明,人群的聚集会造成理性的削弱,使人的行为变得更盲目、更疯狂、更没有主见。勒庞提出:"个人一旦加入到群体,他的智力立刻会大大地降低,孤立的他可能是个有教养的人,但在群体当中他却变成了野蛮人即一个行为受本能支配的人。"[①]在群体中,成员的情绪会互相传染、不断强化,从而导致各种非理性的行为。同时,群体成员的责任意识也会大大弱化,他们感到自己并不是孤立的,而是有大量的同伴与自己一起分担行为的后果,因此,他们更容易选择从众行为。受此影响,谣言也会在社会恐慌情绪的作用下畅行无阻,如果选择不相信谣言,就意味着不仅要独自承担谣言成真的可怕后果,而且要孤立于群体之外。

在互联网出现以后,社会恐慌情绪的传播和蔓延变得更加便利了。互联网不仅为公众的信息交换和沟通提供了平台,而且使人更容易找到与自己信念和观点相同的人,在这样的同质化群体中,成员之间的交流只会使其原有的立场变得更加坚定、更加极端,出现"群体极化"现象。如果说群体的观点会相互影响,那么群体情绪的传染性就更加强大,在群体成员的相互确证、相互激发下,社会恐慌被不断放大,原来捕风捉影的传闻变成言之凿凿的事实,原来的严重程度也不断变本加厉。于是,各种网络谣言就乘风而起,并凭借人群规模之庞大而获得更大的可信性。

---

① 古斯塔夫·勒庞:《乌合之众:大众心理研究》,冯克利译,中央编译出版社2005年版,第18页。

（三）网络谣言与集体记忆

集体记忆是法国社会学家莫里斯·哈布瓦赫提出的概念，他认为，记忆不是个体性的，而是集体性的，离开了集体和社会，所谓的个体记忆就无从谈起。他提出：

> 人们通常正是在社会之中才获得了他们的记忆的。也正是在社会中，他们才能进行回忆、识别和对记忆加以定位。……大多数情况下，我之所以回忆，正是因为别人刺激了我；他们的记忆帮助了我的记忆，我的记忆借助了他们的记忆。……正是在这个意义上，存在着一个所谓的集体记忆和记忆的社会框架；从而，我们的个体思想将自身置于这些框架内，并汇入到能够进行回忆的记忆中去。①

在集体记忆理论的基础之上，阿斯曼夫妇进而提出了交往记忆和文化记忆概念，扬·阿斯曼提出："语言和意识通常都具有高度的社会性，个体记忆也是如此。纯粹的个体记忆就像一门只有一个人能懂的语言，换句话说，它只是一种特殊情况，一个例外。"②正是在与他人的交往过程中，个体的记忆才得以保存。如果离开了群体的支持，个体记忆不仅不会长久，还会变得模糊、飘忽，甚至会分不清哪些是他真实经历过的场景，哪些又是他梦到或幻想过的场景。不过，这种交往记忆具有一种先天的缺陷——由于它依赖于人际交往，所以它通常都在三代人之间循环，形成一个共时性的记忆空间，它的时间跨度通常不会超过 80—100 年。为了使记忆不至于在三代人之后消失，而是可以在不同代际间持续传递，就必须将它转化为文化记忆，即赋予其物化形态。文化记忆存在于各种文化产品和人工制品中，只有获得了这种稳定的物化形态，记忆才不会随着当事人的死去而消失，而是可以代代相传。因此可以说，文化记忆是获得了物化形态的集体记忆，是可以在不同代际间持续传递的集体记忆。

从这个意义上说，记忆不仅依赖于人际交往，而且是可以不断累积和传递下去的。集体记忆会在社会中沉潜下来，遇到合适的时机就会被重新激活，从

---

① 莫里斯·哈布瓦赫：《论集体记忆》，毕然、郭金华译，上海人民出版社 2002 年版，第 68—69 页。

② 扬·阿斯曼：《什么是"文化记忆"？》，陈国战译，《国外理论动态》2016 年第 6 期。

而参与现实的构造。关于谣言的记忆也是如此,一些谣言看似沉寂了,但其实并没有彻底消失,而是会不断地以改头换面的形式出现。因此,它们的成因不仅需要在现实层面寻找,要诉诸集体记忆和文化记忆。在《黑寡妇——谣言的示意及传播》中,弗朗索瓦丝·勒莫就分析了 1988 年 12 月菲律宾暴发的关于拉普拉普鱼的谣言,并将它与 1502 年拉普拉普首领用标枪刺死麦哲伦的事件联系起来,在他看来,这中间的四个世纪都可视为谣言的"孕育时间"。通过对这则谣言的分析,他提出:"这意味着为了解释谣言,不仅需要在谣言产生的社会背景中找原因,还要将社会背景同作为谣言的经纬的神话背景联系起来,让集体记忆储存的材料来把这前因后果说清楚。"①在分析中国近代的反教会谣言时,田海也提出,当时出现的各种关于传教士诱拐小孩的谣言其实并不新鲜,而是一种古老的恐惧的回声,"在反教士的案件中涉及的,是一种刻板印象式的对食人诱拐行为的恐惧,而这种刻板印象式的恐惧则是建立在根深蒂固的口传恐惧和谣言的传统之上的。对于一般中国人而言,传教士不过是传统观念上那些需为诱拐事件负责的外来群体的一个新例子而已"②。在分析 20 世纪 50 年代中国大陆的谣言时,李若建也注意到,当时出现的很多似乎偶然的谣言背后都有一个坚实的基础,这个基础通常都是集体记忆,"实际上'毛人水怪''割蛋'等谣言是一个被激活的,并且根据特殊需要而重新建构的集体记忆"③。可见,谣言既是由各种现实条件激发的,同时也根植于集体记忆之中。

有学者提出,互联网带来的信息超载造成了一种健忘症,"大量曾经轰动一时的网络事件,在还没有得到解决之前就已经失去了新鲜感,失去了当下性,其受人关注的地位迅速地被后面涌来的新事件所替代,那些没有被立案调查的案件很快消失在人们的记忆中,就好像它们不曾发生过一样"④。从直观角度看,这种现象的确普遍存在,网络热点事件接二连三地出现,又迅速被新的热点事件覆盖,已经改变了很多人对时间的感知,让他们感到许多过去不久的事件已经非常遥远和陌生。不过换一个角度看,虽然这些网络热点事件已经不再活跃,不再被人提及,但它们并没有完全消失,而是依然留存于集体记忆之中。一

① 弗朗索瓦丝·勒莫:《黑寡妇——谣言的示意及传播》,唐家龙译,商务印书馆 1999 年版,第 12 页。

② 田海:《讲故事:中国历史上的巫术与替罪》,赵凌云等译,中西书局 2017 年版,第 172 页。

③ 李若建:《虚实之间:20 世纪 50 年代中国大陆谣言研究》,社会科学文献出版社 2011 年版,第 9 页。

④ 王颖吉:《媒介的暗面:数字时代的媒介文化批评》,北京大学出版社 2013 年版,第 94 页。

旦遇到合适的情境,它们就会被重新唤起,成为构建新的网络谣言的重要因素。

近些年来,很多网络热点事件暴发以后,都会有网友将其链接到此前出现的相关事件,使这些已经被淹没的陈年旧事重见天日,并形成一种累积效应。比如,2018 年 7 月,“长生疫苗案”深深刺痛了公众的神经,随着自媒体文章《疫苗之王》的横空出世,这一事件迅速变得家喻户晓。随后,一些与此相关的陈年旧事被重新翻出,成为引爆舆论的重要元素,比如,1995 年的旧文《郑渊洁:我从 1995 年起就不信任一些疫苗》,2010 年的旧文《王克勤:签发疫苗报道的总编辑包月阳被免职》,以及 2008 年的毒奶粉案(有文章提出,该案中失职的监管者被处理,蛰伏几年后又到药监总局任职,而且正是监管疫苗)。这些文章和事件早已不再被人提起,但它们却在长生疫苗案发生后重新进入公众视野,成为一种复活的集体记忆,使网络舆情进一步发酵。

在当前社会中,很多网络谣言都会引发重大的网络舆情,同时,很多网络舆情也都伴随着网络谣言。它们既是各种社会矛盾的直接产物,同时也是不断累积的集体记忆的再度复活。正如个体的情绪在受到压抑后会寻求宣泄的契机,社会情绪也是如此,每一个突发的社会热点事件都会为社会不满情绪提供一个发泄的出口,“所以不难理解,为什么‘警察打人’‘城管打人’‘官员腐败’等谣言能迅速流行且‘经久不衰’,关键是它激活了一些公众的集体记忆。这种集体记忆长期累积的结果就是公众积压了负面情绪,导致刻板意见,容易产生习惯性质疑”①。正是基于这种原因,针对这类网络谣言的辟谣尤为困难,因为辟谣信息不仅要提供相反的事实,而且要疏导网络谣言背后的社会情绪。

总之,网络谣言是一种复杂的社会心理现象,它直接产生于个体的不安情绪,在这种不安情绪的影响下,人们会求助于群体,通过群体互动来减轻认知和情感上的压力。而这种不安情绪又是相互传染的,群体互动的结果往往是社会恐慌的形成,社会恐慌不是无中生有的,而是公众基于过去经验而对未来做出的预测,如果网络谣言与人们固有的认知相一致,它就会得到广泛传播和接受。这也就意味着,公众的集体记忆实际上参与了网络谣言的构造,一方面,这使得一些网络谣言一再以改头换面的形式重新出现;另一方面,网络谣言也会重新激活与之相关的陈年旧事,使其成为网络谣言的重要发酵因素。在互联网时代,集体记忆不仅存在于公众的头脑中,而且沉潜在网络空间的各个角落,遇到

① 郭小安:《当代中国网络谣言的社会心理研究》,中国社会科学出版社 2015 年版,第 78 页。

合适的契机，它们能够被迅速唤起并原封不动地找回，因此，集体记忆能够以更加便捷的方式参与网络谣言的构造。

三、网络谣言与商业

虽然商业谣言的存在由来已久，但传统的谣言研究并不怎么关注谣言传播中的商业因素。这一方面是因为，商业谣言的产生原因非常清楚而简单，它们通常都是利益相关者有意炮制和传播的，目的在于促销自己的商品或者打击竞争对手。另一方面是因为，商业谣言的社会危害相对较小，它通常会在短时间内造成商品的抢购或滞销，而很少会引发更深层次的社会不安和危机。不过，随着现代社会商业竞争的加剧，尤其是互联网的出现，商业谣言的影响越来越大，其产生原因也越来越隐蔽而复杂，甚至可以说，商业因素的加入及其日益复杂化，已经成为网络谣言的一个突出特点。

（一）网络时代的商业谣言

商业谣言是一种古老的谣言类型，基本上都出自利益相关者，是他们为了促销商品或打击竞争对手而有意捏造的虚假信息。正如有学者分析的："在同一市场经营同一商品，竞争是面对面的。有的企业家精神品质低下，在光明正大的交锋占不了上风时，便采用暗器伤人。"①卡普费雷也提出："在商业上，公开地不择手段是行不通的。比如，在法国，不允许广告互相对比。同样，销售者不得过于公开地诋毁竞争产品。然而，由于其中利益牵扯太多，谣言不可能不成为商业谋略和信息交流计划的武器。"②因此，无论中外，这类商业谣言基本上都出自利益相关者，是他们为了促销商品或打击竞争对手而有意捏造的虚假信息。比如，在中国的一些农村地区，曾经频繁出现一些购买某种商品以避免灾祸的谣言，这些谣言无一例外地都造成了特定商品的热销。在《商业谣言：现代经济生活中的怪胎》一文中，作者也记载了一则同类谣言：

自 1993 年下半年以来，皖南地区农村一些地方刮起了一股抢购红雨

---

① 冰凌：《商业谣言：市场的浊流》，《中国行政管理》1995 年第 10 期。

② 让－诺埃尔·卡普费雷：《谣言：世界最古老的传媒》，郑若麟译，上海人民出版社 2008 年版，第 208 页。

伞风潮，买主大多数是年过半百的老太太，而且一买就是好几把。这阵风一直刮到现在还没有停止的势头。一些生产红雨伞的厂家大发了一笔财。

这场莫名其妙的红布伞俏销风潮起因，既不是因为皖南地区近年来雨水多，也不是这些伞的质量多么好。其实，煽起这股风潮的是一家乡办企业的一起谣言。

事情的缘起是这样的。皖南某县一家乡办雨具企业由于过高估计市场容量，盲目生产了一大批红色雨伞，投放市场后销路很不理想，资金积压20余万元，企业面临倒闭的风险。企业一班人为积压的红雨伞伤透了脑筋。急中生“智”的厂长终于想出一个怪招：在社会上散布谣言，就说老天要降祸于人间，特别是未成年的孩子在劫难逃，不过只要打了外婆买的红雨伞就可以免灾。厂里让女工们分头走街串巷散布谣言。出乎厂里意料的是，没出三天，全县各地农村议论纷纷，谣言四起，紧接着就形成了抢购红伞的风潮。不几日，“捷报”再传，邻县也开始传出天降大祸，小孩必须打红雨伞的谣言，订购红雨伞的订单雪片飞来，半个月之后这家乡办企业积压的红雨伞销售一空，厂里加班加点生产，仍是供不应求。①

对于商家来说，这些谣言无疑是有利可图的，往往能让他们大赚一笔。而对于受到谣言影响的人来说，他们的损失也不是很大，只不过让他们买了一些并不特别需要的商品而已。同时，通过这种礼物交换，亲戚之间加强了联络和走动，对于他们来说也未尝不是一件好事。因此，这类谣言的社会危害非常微弱，通常不会引起人们的重视。另一类商业谣言的目的是打击竞争对手，这是一种更常见的商业谣言类型。“这类谣言常常对一个或多个产品、品牌的形象和资产产生破坏，对所涉及的产业或行业的信誉造成不良影响，甚至威胁到社会公众生命健康安全和社会稳定”②。因此，与商品促销谣言相比，这类谣言更值得关注。

在互联网时代，市场竞争变得更加激烈，人们发布和传播信息的手段更加便捷，商业谣言的数量也有增无减。比如2007年的“海南毒香蕉事件”，当年4月24日，国内部分手机用户收到关于“泛青的不熟香蕉含类似SARS病毒”的

① 夜郎：《商业谣言：现代经济生活中的怪胎》，《现代营销（经营版）》1995年第2期。

② 张忆：《网络商业谣言的成因探析——以湖南隆回金银花事件为例》，《中南林业科技大学学报（社会科学版）》2014年第6期。

信息,这条信息迅速传播开来,使海南的香蕉产业蒙受至少10亿元的损失。事后有文章分析说,“有迹象显示,这类短信很可能是一场阴谋,矛头不仅仅是指向海南香蕉,更是指向整个中国的香蕉产业,因为短信中提及的香蕉‘泛青’的特点,是中国香蕉所特有,境外香蕉全是黄色的”①。再如,2008年7月24日,匿名网友“青草布丁”在天涯社区贴图专区发布《康师傅:你的优质水源在哪里?》,“揭露”康师傅的水源要么是自来水,要么是脏兮兮的钱塘江水。帖子发表后,众多网友纷纷指责康师傅涉嫌虚假宣传。事后有人提出,“水源门”的策划者正是其竞争对手。还比如,2012年9月,日本上演“购岛闹剧”以后,康师傅控股有限公司被指是日资背景的企业,这迅速造成康师傅产品销量下滑、股价下跌。后来,这也被认为是有幕后推手在操纵,并最终将其锁定为康师傅的主要竞争对手。

可以看出,网络时代的商业谣言往往指向那些大品牌、大企业,这是因为它们的市场占有率更高,知名度更高,一旦曝出谣言,会有足够的传播动力。据调查,超过20%的美国500强企业都曾经历过网络危机事件,虽然严重程度不一,但都对这些企业造成了一定程度的负面影响。② 同时,网络商业谣言的炮制变得更加隐蔽了,虽然很多网络商业谣言疑似来自其竞争对手,但由于网络推手的介入,这种怀疑往往很难找到确凿的证据。

(二)网络谣言与网络推手

网络推手的出现是网络谣言传播的一个新因素,在很多轰动一时的网络谣言背后,都有网络推手在起作用。有文章称,“北京市公安局网络安全保卫处网络管理处副处长张俊表示,国内一些大的网络论坛,有50%以上的帖子是人为炒作推出来的。所谓‘热门帖’‘精华帖’等,背后几乎都有‘网络炒家’在积极推动。‘网络推手’已经成为网络谣言的重要策源地”③。由于网络推手的出现,网络谣言的成因变得更加复杂而隐蔽,同时,网络谣言的商业因素也变得更加突显。

所谓网络推手,是指“利用网络媒介,通过大量的虚拟网络账号在贴吧、论坛、微博等社交媒体发布、评论、回应、关注、分享与特定话题相关信息,营造出

---

① 严富昌:《网络谣言研究》,中国书籍出版社2016年版,第347页。
② 参见张树庭、吕艳丹:《有效的品牌传播》,中国传媒大学出版社2008年版,第86—90页。
③ 姜胜洪:《网络谣言应对与舆情引导》,社会科学文献出版社2013年版,第90页。

热点话题而引起广大网民的关注,从而进行一些炒星、产品推销等活动的个人、团体或组织"①。网络推手的目的无疑是谋取经济利益,但不同于传统的商业谣言,网络推手不是靠促销商品或打击竞争对手而谋利,而是靠炒作热点话题从而提高自己的关注度,为接下来的牟利活动准备条件。对此,有学者分析说:

> 虽然谣言本身并不能产生利益,但是却能吸引网友眼球,并获得巨大的名声,而不论是好名声还是坏名声,名声意味着受众的注意力;而在消费社会中,受众的注意力等于"间接的商业利益"。实际上,没有了经济利益做支撑,也就使推手失去了存在的基础。毕竟不会有推手仅仅为了娱乐大众或新奇好玩儿而砸重金捧红一个人、炒作一件事,只有经济收益才是其一切行为的原动力。于是,"先造谣,再赚名,然后赚钱"成为网络推手造谣的一种商业模式。事实上,这种商业模式确实为一些网络公司带来了丰厚的利润,如立二拆四的网络推手公司就曾年收入将近千万元,纯利润有数百万元之多。②

为了炒作社会热点话题,网络推手往往会极力刺激大众神经,追逐"新奇怪热"的事件,"语不惊人死不休",甚至会雇用正、反两方面的水军,形成激烈争执的假象,从而维持话题的热度。早在2006年,就有人总结了网络推手的四步炒作法,即网上发帖、沟通版主、写手炒作、媒体互动。曾成功包装出"流氓燕""二月丫头"的知名版主陈墨在接受采访时提出:"如果是一个相对负面的人物,批判的言论多了,我们就会组织一些写手,挺一挺他,引导一下话题,同时删除一些攻击性的言论。而像二月丫头这样的人,追捧的人相对会比较多,那么我们就会找点人来骂骂她,让双方形成一种相持的局面,你来我往,才能把时间持续长、有持续的热点、不断出故事。"③可见,在网络推手那里,所谓的争论已完全沦为炒作的手段,是非曲直都可不论,炒热话题成为最高宗旨。

这不仅人为扭曲了网络舆论环境,破坏了网络空间的"自净化"能力,使一些虚假的网络谣言经久不衰,而且隐藏着巨大的灰色利益。当前,网络推手已

---

① 赵昶竹:《网络推手与网络谣言的传播》,《新媒体研究》2016年第5期。
② 燕道成、杨瑾:《网络推手炒作谣言的传播机制及其防控策略》,《华侨大学学报(哲学社会科学版)》2014年第4期。
③ 张守刚:《网络红人成名调查:幕后推手自曝四步炒作法》,《北京娱乐信报》2006年7月9日。

经成为一个潜滋暗长的产业，知名网络推手“阿任”曾宣称，他公司旗下的专兼职推手团队达几千人。这些人每天的任务就是根据“阿任”的要求，在各种论坛上通过不同的注册ID号就某一帖子进行点击、评论或是故意争吵，营造出某话题受到成千上万网民关注的假象。据“阿任”介绍，兼职写手发一个回帖一般可赚0.5元到1元钱，原创性的炒作帖子可以给到一篇一两百元。[①] 2011年，《北京晨报》也披露了各大微博主的报价单，根据“粉丝”数量的多少，具体报价从200元到6000元不等。[②] 为了获取经济利益，网络推手往往不顾事实，只要能成功吸引网民的注意力，就不惜制造虚假信息，著名网络推手“秦火火”就一手炮制了很多轰动一时的网络谣言，被网民称为“谣翻中国”。

网络推手之所以能够大行其道，主要是由三方面的原因造成的。首先是互联网带来的广告形式的变化。在互联网的影响下，传统广告资源逐渐向网络空间转移，“商家之所以选择网络推手为其造势，是因为其可以精确操控效果，带来的收益巨大，成本却很低”[③]。网络推手主要依靠“人海战术”，他们雇用大量“水军”或“网络民工”到处发帖，这些人大都是兼职的网民，可以利用自己的空闲时间随时“工作”，因此成本相对低廉，效果却很容易测量。其次是因为“沉默的螺旋”效应。网络推手有意识地在短时间内密集发帖，扭曲了网络舆论的自然生态，在从众心理的影响下，它对普通网民的声音形成一种潜在的压制，使那些不同的声音被淹没。最后是网络推手深谙社会大众的心理，善于“借势”和“造势”。在社会转型期，各种社会矛盾集中出现，大众面临着一些共同的焦虑，对特定社会事件非常敏感，如炫富、“官二代”、“富二代”等。网络推手深谙此道，于是，他们常常大肆炒作这类事件，利用普遍存在的社会情绪达到自己的目的。

网络推手与网络谣言关系密切。早期的网络推手也曾成功包装出一些正面的网红，如“天仙妹妹”“西单女孩”等。不过，“随着‘别针换别墅’事件的火爆，网络推手们自身也开始了转型，或许那些‘丑’的东西更容易吸引人们的注意，于是，夸大事实、无中生有、蓄意炒作、恶意传谣等不实言论就成为网络推手的主要业务”[④]。这是很容易理解的，因为事实往往不如编造的故事更加有趣、

---

① 参见周范才：《网络推手的“天下”》，《瞭望东方周刊》2009年第3期。
② 参见赵昶竹：《网络推手与网络谣言的传播》，《新媒体研究》2016年第5期。
③ 胡凌：《商业网络推手现象的法律规制》，《法商研究》2011年第5期。
④ 蔡斐：《网络推手与网络谣言现象浅析》，《媒体时代》2013年12月。

更能吸引人，为了吸引眼球，网络推手经常游走在法律的灰色地带，有意散布各种谣言，以达到最终的牟利目的。同时，他们也清楚地知道不能触碰的底线在哪里，因此，重大的政治、经济、外交问题往往是他们不敢涉足的禁区[①]，而有关个人和企业的谣言却不会有太多忌惮。因此，近年来各种食品安全谣言层出不穷，如"塑料紫菜""棉花肉松""假鸡蛋"等。"一些谣言的发布者已经是团队化运作，通过发布谣言赚取流量费和广告费。拥有一万粉丝量的微信号转发一条食品安全谣言的价格为150—300元，个人转发一次可以获得0.5元的收入"[②]。可见，在网络推手的影响下，网络谣言传播中的商业因素一方面变得更加突出了，另一方面也变得更加隐蔽了。

（三）网络谣言与愤怒产业

卡斯·桑斯坦在《谣言》一书中曾提出过"愤怒产业"（outrage industry）的概念，不过，他并没有对此进行深入讨论，而只是描述说："有一种'愤怒产业'很容易在电视、收音机和互联网上见到。这些'愤怒产业'的产物之一就是这些愤怒的人制造出的一系列的谬误或至少是具有误导性的谣言。而那些被谣言中伤的人只是与这些愤怒散播者的价值观、信念不同而已。这些人之所以肆无忌惮地传播他们的情绪，关键在于他们认为这些情绪是利他的，他们往往是利他主义者。"[③]在他看来，所谓"愤怒产业"，是指一些人在利他动机的激发下出于愤怒情绪而传播的信息，很多时候，它们都是错误信息或具有误导性的谣言。

本文所使用的"愤怒产业"概念的内涵却与此不同，它是指在新媒体条件下利用公众的愤怒情绪来获利的传播现象。就愤怒情绪这点来说，本文所说的"愤怒产业"与桑斯坦所说的"愤怒产业"是相同的。不同的是，桑斯坦所说的那些加入"愤怒产业"的人往往是利他主义者，他们之所以传播这些信息，主观动机是为了他人好——尽管他们的愤怒可能产生于自己的偏见；而本文所说的那些加入"愤怒产业"的人则是一群深谙社会心理的人，他们有意利用公众的愤

① 参见燕道成、杨瑾：《网络推手炒作谣言的传播机制及其防控策略》，《华侨大学学报（哲学社会科学版）》2014年第4期。

② 李金红、李强：《谁在制造谣言？我们揪出了一条黑色产业链，真相令人愤怒》，《瞭望》2017年6月26日。

③ 卡斯·R.桑斯坦：《谣言》，张楠迪扬译，中信出版社2010年版，第19页。

怒情绪来获利。这些人发现，一条信息越是能够激发公众的愤怒情绪，就越是能够得到广泛传播，从而越能够使自己获利。当前，这种对社会愤怒情绪的利用、贩卖和消费已经形成了一种隐形的产业，让一些人获利巨大。

在国内，最早注意到这种传播现象的是《中国青年报》的一篇评论文章《网民愤怒的利用已成为一种产业》，在这篇文章中，作者提出，网民的愤怒感已经成为文化工业机器上的润滑剂。他说："难道你们不知道，利用网民的愤怒如今已经成为一种产业？当你义愤填膺、正义凛然地口诛笔伐之时，炒家正躲在电脑后一边数钱一边骂你傻呢！"①在他看来，从策划公司到公关公司，再到网站和写手，对公众愤怒情绪的挑拨和利用已经形成一条成熟的产业链，而广大不辨真相的网民也成为其中重要的一环，他们的愤怒情绪和正义冲动被激发出来，并加入网络关注、转发和讨论的过程中，不知不觉中成为替他人牟利的工具。

自2018年开始流行的"贩卖焦虑"概念与"愤怒产业"概念较为类似。有文章在分析2018年4月的一篇网络爆款文《摩拜创始人套现15亿，你的同龄人，正在抛弃你》时提出："在微信、微博等社交媒体上，此类以同辈比较向受众施压的'毒鸡汤'比比皆是，人们一边焦虑恐慌，一边转发分享。这些制造焦虑甚至恐慌的情绪文，因其强大的传播力，成为自媒体营造焦虑气氛从而收割流量的重要工具。"②其实，不管是"贩卖焦虑"还是"愤怒产业"，都准确地把握了当前社会大众的现实痛点，并通过迎合、渲染、贩卖这些情绪来获取关注度和网络流量，进而谋求经济利益。

当前，很多网络谣言都是"愤怒产业"的产物。网络推手们清楚地知道公众会对哪些信息感到愤怒，比如炫富、恃强凌弱等，于是就大量供应这些信息，为此不惜生编硬造、移花接木。一些网络文章的标题中经常出现《震惊国人》《令人发指》《惊天秘密》等，只看标题，就可以预测其中的很多内容都是让人愤怒的谣言。这些标题已经改写了传统的新闻写作规范——它们不是为了言简意赅地传播信息，而是为了吸引网民的点击。通过众多网民的点击和转发，"愤怒产业"实现了其盈利目的，同时也使很多谣言扩散开来。

---

① 曹林：《网民愤怒的利用已成为一种产业》，《中国青年报》2009年3月19日。

② 栾心怡：《"贩卖焦虑"现象流行背后的传播机制》，《青年记者》2018年第17期。

第四章 网络谣言的主要类型

目前学界对谣言类型的划分主要依据两个标准,即谣言的内容和传谣的动机。比如,卡普费雷根据谣言产生的不同领域,分别论述了犯罪谣言、明星谣言、职场谣言、销售谣言、金融谣言、政治谣言等主要类型。[①] 苏萍在分析近代教案时提出,根据谣言的来源,基本上可以把谣言分为无意讹传者、有意捏造者两大类,并分析了它们的不同成因。[②] 在网络谣言出现以后,谣言现象变得更加复杂了,对网络谣言的划分也更加多样化。比如,严富昌提出,按照时间划分,网络谣言可分为突发事件型谣言和都市传说型谣言;按指向对象来划分,网络谣言可分为针对公众人物的谣言和针对公众事件的谣言;按谣言背后的目的和动机来划分,又可分为情绪宣泄型谣言和利益诉求型谣言。[③] 此外,孙丽依据造谣的目的和动机,将网络谣言分为信息求证型、情绪宣泄型、利益攫取型、娱乐恶搞型四种类型,并提出,这四种类型在一定条件下能够相互转化。[④]

这些划分都有其道理,但也都有一些缺陷。一方面,从谣言内容的角度进行划分显得过于机械,不能凸显谣言背后具体的社会心理成因。另一方面,从传谣动机的角度对网络谣言进行划分不够严谨。传统谣言研究之所以悬置动机判断,就是因为传谣的动机常常是模糊的,难以判定的。而且,就同一则谣言来说,参与者的动机也不尽相同,有的人是为了求证信息,有的人是为了表达不满,还有的人是为了娱乐恶搞,当然也不排除有的人是浑水摸鱼以达到其个人目的。与其如此,不如转而具体分析一些常见的网络谣言主题。虽然这些主题

---

① 参见让-诺埃尔·卡普费雷:《谣言:世界最古老的传媒》,郑若麟译,上海人民出版社2008年版,第181—249页。

② 参见苏萍:《谣言与近代教案》,上海远东出版社2001年版,第24页。

③ 参见严富昌:《网络谣言研究》,中国书籍出版社2016年版,第69—76页。

④ 参见孙丽:《网络谣言的类型与特征》,《电子政务》2015年第1期。

不免有所遗漏,不能囊括所有的网络谣言,但却能使分析更具体、更有针对性。按照这种方法,当前常见的网络谣言类型主要有新媒体事件谣言、地震谣言、食品安全谣言、名人去世谣言等。这些网络谣言类型涉及不同社会领域,都是由特定的社会条件酝酿而成的,同时也反映出不同的社会心理,因此需要分门别类地加以分析。

一、新媒体事件谣言

与“新媒体事件”相近的概念主要有“网络群体性事件”“网络公共事件”等。对于这组概念之间的关系,董天策曾做了详细辨析。他认为,“网络群体性事件”是从危机管理的角度来认识这类现象的,具有明显的负面性与否定性,在大多数情况下,这一概念都是不科学的。相比而言,“网络公共事件”更为中性,不过,它无法涵盖从“网络集群行为”到“网络集体行动”甚至“集体行动”的所有论题。[①] 基于此,本书将这些概念共同指涉的社会事件命名为“新媒体事件”。

2009 年 1 月,香港中文大学新闻与传播学院举办了为期一个月的“新媒体事件:网络、公民与社会权力的重构”工作坊,以这次工作坊的成果为基础,先后出版了《传播与社会学刊》专刊和《新媒体事件研究》论文集,使这一概念为越来越多的学者所接受。根据吴世文的界定:“新媒体事件是指多元行动者针对由现实社会或网络社会引发的、指向社会问题和公共利益的议题,基于利益的、情感的或道德的诉求而利用网络媒体和传统媒体作为话语表达平台与工具,运用多种话语实践和话语互动手段共同参与建构的公众事件。”[②]互联网带来的最为重要的社会后果之一是新媒体事件的大量出现,而这些新媒体事件也成为网络谣言的高发区。

(一)从媒介事件到新媒体事件

1992 年,戴扬和卡茨出版了《媒介事件:历史的现场直播》一书,在这本书中,他们把媒介事件界定为“一种特殊的电视事件”。在大众传播越来越“分众

① 参见董天策:《从网络集群行为到网络集体行动——网络群体性事件及相关研究的学理反思》,《新闻与传播研究》2016 年第 2 期。

② 吴世文:《转向新媒体事件研究:理论命题、研究视域与理论问题》,《现代传播》2014 年第 4 期。

化"的背景下,媒介事件表现出一种征服空间和时间的强大力量,它能让一国、数国乃至全世界的观众在某个时间段内共同关注同一个事件。这些媒介事件打破了日常生活的惯例,对抗消费主义逻辑,营造出一种类似于"节日"或"仪式"的社会氛围,发挥着社会聚合的功能。戴扬和卡茨将这些媒介事件总结为三种主要的类型,即"竞赛"(contests)、"征服"(conquests)和"加冕"(coronations)。[①] 关于媒介事件的社会功能,他们提出:"这些事件以集体的心声凝聚着社会。唤起人们对社会及其合法权威的忠诚。"[②]

而所谓"新媒体事件",并不是指"新"的媒体事件,而是指以"新媒体"为主要互动平台的事件,其关键特征在于新媒体的加入。如今,在几乎每一起重大的社会事件发生以后,人们都会自发地在新媒体平台上聚集起来进行交流和讨论,并由此将社会事件转化为新媒体事件。与传统的以电视为主要平台的媒介事件相比,新媒体事件具有许多新特征。首先,"媒介事件都是经过提前策划、宣布和广告宣传的"[③],它类似于哈贝马斯所说的"代表型公共领域",自始至终受到精心操控和安排,目的在于展示一种超凡脱俗的魅力。而新媒体事件则不同,它是突如其来的、不可预测的,没有人知道它什么时候爆发,也没有人能预测它的影响规模和后果。如果说媒介事件事先规定了受众的反馈;那么新媒体事件则无法预知公众的反应,充满偶然性和不确定性。其次,媒介事件的观众是匿名的、同质化的,他们是被动的旁观者。而在新媒体事件中,公众不再是匿名的,也不再是铁板一块的整体,面对同一个事件,他们的立场和观点出现了分化,彼此之间既有协作,也充满激烈的交锋甚至对抗。最后,不管是"竞赛""征服"还是"加冕",媒介事件都旨在通过展示激动人心的场景来引发人们的欢呼,并借此巩固社会权威并加强社会团结。而新媒体事件则不同,陈韬文和邱林川曾总结出新媒体事件的四种基本种类,即民族主义事件、权益抗争事件、道德隐私事件和公权滥用事件。[④] 从中不难看出,新媒体事件通常都充满争议,它会导

① 后来,戴扬根据社会环境和媒介形式的变化,将关于媒介事件的"3C"类型模式修订为"3D"类型模式,即这三种主要的媒介事件类型为:"冲突"(disruption)、"幻想破灭"(disenchantment)和"脱轨"(derailment)。

② 丹尼尔·戴扬、伊莱休·卡茨:《媒介事件:历史的现场直播》,麻争旗译,北京广播学院出版社2000年版,第9页。

③ 丹尼尔·戴扬、伊莱休·卡茨:《媒介事件:历史的现场直播》,麻争旗译,北京广播学院出版社2000年版,第7页。

④ 参见邱林川、陈韬文主编:《新媒体事件研究》,中国人民大学出版社2011年版,第10—11页。

致对社会权威的怀疑和抗争,甚至造成人群的分裂。

新媒体事件使“事件公众”作为一种新的社会力量浮出水面。如果说经典公共领域理论所假定的公众主要是借由一个共享的物理空间联系起来的,那么事件公众则主要是靠对一个社会事件的共同关注而集结起来的。由于新媒体不仅克服了地域限制,而且为人与人之间的直接交流提供了可能,所以在新媒体出现以后,事件公众才得以浮现出来,成为一种真真切切的社会存在,同时也成为当代社会中的一股不可小觑的力量。与那些宏大而高深的公共议题相比,社会事件更容易为人所理解,更容易激起人的共鸣,因而,它们具有强大的社会动员能力,能够广泛吸引社会各阶层成员参与讨论。在一些情况下,这些事件公众借助持续不断的讨论和“围观”,能够形成强大的舆论压力,促进事件的解决。不过值得注意的是,新媒体事件的对抗性质和情绪特征,也使它成为网络谣言的高发区。

(二)新媒体事件与网络谣言

新媒体事件与网络谣言之间的亲缘关系已经为很多学者所关注,近年来的很多网络谣言研究专著都聚焦于新媒体事件(突发性群体事件、突发公共事件)中的网络谣言。比如,蔡盈洲的《数字新媒体环境下突发性群体事件的谣言传播研究》、雷霞的《新媒体时代抗议性谣言传播及其善治策略研究》、王颖吉主编的《突发公共事件中的谣言传播与治理》等。正如蔡盈洲所说:“几乎每一个突发性群体事件中都有谣言的身影,谣言是突发性群体事件背后的催化剂。”[①]在很多学者看来,新媒体事件引起的社会环境和社会心理条件变化为网络谣言的滋生和传播提供了适宜的土壤,因此,在新媒体事件发生以后,往往会出现网络谣言满天飞的状况,有关部门在应对新媒体事件时,不得不分出很大一部分精力来应对网络谣言。那么,新媒体事件与网络谣言为何如此密不可分、如影随形呢?

首先,从认知的角度看,新媒体事件往往是突如其来的、前所未有的,它对人的认知能力提出了挑战,让人产生疑惑和不解,并由此催生出各种各样的解释。面对众说纷纭的说法,人们很容易变得无所适从。从哲学的意义上说,所

① 蔡盈洲:《数字新媒体环境下突发性群体事件的谣言传播研究》,江西人民出版社 2014 年版,第 94 页。

谓“事件”就意味着一次全新的开启，它不是过去的自然延续，而是与过去的某种断裂，正如有学者所说：“事件以不可预知的突发性降临，绝非原有秩序的结果，而是对原有秩序的决裂。”[①]在新媒体事件发生后，一方面，人们会产生认知的压力，想要尽快地理解和把握这一事件，以消除由不确定性带来的风险。但另一方面，由于人们的认知环境发生了重大变化，从而使基于过往经验的判断都归于无效，所以人们会产生更大的认知压力。在这种状况下，盲目轻信就成为一种常见的选择，那些貌似合理的网络谣言很容易赢得人们的信任，从而得到广泛传播。

其次，从情感的角度看，新媒体事件常常会引发社会公众的恐慌和焦虑情绪，并进一步激活他们的集体记忆，从而为网络谣言的传播准备了心理条件。正如有学者提出的：“突发事件的发生时间、成因、实际规模和影响深度都是难以把握和预测的，这就使得以往的经验和措施都失去了作用，人们因为缺乏对事件的认知和控制而陷入恐慌。”[②]经过新媒体的密集传播，这种恐慌情绪还会进一步发酵和蔓延。此外，在日常生活中，每个人都会积累起愤怒、焦虑、恐惧、不满等负面情绪，这些情绪时刻都在寻找发泄的契机和出口。尤其是在当前中国社会的转型期，焦虑更是成为一种普遍存在的社会情绪。公众在焦虑情绪的支配下，常常希望尽快获知事件真相。如此一来，官方的信息发布难免会显得不够及时和充分。于是，公众对官方的不满情绪就不可避免地出现了，在真相还在途中的时候，各种网络谣言就已经纷至沓来。

再次，新媒体事件还会进一步激活公众的集体记忆，使过去被压抑下来的社会情绪得以重新释放。在新媒体事件发生以后，人们往往会联想到过去发生过的同类事件，显然，在新媒体时代，这种联系和对照变得更加便捷了，它以一种超链接的方式将同类事件联系起来，从而形成一种叠加效应。于是，新媒体事件中的网络谣言为过去被压抑下来的情绪找到了一个新的出口，“谣言一方面成了释放焦虑的‘口香糖’，另一方面又成了发泄怨恨的‘出气筒’”[③]。新媒体事件中的谣言之所以影响广泛，就是因为它涉及大量“非直接利益相关人”，为当前社会中的所谓“抽象愤怒”提供了发泄渠道。于建嵘提出：

---

① 崔晨：《作为哲学事件的巴迪欧“事件哲学”》，《江苏社会科学》2017 年第 2 期。

② 王颖吉主编：《突发公共事件中的谣言传播与治理》，中国传媒大学出版社 2018 年版，第 5 页。

③ 周裕琼：《当代中国社会的网络谣言研究》，商务印书馆 2012 年版，第 247 页。

> 社会焦虑的泛滥，会最终突破意识层面而发展成现实行为，导致社会行为失控，助长社会戾气，诱发种种极端行为与群体性事件。这些年，社会“变狠”，不局限于哪个阶层。现在即使是得到利益比较多的人，也变得愤怒。这不是一种“具体”的气、愤、怨、怒，不是特定之人对特定之事的怒气冲天，而是不特定之人因不特定之事引发的普遍和长期的愤怒。笔者将其称之为“抽象愤怒”。①

很多事例都表明，在新媒体事件中，最热衷于传播网络谣言的人往往是那些“非直接利益相关人”。他们之所以热衷于制造和传播谣言，就是想借此发泄自己长期以来淤积下来的社会焦虑和不满情绪。因此可以说，在每一个新媒体事件中，都游荡着过去发生的同类事件的幽灵。

最后，从媒介环境的角度看，新媒体事件发生在一个多元化的复杂媒体环境中，权威信息常常被淹没在众声喧哗之中。在网络时代，每个普通网民都拥有了发布信息的手段和权利，新媒体事件发生以后，各种芜杂的信息就会铺天盖地而来，相对于官方发布的权威信息，它们不仅在数量上占据优势，而且在时间上也更加及时。尤其是面对一些突发事件，官方媒体的反应往往滞后于个人化的信息传播。在这种条件下，不可靠的信息也胜过没有信息，这就为网络谣言的传播铺平了道路。

（三）新媒体事件谣言的特点

需要说明的是，新媒体事件谣言是指那些直接引发新媒体事件或在新媒体事件发生过程中出现的谣言。它与地震谣言、环境污染谣言、食品安全谣言等并不是截然对立的，而是存在交集。我们之所以把新媒体事件谣言单独作为一种网络谣言类型加以分析，是因为它是当代社会中出现的一种新的谣言类型。就此来说，新媒体事件谣言与互联网的普及，尤其是社交媒体的普及是密不可分的，与其他网络谣言类型相比，它也呈现出一些鲜明的特点。

首先，新媒体事件谣言往往不是单个出现，而是以前后相继的“系列谣言”的形式连续出现。比如，在“李刚门”中，最早引起人们关注的是 2010 年 10 月 17 日“河大义工”在天涯社区发表的帖子《惊！！！河北大学富二代校内醉驾撞

---

① 于建嵘：《社会焦虑：当代中国必须面对的重大问题》，《党政视野》2016 年第 8 期。

飞两名河大新区女生,"有本事你告去,我爸是李刚!"》,这一帖子很快引燃了公众的愤怒情绪,使这一事件迅速发酵。虽然"河大义工"的讨伐檄文事后被证明是谣言,但这一事件并没有因此而平息,而是紧接着出现了一连串的谣言。10月23日,有网友曝出李刚"有两辆轿车""有五套房产",随后,网上又曝出"李刚岳父是某副省长",等等。尽管10月24日保定市向河北省公安厅呈交的《关于河大校园交通肇事案件有关情况的报告》证实,网友们对李刚身份的建构都是谣言,但这仍然没有平息谣言,反而引起更大的愤怒,有关部门被妖魔化为"官官相护""李刚的爪牙和走狗"等。此后,这一事件还进一步衍生出"失踪门""封口门""和解门""剖尸门"等一系列谣言。另外,在2009年的"石首事件"、2011年的"新塘事件"等新媒体事件中,网络谣言同样也呈现出一波未平一波又起的特点。[①] 可见,与其他谣言类型相比,新媒体事件谣言常常不是孤立出现的,而是"前仆后继"、层出不穷。

其次,新媒体事件谣言之所以常常以"系列谣言"的形式出现,是因为它带有更加强烈的情绪宣泄特征。在传统谣言中,这种屡屡破产又屡屡生成的"系列谣言"也并不鲜见。比如,陈雪屏就曾记录下抗战期间出现的一些谣言:

> 在卢沟桥事变之后,北平几次传说:日军要在某日大规模进兵袭击,言之凿凿有据。等到这一天平稳度过,又说改在另一天。昆明在去年九月二十八日遭受日机空袭后,最初谣传大批日机要在三十日重来复仇,以后又改在十月一日与二日;飞机数目从四十架增至六十四架。虽然屡传屡改,而屡不灵验,但每一次谣传必造成一番虚空的惊扰。[②]

这些谣言之所以表现出如此顽强的生命力,以至于在被事实证伪以后仍会以改头换面的形式继续流传,是因为它们表达的不仅仅是一则信息,而是公众的集体情绪。就上述谣言而言,只要公众的恐慌情绪没有消除,那么,这些谣言就一直存在传播和接受的土壤,就一直不会消失。与此类似,新媒体事件也常常触及社会痛点,从而为公众宣泄集体情绪提供了契机。由此也不难理解,"在网络公共事件中,一旦涉及敏感区域如'官''警''富',公众的集体记忆和刻板

---

① 详细分析参见郭小安、严诗瑶:《网络公共事件中的谣言与情感动员——"李刚门"事件的再分析》,载陶东风、周宪主编:《文化研究》第20期,社会科学文献出版社2015年版。

② 陈雪屏:《谣言的心理》,商务印书馆1939年版,第57—58页。

意见就很容易被激活，网络谣言将发挥强大的情感动员作用，把个体情绪迅速聚集为集体情绪，形成集体边界，达成集体共识”①。当公众的愤怒情绪和不信任心理被激起以后，相反的信息已经不再起作用了。

最后，新媒体事件谣言常常表现出更加强烈的对抗性。卡普费雷曾经提出：“谣言是一种反权力。”②对于新媒体事件中的谣言来说，这一点体现得更加充分。它常常走在官方新闻的前面，提供一种对“真相”的揭示和解释，迫使官方机构不得不出面回应。而一旦这种揭示和解释被推翻，它又马上会提供另一种新的所谓“真相”，使官方机构不得不再次回应。在如此循环往复的过程中，各种网络谣言不断花样翻新，层出不穷。在网络谣言与官方信息的博弈过程中，网络谣言不仅始终处于官方信息的对立面，而且始终占据进攻的位置，而官方则常常疲于应对。不仅如此，由于新媒体事件引发的一系列网络谣言使事件本身显得更加扑朔迷离，所以公众就更容易相信谣言。

二、地震谣言

破坏性地震是一种重要的天灾，它的发生不可预测，后果又难以估量，在现代科学出现以前，人类对地震这种自然现象的认识非常有限，因此，它同时符合谣言滋生的最重要的两个条件，即“重要性”和“模糊性”。自古以来，在人类理解地震发生原因的过程中，就出现了各种谣言，比如，将地震的原因解释为“上天的惩罚”，“背负着大地的鳌鱼的翻身（在日本是鲶鱼）”等。③ 中国大陆正处在环太平洋地震带和欧亚地震带上，地震高发，地震谣言也由来已久。不过，直到 1980 年代，地震谣言才真正引起人们的重视，成为学术研究的对象。

（一）1980 年代的地震谣言

新中国成立前后半个世纪，我国所在陆地板块处于平静期，一代人没有经历过地震，因此，人们也很少谈论地震，地震谣言相对稀少。到了 1980 年代初，

① 郭小安、严诗瑶：《网络公共事件中的谣言与情感动员——“李刚门”事件的再分析》，载陶东风、周宪主编：《文化研究》第 20 期，社会科学文献出版社 2015 年版，第 113 页。

② 让-诺埃尔·卡普费雷：《谣言：世界最古老的传媒》，郑若麟译，上海人民出版社 2008 年版，前言第 16 页。

③ 陈焕新：《地震谣言的产生和定义》，《中国地震》1987 年第 3 期。

地震谣言逐渐增多,引起了我国学者的注意,并出现了建立“地震社会学”的呼声。这主要是因为,1976 年 7 月 28 日唐山大地震发生以后,我国各地频繁出现地震谣言,给社会生产和生活带来极大干扰。有研究者指出:“唐山地震以后的一段时间里,地震谣言最为盛行。几乎举国上下,谈震色变,约有几亿人口采取不同方式避震。……据不完全统计,自 1980 年 1 月至 1982 年 2 月,在两年多的时间里,全国共发生地震谣传 18 起,牵涉到 14 个省二十几个市县。”①正是在这种背景下,我国的地震谣言研究开始起步,不过,最初涉足这一领域的主要是一些从事地震预报的学者,他们的成果也大都发表在地震专业杂志上。这一时期地震谣言之所以频频发生,主要是由以下原因造成的:

首先,唐山大地震发生时地震预报没有过关,使人们对破坏性地震能否事先做出预报产生怀疑。有学者分析说:“我国的地震预报工作是 1966 年邢台地震后开展起来的。当时曾对余震做过较好的预报。1975 年又成功地预报了辽宁海城 7.3 级地震,避免了大量的人员伤亡,为保卫人民生命财产做出了积极的贡献。人们对震前能做出预报抱有信心,态度是积极的。”②但是,由于事先没能做出短临预报,1976 年的唐山大地震不仅造成了极大的人员伤亡,而且给人们对地震预报的信心造成了巨大打击。既然破坏性地震并非都能预报,我国又进入了地震活跃期,那就难怪人们会时刻生活在地震的恐惧中。

其次,唐山大地震的巨大破坏触目惊心,并通过各种途径得到了广泛传播,在社会上造成了严重的震恐心理。很多研究者都指出,1980 年代初期的地震谣言与这种震恐心理存在紧密的联系。“唐山地震后,大量伤员分散外地治疗、抗震救灾的宣传报道、一些地震知识的宣传介绍以及某些文艺作品的描绘都不同程度地把地震所造成的悲惨场面具体化和形象化。使这种本来就使人感到恐惧的气氛,得到了加强、扩散和延续,使人久久不能忘怀”③。在公众的心目中,地震灾难既非常可怕,又不可预报,在这种认知的影响下,一旦有风吹草动,他们就会草木皆兵。

最后,在唐山大地震发生以后,鉴于地震的巨大破坏性以及地震谣言引发的社会恐慌,为了平衡二者之间的关系,在地震预报领域曾出现过如何把握预报发布分寸的争论。为了尽量避免地震造成的损失,当时曾出现“宁可虚报、不

---

① 宋守全:《地震谣言的坏影响》,《经济日报》1986 年 7 月 21 日。

② 顾方琦:《地震谣言产生的根源及其对策原则》,《灾害学》1986 年第 4 期。

③ 顾方琦:《地震谣言产生的根源及其对策原则》,《灾害学》1986 年第 4 期。

可漏报”的片面想法，甚至在个别地区成了指导思想，从而导致“地震虚报”事件时有发生。[①] 在这种背景下，有学者提出，“特别应从社会经济影响方面慎重估计某些地震是否发布预报的问题，如果发布地震预报以及由此导致地震误传或谣言所造成的社会经济影响，远远超过不发布预报可能造成的损失，这就失去发布预报的积极作用”[②]。其言外之意是，即使预测出了可能会发生地震，也要权衡其危害与其可能造成的社会恐慌孰轻孰重，而不一定都要公开发布地震预报。这就不可避免地造成公众对“瞒报”的担忧。当时，很多地震谣言都宣称来自境外地震监测机构，或者来自地震专业机构的内部会商，就是这种担忧的反应。

总之，在唐山大地震所造成的震恐心理的影响下，1980 年代初期我国地震谣言频繁发生，且造成了不同程度的社会恐慌和混乱。为了应对这种局面，地震专业学者开始对地震谣言进行研究，并尝试建立地震社会学。在这些研究中，他们分析了地震谣言的成因，指出了地震谣言的危害，并从地震预报的角度提出了各种对策建议。从中可以清楚地看到，与古代的地震谣言不同，1980 年代的地震谣言主要不是对地震成因的解释，而大都是关于某地将要发生地震的预言。这一方面反映出新中国成立以后大众科学素养的提高，另一方面也反映出他们对我国地震机构能否及时发布预报仍心存疑虑。

（二）网络时代的地震谣言

进入新世纪以后，全球地震进入相对活跃期，特大地震不断发生，再加上电视、互联网等信息传播媒介的普及，人们能够接触到的地震信息越来越多、越来越直观，对地震的恐惧也越来越强烈。尤其是 2008 年汶川大地震后的几年中，地震谣言更是频繁出现在全国各地。与传统的地震谣言相比，网络时代的地震谣言呈现出一些新特点。

首先，最为明显的是，地震谣言的类型变得更加多样化了。传统的地震谣言大都是关于某地将要发生地震的预言，而网络时代的地震谣言则五花八门、无奇不有，在震前、震中、震后都会产生各种谣言，而尤以地震发生后的谣言数量更多、影响更大。在《灾难谣言的形态学分析——以 5·12 汶川地震的灾后

---

① 参见宋守全、陈英方等：《关于地震虚报和谣言问题的调研概况及大震对策问题的调研设想——兼述国内几年来开展地震社会学研究工作的现状及其展望》，《国际地震动态》1984 年第 1 期。

② 宋守全、陈英方等：《地震谣言和地震误传事件对策》，《国际地震动态》1985 年第 4 期。

谣言为例》一文中,施爱东以汶川大地震后的谣言为主要对象,根据谣言形态的不同,把谣言分为预报谣言、灵异谣言、灾情谣言、问责谣言四大类。其中,预报谣言主要是关于某地将发生余震的传言,它往往出现在大震发生不久,反映出人们安全感的极度缺乏。灵异谣言指的是通过猜想和拼凑,将灾难的发生与某种灵异事件或偶发事件联系在一起,在它们之间臆造出神秘的联系,比如,汶川地震之后,流传最广的灵异谣言是"3 个 8 的谣言"。据说 2008 年 8 月 8 日的 3 个 8 将会带给中国三个大灾难。1 月 25 日的雪灾相当于"天灾",1 + 2 + 5 = 8;3 月 14 日的暴乱相当于"人祸",3 + 1 + 4 = 8;5 月 12 日的汶川地震相当于"地灾",5 + 1 + 2 = 8。[①] 灾情谣言是对已经发生的灾难状况的歪曲报道,往往会夸大灾情的程度和范围,营造出紧张的社会气氛。问责谣言侧重于描绘特定类型的责任人在灾难中的不同表现,如果按照主人公的角色和功能来分类,可以把问责谣言区分为"英雄神话"和"小人故事"两类,前者表达了对灾难拯救者的敬意,而后者则主要是为灾后的恐惧和悲痛情绪寻找一个可供发泄的"替罪羊"。

其次,进入网络时代以后,地震谣言的影响范围更广,但持续时间更短了。传统地震谣言主要是通过口耳相传,因此,它的传播速度非常缓慢,持续时间较长,影响范围较小。有学者分析了 1980—1989 年出现的 53 起地震谣言,研究发现,"每一起地震谣言的发生,大都经过滋生、扩散、恐慌、消失 4 个阶段。据对这 53 起的统计,一般来讲,每个阶段延续时间为 10 天左右,全程 1 个多月"。从其影响范围角度看,"在选取的 53 起谣言中,发生在城市的,有 21 起是在 1 个市区之内,波及多市区的有 5 起;发生在农村的有 4 起是在 1 个县之内,波及多县区的有 23 起"[②]。可见,由于大规模传播手段的缺乏,传统地震谣言大都在一个比较小的地域范围内传播,它的扩散速度较慢。从以上数据还可以看出,相比于城市,地震谣言在农村地区的扩散范围更大,这主要是因为辟谣信息在农村地区的扩散同样相对缓慢,这无疑会延长谣言的传播周期。而对于网络地震谣言来说,它可以瞬间传遍全国,也会在很短的时间内平息下来。比如,在汶川地震发生以后,2008 年 5 月 14 日 11 时 50 分,首批空降兵在四川茂县正西方着陆,由于天气原因,原定空降的 100 名士兵只能缩减到 15 名,当时国防部新

① 施爱东:《灾难谣言的形态学分析——以 5 · 12 汶川地震的灾后谣言为例》,《民族艺术》2018 年第 4 期。

② 任葆德:《有关近年来我国地震谣言研究的综述》,《国际地震动态》1991 年第 2 期。

闻发言人也对外发布了这条消息。不过随后网上就开始谣传此次空降的15名士兵中有2名已经牺牲,另有几名受伤,且指挥部无法与剩下的空降兵取得联系。随后几个小时,各种版本的关于空降兵牺牲的谣言开始在网络上发酵,一些网站和网民甚至已经开始为“牺牲”的2名官兵开展网上悼念活动。5月18日,总参作战部副部长马健在新闻发布会上郑重辟谣:14日跳伞的15名伞兵并没有出现伤亡情况。随后,新闻媒体还报道了15名空降兵完成任务光荣返回的情况,并刊登了他们返回时拍摄的集体照。① 至此,这起谣言也就消失了。

再次,微博和微信等社交媒体如今成为地震谣言传播的主要渠道。众所周知,大众媒体的信息发布都有严格的“把关”,一般不会成为谣言传播的媒介,因此,传统的地震谣言主要是通过口耳相传的。此后,随着电话、手机的普及,电话、手机短信曾成为地震谣言传播的重要渠道,比如,在2010年2月出现的山西地震谣言中,手机短信就起到了重要作用。而随着社交媒体的出现和普及,微博和微信已经成为地震谣言传播的主要渠道。这主要是因为,社交媒体的信息发布不再需要经过严格的审核和把关,每个人都可以随时上传和转发信息,这就为各种不实信息的传播敞开了大门。“微博的特点是单方面关注就可以获取信息,构成的是一种‘弱连带’关系,网民可以根据自己的兴趣和需求获取信息。在微博这样一个信息开放平台内,信息不仅流量大,而且流向具有不确定性,这就为地震谣言的传播提供了天然的温床”②。微信更是如此,由于“朋友圈”里的好友大都是人们现实生活中的熟人,微信里的信息传播在很大程度上是一种熟人间传播,这就将人的线上生活与线下生活统合起来,使朋友圈里传播的信息显得更具有可信性。

最后,随着我国公众科学素养的提升,他们在面对地震谣言时表现得更加理性,因此,地震谣言的破坏性相对降低。1980年代,地震谣言在一地出现时,人们往往会做出各种过激反应。根据当时的调研报告,1980年年初,山东省烟台地区出现地震谣言时,当地人的反应主要有以下几个方面:

> 1. 有些社员群众杀猪宰羊,大吃大喝;有的人把私人存款全部花光;有的人把家中小麦做成“避难馒头”吃掉或送了人;春节期间有的住户花掉上

① 参见王丹晖:《汶川地震中的网络谣言浅析》,《新闻爱好者(理论版)》2008年第12期。

② 牛晓龙:《地震谣言的网络传播特点及应对策略》,《新媒体研究》2017年第11期。

千元，浪费较严重。

2. 有的县、社、队停建和缓建了某些急需的农田水利等基本建设项目；有的私人建房也停止了。

3. 有些工人不安心生产，找门路准备转移东西和去外地避震；一部分社员不愿意出工；一些学生不安心上学；老家在胶东地区的外地工作人员也纷纷写信询问情况。

4. 某些封建迷信思想较严重的人，传吃所谓“神面馒头”、传抄所谓“仙诗”或烧香拜佛以保平安；个别算命卜卦的巫婆术士之流则乘机兴风作浪，骗取钱财。①

而在当前的地震谣言中，人们同样会感到恐慌，会做出一些不理智的举动，但与过去相比，人们显然变得更加理性了，尤其是不再轻易相信一些封建迷信的说法。在近年的很多地震谣言案例中，公众的反应通常是出现惊慌情绪、外出“躲地震”，而很少再出现1980年代经常出现的那些“花光存款”、吃“避难馒头”等行为。这反映出随着社会的进步以及公众科学素养的提高，人们对地震谣言具备了越来越强的免疫力。即使是那些走出家门“躲地震”的人，也未必真的相信地震必然会发生，而是抱着宁可信其有、不可信其无的心态，在付出的成本并不算高的前提下，躲避可能会出现的、也可能不会出现的风险。

总之，作为一种难以预测的天灾，地震会给人的生活环境和未来命运造成重大影响，因此，它成为谣言的高发领域并不奇怪。按照出现的时间，地震谣言可分为震前谣言、震中谣言和震后谣言，它们反映出的社会心理并不完全相同。在地震发生前，人们谣传将要发生地震，反映出的是他们对未来命运的担忧，以及对地震预报机构的不完全信任。在地震中，“人们不仅对地震发生的原因不清楚，而且对地震过程中的状况也不甚了解。为了让事件得到合理解释，填补不为人知的‘空白’，人们于是通过自己的想象来夸大或编造事实”②。这类谣言反映出的是人们惊慌失措的心理，以及急于为地震的破坏性影响寻找“替罪羊”的心理。根据人们的经验，大震之后常会有余震，因此，震后一段时间也是

① 宋守全、沈建、姜玉平：《1980年中国山东省烟台地区流传的一起地震谣言及辟谣对策（调查报告）》，《国际地震动态》1981年第8期。

② 吴建、马超：《谣言研究中被遗忘的先驱——巴德斯及其经典文献的考察》，《新闻界》2016年第3期。

谣言的高发时段。研究发现,“汶川地震后两个月产生的‘地震谣言’占震后谣言总数的50%,占整个统计时段(2000年1月—2010年2月)谣言总数的39.3%。可见,强破坏性地震对人们心理冲击作用巨大,在强震后一两个月内,最容易产生网络地震谣言”①。这类谣言反映的是公众在余悸未消之时的一种合理的担心。

(三)地震谣言的应对策略

在大地震发生以后,人们旧有的生活秩序被打破,将要面对更多的不确定性,这必然会造成恐惧和惊慌的情绪,在这种环境中,谣言的大量出现是不可避免的。尤其是随着社交媒体的普及,各种来源的信息纷至沓来,那些貌似合理的谣言必然能赢得广泛的信任和传播。因此,我们一方面要摒弃彻底消除地震谣言的不切实际的想法,另一方面要尽量减少地震谣言的负面影响。为此,应主要从以下几个方面来应对地震谣言的危害:

一是要加大对地震知识的宣传和教育,增强公众对地震谣言的免疫力。时至今日,地震预报仍是一个世界性的科学难题,而公众对于地震知识的掌握更是十分有限。在有关地震知识的宣传和教育活动中,目前我们比较侧重于介绍如何在地震中进行自救,而对于地震预报知识的宣传和教育是很不够的。这就造成很多媒体和公众对于地震预报存在很多误解,比如,分不清“地震预报”和“地震预警”这两个概念。“地震预报”是指通过科学研究对地震做出“位置、大小、时间和概率”4种参数的预测预报,这目前仍是一个世界性难题。而“地震预警”则是指“提前数秒预报地震。是通过搭建完善的地震预警系统,利用早到达的地震纵波和造成破坏的、通常是比较迟到达的地震横波之间的‘时间差’来对重大设施和生命线工程进行紧急安全处置,使得人们能够利用几秒到十几秒的‘时间差’来合理避震从而逃生的方法”②。当前,很多人地震预报知识匮乏,认为地震预报部门在大地震前做出预报是理所应当之事,如果没有做出预报,就要么是疏忽职守,要么是知情不报,这是很多地震谣言传播背后的社会心理动因。为了减少地震谣言的发生和危害,我们就要进一步普及地震知识,不仅告诉公众如何在地震中进行自救,而且要加大对地震预报知识的宣传和教育。

---

① 方炜:《网络社会地震谣言传播特点及应对策略》,《地震地磁观测与研究》2010年第6期。

② 洪银屏、荆燕:《新时期公众对地震谣言的认知状况分析》,《灾害学》2013年第3期。

二是提高地震预测信息的透明度。在过去很长一段时间里，为了减少地震预报造成的社会恐慌，我国涉及地震信息的不报、瞒报和缓报现象仍然普遍存在。有学者曾提出："各地地震部门在对任何一级的地震趋势会商都应注意保守机密，以免将某些讨论的意见传播出去，一传十、十传百、添枝加叶、以讹传讹，形成地震谣言。"①这也就意味着，为了减少谣言的发生以及由此造成的危害，有关部门会有意封锁地震预测信息，对公众隐瞒不报。然而，其结果往往会适得其反，一旦这些信息流露出去，就会引起更大的社会恐慌，以及对政府部门的不信任。正如有学者分析的："能够准确描述地震时间、地点、震级的地震预报是世界性的难题，但是很多科学家已经能够通过观察地球的物理活动对在一段长时期内的某一不确定的时间发生地震的概率做出估计。这种地震预测的发布并不会造成公众的恐慌，反而可以让公众合理地安排工作生活计划，有效避免地震谣言在公众中的传播。"②尤其是到了今天，公众获取信息的手段更加多样，对地震的应对也更为理性，因此，提高地震信息的透明度，才能最大程度地减少地震谣言。

三是提升政府部门的公信力。在大地震发生以后，抗震救灾工作千头万绪，灾害程度难以估量，通信设施遭到不同程度的破坏，这就导致政府的信息公开难免不够及时，各种小道消息必然会有市场。如果政府部门拥有足够的公信力，那么，公众就会相信政府的辟谣信息，谣言就不会大规模流传。相反，如果政府部门公信力不够，谣言就会屡禁不止、层出不穷。因此，在当前这个互联网时代，政府部门亟须转变观念，通过提高信息的透明度来提升自身的公信力。正如有学者所说："在互联网时代，信息日益趋向公开化和透明化，政府相关部门采用'捂''堵'和'瞒'的方法只会造成公众怀疑、猜测、恐慌心理的大面积快速蔓延，最终导致政府公信力丧失。"③一旦政府部门失去了公众的信任，辟谣信息也就难以奏效了。因此，政府部门必须及时、准确地发布自己所掌握的信息，而不能以减少社会恐慌为由瞒报信息，这样只会造成更大的恐慌。

四是注重社会情绪的引导。地震谣言研究的先驱人物加木纳·巴斯德(Jamuna Prasad)曾经提出谣言传播中情感的重要性，他认为："谣言会对人们的

---

① 宋守全、沈建、姜玉平：《1980年中国山东省烟台地区流传的一起地震谣言及辟谣对策(调查报告)》，《国际地震动态》1981年第8期。

② 洪银屏、荆燕：《新时期公众对地震谣言的认知状况分析》，《灾害学》2013年第3期。

③ 杜向菊：《突发公共事件网络谣言传播心理机制分析》，《新闻知识》2013年第8期。

情感带来冲击,人们传谣主要受恐惧和惊愕两种情绪驱使,而这些情绪态度会让人潜意识中相信任何事都有可能发生,因而会轻信一些无根据的荒谬言论。"[①]事实上也是如此,我们可以发现,很多地震谣言都是人们恐惧和惊愕情绪的流露,与其说它们传达的是有关事实的信息,不如说它们传达的是有关社会情绪的信息。在大地震发生以后,灾难的破坏程度尚无法确定,人们的前途一片黯淡,公众不可避免地会产生恐惧、担忧、焦虑等负面情绪,这些情绪需要寻找一个出口,而谣言恰恰扮演了这样的角色。通过传播谣言,不合理的事件得到了解释,公众的情绪得到了宣泄,因此,在大地震发生以后,我们一方面要实事求是地公开受灾信息,另一方面也要注重引导公众的情绪。正如有学者提出的:一则谣言要想广为传播,必须经得住最先听到它的人必然会提出的一些合情合理的异议。因而现实必不能成为谣言的障碍。[②] 为了有效辟谣,政府部门只提供相反的信息是不够的,同时还必须注重疏导社会负面情绪。

三、食品安全谣言

民以食为天,食品安全问题与每个人的生活息息相关,是全社会共同关注的焦点问题之一,近年来也成为谣言的高发领域。2017 年发布的一项调研报告显示:公众对食品安全的关注度高达 93.83%;与此形成鲜明对比的是,公众对于食品安全信息的了解只有 47.73%。[③] 一方面高度关注食品安全问题,另一方面又了解不多,这自然会导致谣言高发。近些年来,一些有关食品安全的网络谣言广为传播,不仅造成一定程度的社会恐慌,而且给相关企业和行业造成严重伤害。比如,2015 年曾经传出"毒草莓"谣言,致使当年全国多个地方的草莓滞销。北京昌平的草莓日销量下降了 82%,销售价格下降了一半多,两周时间便损失了2600 余万元。2017 年年初,一段两分钟的"塑料紫菜"谣言,让晋江紫菜行业损失了近 1 亿元。[④] 那么,近年来食品安全谣言为何会层出不穷?与

① 吴建、马超:《谣言研究中被遗忘的先驱——巴德斯及其经典文献的考察》,《新闻界》2016 年第 3 期。

② 参见让-诺埃尔·卡普费雷:《谣言:世界最古老的传媒》,郑若麟译,上海人民出版社 2008 年版,前言、第 268 页。

③ 参见《尼尔森:公众对食品安全关注度高达 93.83%》,网易态度营销,http://jiankang.163.com/17/0927/16/CVBSVL2D003880L9.html,访问日期:2017 年 9 月 27 日。

④ 参见蒋菡:《网络谣言食品类别占比近半为何经常刷屏?》,《工人日报》2018 年 8 月 2 日。

其他类型的谣言相比,它呈现出什么样的特点？如何才能减少食品安全谣言的数量和危害？就成为亟待深入分析的问题。

(一)食品安全谣言的成因

相关资料显示,截至 2018 年 7 月,中国健康传媒集团食品药品舆情监测中心的谣言数据库中积累的谣言及辟谣数据已超过 5 万条。其中,2017 年与食品谣言相关的信息达 1.7 万余条。[①] 在这些谣言中,大多数都影响有限,而另一些则形成了全国性的影响,比如,有媒体总结了 2017 年出现的有关食品安全的"十大谣言",它们分别是:市面出现废旧塑料袋做的紫菜、榴莲和牛奶一起吃会咖啡因中毒、有人利用塑料制造假大米、无酱油代码的酱油致癌、肉松饼是棉花做的、肉蛋奶是现代老年病的根源、某咖啡连锁店承认糕点含致癌橡胶鞋底原料、空心菜是毒中之王、红心柚子是染色的、桃子西瓜同食有剧毒。[②] 为了应对食品安全谣言的高发态势,2015 年,新华网成立了专门的食品辟谣网站"中国食品辟谣联盟"。2017 年,国务院食品安全办等 10 部门联合下发《关于加强食品安全谣言防控和治理工作的通知》,明确谣言涉及的当事企业是辟谣的第一责任主体,并要求严厉惩处谣言制造者和传播者。近年来,食品安全谣言之所以会大量出现并屡禁不止,主要是由以下原因造成的:

首先,自 2008 年"三鹿奶粉事件"发生以后,我国食品领域问题高发,使公众对我国总体食品安全形势信心不足。近年来暴露出来的重大食品安全问题有:"三聚氰胺事件""苏丹红事件""瘦肉精事件""塑化剂事件""镉大米事件""地沟油事件""皮革牛奶事件"等。这些事件接二连三地出现,所涉及的问题产品与每个家庭的餐桌息息相关,引起极大的社会恐慌,并对相关行业形成毁灭性打击。比如,在"三聚氰胺事件"以后,国产奶粉饱受质疑,奶粉代购蔚然成风,进口奶粉开始大举进入中国市场。在这种背景下,尽管政府部门不断加大治理力度,我国食品安全形势开始有所好转,但是,由这一连串的食品安全问题所形成的负面刻板印象却一时难以消除。可以说,这种对于我国食品安全形势的担忧,是食品安全谣言大量出现的深层社会心理原因。

其次,由于现代科技的加入,公众对食品的生产过程越来越不了解,在食品

---

① 参见钱一彬、林小溪:《网络辟谣,三招击中"命门"》,《人民日报》2018 年 10 月 11 日。

② 参见《2017 年度十大食品安全类谣言》,搜狐网,https://www.sohu.com/a/216454949_99921331,访问日期:2021 年 3 月 22 日。

领域出现了严重的信息不对称。传统上,人类的食品相对比较天然,加工程度不深,很少使用化学添加剂,人们对食品的生产、制作、销售过程都比较了解,因此也很少出现关于食品的谣言。随着现代科技的发展,传统的食品生产和制作方式得以更新,食品添加剂越来越多,人们对于自己每天都要吃到肚子里的食品越来越不了解。一般来说,任何一项现代科技的出现,都会引起人们几乎发自本能的恐惧和抗拒,尤其是中国人相信“病从口入”,那些食品生产过程中的现代科技更会引起人们的隐隐担忧,因此,当那些关于食品安全的谣言出现时,人们的这种担忧就会得到确证,让人觉得自己的担忧并不是没有道理的,因此,人们会倾向于相信谣言的内容。从根本上说,食品安全谣言是由信息的不对称引起的,而要消除这种不对称几乎是不可能的。

最后,很多食品安全谣言都是有人故意炮制的,以达到其商业目的。这又可以分为三种情况。一是,有些食品安全谣言针对的是某一品牌的产品,这主要是竞争对手的故意抹黑行为,很多陷入网络谣言的食品企业,都首先将怀疑指向其竞争对手。这是一种传统的造谣方式,随着我国法治化的持续推进,这种造谣的风险和成本越来越高,也不是食品安全谣言的主要类型。二是,一些不法分子利用食品安全谣言进行敲诈。比如,2017 年喧嚣一时的“塑料紫菜”谣言就是如此。据报道,造谣者王某在食用晋江某食品公司生产的紫菜后,猜想这些紫菜是塑料做的,于是,便指挥员工拍摄视频,并上传到朋友圈。其后,王某联系被害公司索要人民币 10 万元,威胁对方要把事情闹大。最终,企业迫于压力,不得已向其转了 5.3 万元,试图以此平息事端。2017 年 11 月 30 日,福建晋江法院做出一审判决,被告人王某以敲诈勒索罪被判处有期徒刑一年十个月,并处罚金人民币 3 万元。可见,以上这两种谣言都有明确的攻击对象,因此很容易被追究法律责任。当前更常见的食品安全谣言是第三种,即利用公众对食品安全的焦虑情绪,在自媒体上以耸人听闻的标题和谣言内容赚取点击率和网络流量,并以此获利。这些谣言通常都没有具体的攻击对象,因此,即使被证伪,造谣者也很少会受到惩罚,这让他们更加有恃无恐。比如,网络上经常流传一些食物相克的谣言,它不会给具体的个人或企业造成伤害,因此很少被追责,同时它又触及社会普遍关注的问题,可以给自媒体带来高点击率。

由于以上几方面的原因,近年来,我国食品安全领域的谣言此起彼伏。这既是公众食品安全焦虑的反应,同时也凸显出自媒体带来的网络谣言治理难题,即商业因素以一种更加隐蔽的方式促进了网络谣言的产生和传播。在当前这个“眼球经济”时代,关注就意味着商业价值,于是,一些自媒体不再追求新闻价值和真实性,而是越来越耸人听闻,越来越迎合人们的偏见。这种恶劣的文风不仅是网络谣言的惯用伎俩,而且影响到了几乎所有的网络新闻生产,比如,新闻标题不再提供新闻信息,而是提供一种诱导,诱使更多的人点开标题。不管读者信或不信,不管读者看完后是称许还是痛骂,都丝毫不影响其牟利目的。在这种商业逻辑之下,由于食品安全问题与每个人息息相关,有庞大的潜在受众,所以相关谣言就得到大量生产和传播。

(二)食品安全谣言的特点

首先,食品安全与每个人都息息相关,因此,相关谣言拥有庞大的潜在受众,通常都具有传播范围广、影响人群大的特点。在现代信息技术的支持下,上文讨论的新媒体事件谣言、地震谣言也会在全国范围内传播,即使不在相关事件的影响范围之内,人们也热衷于传播谣言,但是,那些置身事外的人传播谣言的动机和动力与那些受其影响的人是不同的。通常情况下,旁观者传播谣言的动力是不强的,其动机主要是发泄个人的不满和不安情绪。因此,这些谣言尽管会传遍全国,但其影响的核心范围还是在事件的发生之地。尤其是对于地震谣言而言,这种地域性特征是非常明显的。食品安全谣言则不同,在当前的物流条件下,很多食品都进入了全国性的销售网络,可以进入千家万户的厨房,再加上很多食品安全谣言针对的都不是某一具体品牌的产品,而是某一品类,因此,它的潜在受众极为庞大,通常都具有跨地域的特点。

其次,很多食品安全谣言都使用模糊性修辞,增加了维权和辟谣的难度,使其更容易畅行无阻。以 2017 年食品安全领域的“十大谣言”为例,其中,“有人利用塑料制造假大米”“肉松饼是棉花做的”“红心柚子是染色的”等都刻意淡化具体的时间、地点和对象,以达到以偏概全的效果。同时,由于没有具体的攻击对象,而是笼统地指向某一类产品,因此,它通常危害的是整个行业,而不是某一个具体的企业。这既增加了涉事企业的维权难度,也增加了辟谣的难度。比如,2015 年的“草莓乙草胺残留超标致癌”谣言就使用了模糊性修辞,它不是针对某个种植户的产品,因此,受谣言影响的种植户很难举证维权;同时,即使有种植户提供了相关证据,证明自己种植的草莓未发现“乙草胺残留超标”,也不能推翻这则谣言,因为这并不能证明其他草莓没有超标。这种无法自证清白的困境使食品安全谣言的辟谣难度加大。

再次，食品安全谣言背后的商业因素通常都比较突出。虽然说商业因素的突显是网络谣言的整体特征，但就食品安全谣言而言，这种商业因素还是更为明显。这主要可分为三种情况：第一种是利用谣言攻击竞争对手，以获得商业利益；第二种是利用谣言进行敲诈——这两种情况都涉及犯罪，容易受到打击；第三种则更为隐蔽，也是当前食品安全谣言的主要类型，即自媒体通过炒作谣言来提高关注度和点击率，为下一步的商业营销准备条件。如前所述，食品安全谣言涉及面广、潜在受众庞大，又多使用模糊性修辞，没有具体的攻击对象，维权和辟谣的难度大。因此，对于那些旨在提高人气的自媒体而言，散布食品安全谣言就成为一条行之有效又相对安全的捷径。尤其是那些关于食物相克的谣言，它们经常会反复出现，这一方面是因为这类谣言涉及每个人的日常饮食和健康，容易获得点击和关注；另一方面是因为它们大都无伤大雅，即使很多人不相信，也很少去较真辟谣或反驳，因此，它们得以在广大食品安全知识匮乏的大众中传播。不管人们信或不信，只要这些网络谣言能够传播开来，那些发布谣言的自媒体就已经获得了商业利益，达成了自己的目的。也正因为如此，“在结尾部分，谣言常常会呼吁网友转发，如‘为了自己的孩子，也为了祖国的明天，请转载’‘转给你的亲人朋友看看吧，或者，他们还不知道’等。实际上这些谣言的发布者通常是微信营销号，其目的是为了吸引粉丝，赚取阅读量和转发量，为日后营销造势”①。

最后，食品安全谣言通常都会使用激烈的、富有煽动性的情感动员方式，以达到广泛传播的目的。所谓情感动员，是指在人际互动过程中，通过诉诸人们的情感以影响人们的认知和态度的动员方式。食品安全事关人的身体健康与安危，容易引发公众的恐慌、焦虑、愤怒，因此，很多网络谣言都有意利用这些情感，以达到广泛动员的效果。有研究者指出：为了营造真实感，谣言通常会营造出信息来源于专家、事件亲历者或某专业机构的假象，但是，“与规范的科普文章相比，谣言文章往往措辞激烈，具有强烈的主观色彩，缺乏准确、客观、公正的陈述。比如文章用到‘惊呆’‘致死’‘无语’‘吓死’等情绪化表达的词语，且在关键词或关键句部分加粗、加红，不符合科普文章的科学性、严谨性和专业性”②。还有学者通过分析 118 条食品安全类谣言样本发现，这些谣言的情感动

① 宋微：《食品安全网络谣言的治理对策初探》，《新闻世界》2017 年第 5 期。

② 宋微：《食品安全网络谣言的治理对策初探》，《新闻世界》2017 年第 5 期。

员策略主要有五种:一是制造身份认同,将参与者的自我认同与社会认同联系在一起。比如,在118篇谣言文本中,含有诱导分享的文本就有56篇,其中,“是中国人就转”“不要点赞,一定要转发”等是其标题中常见的句式。二是营造悲情弱势,利用弱势群体的悲情处境激发人们的同情心。三是诉诸恐惧心理,“癌症”“致癌”“有毒”“致死”等都是其中的高频词汇。四是善用积极修辞,多使用感叹号、问号、省略号等,以增强主观情感色彩。五是渲染情境,以图、文、视频并茂的方式引发用户的情绪传染。①

(三)食品安全谣言的治理对策

为了应对食品安全谣言的传播和危害,首先要加大食品安全监管的力度,提升公众对食品安全的信心。从根本上说,食品安全谣言之所以高发,是因为公众对国内的食品安全环境缺少信心。随着现代科技的加入,很多食品的生产原料和生产方法是不是安全,普通公众已经没有能力做出判断,即使食品说明书上详细标明了生产原料、添加剂等,普通人也没有相关的知识判断其安全与否。因此,人们的消费选择在很大程度上建立在对食品安全监管的信赖之上,只要一种食品通过了监管、获准生产销售,那人们自然就认为它是安全的。在这种情况下,如果监管环节出现了问题,公众对于食品安全的信心就会崩塌,当他们自己理解不了,又不相信监管部门时,各种谣言就会广泛传播。近年来,我国食品安全谣言之所以呈现高发态势,从根本上说就在于公众对食品安全监管信任不足,从“三聚氰胺事件”“苏丹红事件”到“皮革奶事件”“瘦肉精事件”等,这些屡屡曝出的食品安全问题降低了公众对食品安全监管的信任,甚至觉得没有什么耸人听闻的传言是不可能发生的。因此,为了减少食品安全谣言的发生,就要进一步加大食品安全监管力度,重建公众对食品安全的信心。

其次,要建立权威、统一的网络辟谣平台,提升其影响力,以对冲食品安全谣言的扩散。通常情况下,公众在接触到食品安全谣言时,都不会对其内容深信不疑,而是将信将疑、半信半疑,在暂且得不到证实或证伪的情况下,由于相信谣言并根据其行动的成本并不太高,无外乎就是暂时不买、不吃某一食品,而这并不会对他们的生活产生太大的影响,所以他们通常都会假定谣言是真实

---

① 参见徐亚倩:《食品安全类微信谣言的情感动员策略——基于“谣言过滤器”118条谣言的内容分析》,《青年记者》2018年第26期。

的,并依此而行动。对于个人来说,如果谣言所说为真,那它就会带来极大的危害;如果谣言所说为假,那么,相信它并采取相应的行动终归也没有多大的坏处,正是因为这种原因,很多人会在将信将疑中分享和传播这些谣言,这不仅能够表明自己消息灵通,而且也体现了对于他人的关心。因此,在谣言出现以后,如果有一个便捷的、权威的辟谣平台供人们查证,那么,食品安全谣言的影响时间和范围就可以大为缩减。目前,国家相关部门和一些主流媒体都建立了专门的网络辟谣平台,比如,新华网承办的"中国食品辟谣网"、果壳网的"谣言粉碎机"、中央网信办的"中国互联网联合辟谣平台"等,除此之外,很多地方政府部门也都建立了专门的辟谣网站。这些辟谣网站在一定程度上对冲了网络谣言的扩散,起到了积极作用,不过,由于平台分散,影响力都不够大,公众在遇到谣言时一般不会想到去辟谣平台验证,这就降低了其实际效果。为此,就要进一步整合相关平台,建立统一的、权威的网络辟谣平台,以切实发挥其正面引导作用。

最后,要加强对恶意发布食品安全谣言的自媒体的监管。如前所述,很多食品安全谣言都有明确的商业目的,其中最主要的类型是,利用食品安全谣言提升自媒体的人气,并为日后的营销造势。这种食品安全谣言的商业动机较为隐蔽,没有具体的攻击对象,因此也不容易遭受打击。于是,很多自媒体运营者瞄准了当前社会中的食品安全焦虑,抱着侥幸的心理铤而走险,通过传播谣言来提升点击量和关注度。对于这种类型的不法牟利行为,目前的监管还存在一些漏洞。为此,就要加大对恶意传播食品安全谣言的自媒体的监管和打击力度,相关管理部门在辟谣的同时,还要追究发布平台的责任,尤其是对于那些多次发布谣言、牟利动机明显的自媒体,更要加强打击力度,只有这样,才可以消除食品安全谣言背后隐藏的灰色利益空间。

近年来,我国食品安全领域问题高发,食品安全谣言也层出不穷,二者实际上是相互作用、相互加剧的。出于对国内食品安全环境的担心,"很多人变成了'海淘一族',一味追买国外食品,出国出境旅游时大包小包的往回带,总感觉国外的食品比国内的安全,有些人则到农村租地自己种,这些心理和行为损害了正常的社会经济秩序"①。为了遏制这种趋势,一方面要加大食品安全监管力度,提升公众对食品安全的信心;另一方面也要积极应对食品安全谣言,扭转对公众消费信心提升不利的舆论环境。人们常说"谣言止于智者",在当前的社会

① 徐海菊:《食品安全谣言成因及对策分析》,《食品安全导刊》2018 年第 33 期。

环境中,这种对各个生活领域都非常了解的“智者”已经很难出现,一些专家学者所说的“常识”,其实也超出了普通人的知识范围。比如,有人分析说:“2016 年 8 月,一段指称无籽葡萄是用避孕药培育出来的视频引爆朋友圈,而实际上葡萄无籽化是用最常用的一类植物生长调节剂赤霉素培育出来的,并不会对人体造成危害。公众对葡萄无籽化培育方法不了解,本质上是缺乏食品常识的表现。”[①]这里所说的“常识”,即无籽葡萄是用赤霉素培育出来的,显然已经超出了普通人的知识范围。因此,我们不能指望食品安全谣言的自然消退,在短期内也不可能通过大幅提升公众的科学素养来抵制食品安全谣言,而要建立权威的信息发布平台,依靠各种专业机构的力量,使他们的声音及时达到受众。

四、名人去世谣言

近年来,我国名人去世谣言不断出现,很多名人都曾“被去世”,有的人还不止一次“被去世”,给其个人和家庭造成巨大的情感伤害。比如,2010 年 12 月 6 日 19 时许,新浪微博上出现一条帖子:“金庸,1924 年 3 月 22 日出生,因中脑炎合并胼胝体积水于 2010 年 12 月 6 日 19 时 07 分,在香港尖沙咀圣玛利亚医院去世。请转发哀悼这位武侠大家吧!”这条消息迅速在微博等各大互动网络上被疯传。当日 20 时左右,《中国新闻周刊》杂志的官方微博以“即时新闻”的形式进行转发,这样一来,这则未经求证的虚假消息就此变成“新闻”。20 时 41 分,凤凰卫视知名记者闾丘露薇发出微博辟谣:“假消息,金庸昨天(后被证实 12 月 3 日)刚出席树仁大学荣誉博士颁授仪式。”此后,凤凰网、《人民日报》文化版也纷纷辟谣。这则名人去世谣言很快平息下来。[②] 再如,2015 年 10 月 27 日早上,歌唱家于文华发微博称:“阎肃老师因病,今日于空军总医院去世。愿这位和蔼可亲的老人家一路走好。”随后,她本人又发布辟谣消息:“郑重声明:刚刚所转阎肃老师的消息不实,严重失误,向老人家及家属严重道歉!”经记者证实,当时阎肃因病正在医院疗养,一切均好。可以看出,这些谣言大都来去匆匆,但瞬间传遍网络,然后又迅疾被辟谣,仿佛没有造成什么重大影响。不过,从这些名人及其家属的角度看,这些谣言无疑是极其可恶的,给他们带来了极

① 宋微:《食品安全网络谣言的治理对策初探》,《新闻世界》2017 年第 5 期。
② 参见齐浩:《从金庸“被去世”看微博的自纠与自律》,《传媒》2011 年第 4 期。

大的情感伤害。那么,在当前社会中,名人去世谣言为何会一再上演?与其他类型的谣言相比,这类谣言呈现出什么样的特点?在这些谣言流行的背后,它带给我们哪些反思?目前学界对这些问题尚缺乏深入分析。

(一)名人去世谣言的成因

从谣言所涉及的对象角度看,名人都具有极高的知名度,他们的一举一动都会成为公众关注的焦点,更不要说生死这样的大事了,因此,名人去世谣言具有重要的传播价值。卡普费雷提出:"从来没有不引起谣言的明星。明星本身已有了围绕着他的公众,这就是他的赞赏者、膜拜者、崇拜者。"[①]名人之所以是名人,就是因为他拥有广泛的社会知名度和关注度,不管是他们的公开行动,还是隐私生活,都是大众热衷消费的内容。通过分享和传播与名人有关的一切,大众不仅获得了与名人的亲密感,而且获得了一种与社会最新动态保持一致的感觉。但是,名人与普通人之间毕竟是有距离的,这既是名人的神秘感的来源,同时也是名人经常被谣言缠身的原因之所在。名人通常都有很高的媒体曝光度,经常参加各种社会活动,一旦他们很长时间了无讯息,大众自然就会猜测他们的健康是不是出了问题。因此,名人去世谣言并不完全是空穴来风,那些"被去世"的名人,通常都是一度非常活跃,但在过去一段时间里又相对沉寂的人,尤其是那些因为年事已高逐渐淡出公众视野的名人。

从谣言传播的主体角度看,名人去世谣言不仅为人与人之间的闲聊提供了谈资,而且创造了一种情感交流机会,表达了对年华易逝或命运无常的唏嘘。谣言不仅是一种信息交换,同时也是一种情感交流。在日常生活中,为了维持人际情感,人们总是需要一些漫无目的的闲聊,需要一些共同的话题使闲聊得以持续下去,以避免相互无话可说的尴尬。而很多有关名人的谣言就发挥了这种功能:一方面,名人具有很高的社会知名度,容易成为彼此都有所了解的话题,避免了一方了解而另一方完全不了解的尴尬;另一方面,传播有关名人的谣言又会显得自己消息灵通,能够紧跟时事动态。因此,名人谣言一直是人们闲聊和八卦的重要对象,举凡名人的婚恋、出轨、丑闻等,都是大众津津乐道的话题。就名人去世谣言来说,它在给人提供谈资的同时,也给人创造了一个情感

① 让-诺埃尔·卡普费雷:《谣言:世界最古老的传媒》,郑若麟译,上海人民出版社2008年版,第195页。

交流的机会，让人交流关于年华易逝或命运无常的感叹。因此，在大多数情况下，名人去世谣言并不是对名人的恶意诅咒，人们在传播此类谣言时，通常都流露出叹惋、痛惜、哀伤的情绪，并借此实现了情感交流。

从谣言传播的媒介角度看，名人去世谣言是在微博、微信等自媒体普及以后才大量出现的，由于审查和把关不严，很多自媒体为了吸引眼球，常常会将一些道听途说的消息抢先发布，以追求轰动效应，从而导致误传。有文章分析说："名人去世消息，一向是媒体关注的重点，抢发或独家发布一条名人去世的新闻能赚到不少阅读量、点击量。正因名人效应的存在，不少媒体往往会盯着他们的生死，以至于某一天听到风吹草动，就不分真假，争相转发假消息。"①一方面，名人去世谣言具有轰动效应，能够迅速形成刷屏效果，从而为自媒体增加人气；另一方面，在被辟谣以后，受害者又很少去追责，造谣者往往不用承受什么严重后果。因此，自媒体更容易传播名人去世谣言。

（二）名人去世谣言的特点

与其他类型的网络谣言相比，名人去世谣言相对容易核查，也容易平息，在谣言的受害者或亲友出面辟谣以后，谣言就被粉碎了。因此，名人去世谣言的首要特点是来去匆匆。比如，2010 年 12 月 6 日晚，金庸"去世"谣言从兴起到被辟谣，前后只有不到 2 个小时。2015 年 3 月 18 日晚，网络媒体纷纷发布新加坡"国父"李光耀"去世"的消息，而仅仅过了 25 分钟就被辟谣。2015 年 11 月 3 日，阎肃"被去世"的谣言也仅仅存在了几十分钟，随后就被其家人辟谣，最初发布谣言的于文华也在微博上发文致歉。由此可见，名人去世谣言一方面容易引发裂变式传播，从而瞬间传遍网络；另一方面也很容易被辟谣，因为在某人是否已经去世这一问题上，事实简单明了，非此即彼，其本人或亲友的权威不容置疑，因此，他们的辟谣往往具有立竿见影的效果。

其次，为了营造真实感，一些别有用心的名人去世谣言往往具有很强的迷惑性，它们不仅模仿官方信息的发布形式，而且编造去世的准确时间和地点，甚至煞有介事地编造去世的原因。比如，最初发布金庸去世谣言的帖子就将去世的时间精确到了分钟，去世的地点具体到了某家医院，而且还包含普通人根本没有听说过的"中脑炎合并胼胝体积水"这一专业医学术语。经过这些伪装，这

① 韩轩：《名人去世新闻为何频闹乌龙？》，《北京日报》2015 年 10 月 28 日。

则谣言看起来极为逼真，让人不得不信。而谣言的最后则“曲终奏雅”，呼吁广大网友转发哀悼这位武侠大家。考虑到金庸在中国的巨大影响力，不难想象，“转发哀悼”者必不在少数。这样一来，这则谣言就达到了广泛传播的目的，即使很快就被辟谣，也不影响造谣者获得自己想要的利益。

最后，对名人去世谣言的追责和惩罚力度不够，导致很多造谣者有恃无恐。由于名人去世谣言辟谣速度快，传播时间短，很多受害者及其家属都选择一笑置之，即使感到愤怒，追责的难度也比较大。比如，2018 年 8 月 5 日，著名演员吴京的妻子谢楠在微博上发文悼念她刚刚去世的外婆，8 月 13 日，就有自媒体故意张冠李戴，混淆视听，发文称：“逝者长已矣，生者如斯夫！网友表示心疼：谢楠照顾好自己！”而在这则标题之下，作者刻意放上了吴京的黑白照片，让网友误认为吴京本人遭遇了不测。后来，该事件登上微博热搜，迅速流传开来。面对这种恶意误导和炒作，8 月 13 日晚间，吴京在微博上仅回应了两个字“健在”。很多愤怒的网友都建议吴京去追责，不过，在当前的网络环境中，真要追究造谣者的责任，其难度也比较大。比如，2012 年 3 月 18 日李宇春“被去世”以后，愤而将发布假消息的邹某诉至法院，要求赔偿 10 万元精神损害金。2013 年 4 月，北京市东城区法院开庭审理此案，邹某代理人王律师否认其是造谣者，他辩称，本案的关键是发帖人“不爱我的走”是否就是邹某本人，网络是虚拟的，现实地址只能通过 IP 地址反映，但原告提供的证据，不能确定“不爱我的走”的使用终端和邹某的终端一致。[①] 几个月后，李宇春方面撤诉。负责本案的李宇春代理律师祝伟对记者表示：“发帖人恶意损害李宇春的名誉，侵权事实是成立的。但在网络侵权事件中，在确定侵权人身份方面，如无有利的司法协助，受害人是无法自行通过有效渠道确定的。”[②]由此可见，虽然目前我国加大了对网络谣言的打击力度，但主要针对的是涉及公共安全和公共利益的谣言，而对那些针对个人进行人身攻击的网络谣言，由于受害者难以自行确定侵权人的身份，目前追责的难度还比较大。

从以上分析可以看出，网络谣言可以按照主题划分为不同的类型，它们的形成原因需要结合具体的社会语境进行分析，而不可一概而论。网络谣言是社会心理的折射，透过网络谣言，我们可以观察到各种社会情绪的暗流涌动。比

① 参见王蔷：《李宇春被死亡案开庭未当庭宣判》，《北京晚报》2013 年 4 月 16 日。

② 任宏伟：《“被死亡”的春春无奈撤诉》，《成都商报》2013 年 8 月 28 日。

如,新媒体事件谣言主要是社会愤怒和不满情绪的流露,它会吸引大量“非直接利益相关人”参与,为他们发泄不满情绪提供契机。地震谣言主要是社会恐慌情绪的流露,它是在危机情境或预感将要发生危机的情境中,公众之间通过交流“小道消息”以获得一种安全感的方式。食品安全谣言主要是社会焦虑情绪的反应,即使有些食品安全谣言是故意炮制的,也是利用了这种社会情绪。通过传播名人去世谣言,人们表达的主要是对年华易逝或生命无常的喟叹,通过相互交流,人们能够得到一种心理慰藉。因此,网络谣言传播不仅仅是一种信息交换,同时也是一种情绪宣泄和情感交流。要分析网络谣言的传播动力和机制,就必须深入考察网络谣言的情感动员过程。

第五章　新媒体事件、网络谣言与情感动员

传统的谣言研究十分重视心理因素的影响,而较少涉及情感因素。最近一些年,在情感理论的影响下,很多学者开始重视情感因素在新媒体事件和网络谣言传播中的重要性,并提出了“情感动员”“情感抗争”等重要概念。所谓情感动员,“是指在互动中,个体或群体通过情感运作,以唤起、激发或者改变人们对事物的认知、态度和评价的过程”①。而在所谓的情感抗争中,情感动员则成为一种重要的抗争策略,“底层群体之所以采取一系列充满智慧的表演方式,根本上是为了制造一幕幕或悲情、或戏谑、或讽刺的图像事件,进而通过图像化的感性方式作用于公众的情感认同,其目的就是将自身的诉求合法化”②。这些研究的共同之处是,重视情感因素在新媒体事件和网络谣言传播中的重要作用,将其当成一个独立的要素来分析。

需要指出的是,情感与心理之间的关系十分密切,很多心理活动都带有强烈的情感色彩,因此,人们常常将二者混为一谈。但是,根据20世纪70年代中后期兴起的情感理论,情感与心理之间还是存在一些微妙而重要的区别,这主要体现在心理更多是暂时性的、情境性的,而情感则是一种持久性的心理倾向,在很大程度上是社会建构的结果。根据史蒂文·戈登(Steven Gordon)的解释:“情感的社会学取向意识到情感产生于持久的社会关系之中,所以与心理学家比起来,在社会学研究中较多地关注持久的情感,比如爱和友谊,而心理学家则更多地强调愤怒和恐惧等短暂性的情绪。情感的产生因此不仅来自暂时性的情境,而且来自过

① 白淑英、肖本立:《新浪微博中网民的情感动员》,《兰州大学学报(社会科学版)》2011年第5期。

② 刘涛:《情感抗争:表演式抗争的情感框架与道德语法》,《武汉大学学报(人文科学版)》2016年第5期。

去互动的历史和对未来互动的展望。”①显然,作为一种社会传播现象,网络谣言不仅与个体心理和群体心理有关,而且与具有稳定性、持久性的情感联系紧密。在互联网时代,情感的相互传递和感染也像信息一样变得更加便捷,情感不仅成为很多谣言产生的重要原因,而且决定了谣言的传播特征和影响范围。

一、新媒体事件中的情感动员

在新媒体事件中,情感因素与理性因素或认知因素通常是紧密交织在一起的,它们常常难分彼此。在研究社会与政治运动时,赵鼎新提出:“以情感为基础和以理性选择为基础的理论最后都会碰到同样的问题,即,对任何一个具体的行动来说,我们根本无法搞清支配这一行动的到底是理性选择还是情感,因为它们往往同时并存并难以分离。”②正是由于这种原因,传统的谣言研究没有把情感当成一个独立要素来分析。不过显而易见的是,在新媒体事件中,情感是将互不相识的人联系起来的最重要的黏合剂,也是新媒体事件发展的最重要的推动力。如果说互联网为人与人之间的连接提供了技术上的可能,那么真正将人联系起来并凝结为一个整体的就是共同的情感。这些情感超越了社会阶层、身份和利益的差异,成为事件公众最重要的黏合剂。

(一)情感动员与事件公众的形成

在新媒体事件形成过程中,公众在空间上是分散的,他们在日常生活中鲜有交集,因此不是靠共同的利益诉求或身份认同相互联系起来,而是靠对一个公共事件的共同关注而联系起来。他们之所以都关注一个公共事件,往往是因为受到某种共同情感的激发和驱动,如不满、愤怒、焦虑等。在这些情感的驱动下,他们相互抱团,同气相求,并形成一种共同体意识。从这种意义上说,事件公众其实是一个情感的共同体,他们不仅分享着相同的情感,而且相互认同,相互激发,使这种共同情感变得更加坚定、更加持久。

从总体上看,这些情感大都具有明显的对抗性。有学者选取了 2004 年到 2012 年间国内发生的最有影响的 16 起突发性群体事件(新媒体事件)进行研究,

---

① 乔纳森·特纳、简·斯戴兹:《情感社会学》,孙俊才、文军译,上海人民出版社 2007 年版,第 26 页。

② 赵鼎新:《社会与政治运动讲义(第二版)》,社会科学文献出版社 2012 年版,第 43 页。

结果发现，这些事件都引发了谣言，而在这些谣言中，出现警察的有 14 起，出现干部的有 7 起，谣言人物为富翁和老板的有 2 起。从谣言的人物关系角度进行分析，可以发现明显的对立双方：一方是警察、干部和富商；另一方主要是农民工。[①]由此可见，近年来涉警、涉官、涉富的新媒体事件之所以容易形成强大的影响力，在很大程度上是因为它们是由各种对抗性的负面情感促发的，能够吸引大量的非直接利益相关者的参与。基于此，有学者提出，“研究网络行动，绝不局限于网络行动本身。网络行动实则是观察正在形成中的社会情感结构的一扇窗口”[②]。换言之，与其说新媒体事件中的抗争是一种利益抗争，不如说是一种情感抗争，在研究新媒体事件时，我们既要关注涉事双方的利益冲突，更要关注其中所蕴含的导致群体对抗的情感能量。正是这种共同的情感将分散的公众集结起来。

新媒体事件中所蕴含的情感大都是负面情感，它们是鼓励对抗的，而非强化团结的，如悲情、愤怒、恐惧等都会造成人群的分裂。这些情感常常具有破坏性，对社会稳定构成威胁，也正因为如此，新媒体事件才引起政府部门的高度重视，成为社会“维稳”的重要内容。这一方面是因为，在人类的四种普遍情感——高兴、恐惧、愤怒和悲伤中，其中有三种都是消极情感，与积极情感相比，这些消极情感更容易引起共鸣，更容易获得认同和传播。另一方面是因为，新媒体事件基本上都是自发形成的，它之所以被称为一个事件，就是因为它是突如其来的、打破常规的；其结果也是难以预料的、不可把握的。因此，新媒体事件不仅打破了人们惯常的认知，而且会改变人们的生活轨迹，带来全新的认知环境和生活环境，如此一来，就容易产生不安、怀疑、恐惧等负面情感。

这些负面情感为新媒体事件的形成和发展提供了强大的动力。正如特纳和斯戴兹所说：“多种情感能够以特定的方式推动人们对他人和情境做出反应。例如，愤怒可导致个体对他人做出攻击行为，而高兴可导致个体试图与他人建立联系的行为。从这个意义上来说，情感是一种动机力量，因为它们不仅使人们的主观体验有序，而且赋予人们以力量，指导行动的方向。”[③]通过分析一些引发新媒体事件和网络谣言的文章的标题，也可以明显看出，它们大都不是在陈

① 参见蔡盈洲：《数字新媒体环境下突发性群体事件的谣言传播研究》，江西人民出版社 2014 年版，第 92 页。

② 杨国斌：《连线力：中国网民在行动》，邓燕华译，广西师范大学出版社 2013 年版，第 20 页。

③ 乔纳森·特纳、简·斯戴兹：《情感社会学》，孙俊才、文军译，上海人民出版社 2007 年版，第 8 页。

述事实，而是极力激起人们的情感反应。比如，在汶川大地震发生以后，有人发帖呼吁抵制韩国企业，其中写道：

> 四川大地震后，世界人民，知名企业纷纷给予捐款和慰问，但是截至目前，中方未收到韩国企业(LG、三星、现代、大宇)一分钱的捐款。其中最恶劣的是三星中国公司在募捐时被韩国总裁发现后竟然遭到强行制止，并称大韩民国政府暂时不允许韩资企业向中国捐款，身为三星公司的员工必须服从韩国政府！一个靠中国养活的企业，一个靠中国养活的国家居然如此猖狂！请大家转发！呼吁中国人民抵制韩货！让它们自取灭亡！看过的，一定要转发！！①

从这份抵制韩国商品的宣言可以看出，作者将来源不明、真假难辨的信息与强烈的个人情绪结合起来，目的在于通过激烈的言辞激发受众的情感共鸣，以达到抵制韩国商品和大量转发的目的。它不是靠雄辩的事实说服人，而是靠强烈的情绪感染人。这种话语修辞策略在新媒体文章中是司空见惯的，比如，研究报告发现：在2014年11月3日至20日期间被微信用户举报最多的"诈骗和虚假信息"中，常见的谣言标题有：《赶快把这个扔掉，好多人都在用，但是很致命！》《太可怕了！未来80%的家庭将面临洗牌，有图有真相！》《不要再买这个菜了！因为它100%致癌！》《公安部最新紧急通知！太可怕了！》②从这些标题不难看出，它们一方面利用欲言又止的策略，激发用户点击和阅读的好奇心，以达到商业营销的目的；另一方面也极力唤起人们的恐惧、焦虑等负面情感，利用情感共振达到广泛传播的目的。总之，情感是将分散的事件与公众联系起来的黏合剂，虽然这种情感生发于具体的新媒体事件，但却激活了长期蓄积的情感能量，使其从潜藏状态喷薄而出，为新媒体事件的形成提供了强大动力。

(二)情感动员与新媒体事件的发酵

新媒体事件的发展过程，其实也是一个情感共振、发酵与演化的过程。杨

---

① 《无比愤怒！三星中国公司在举行募捐时被韩国总裁强止》，中华网论坛，http://club.china.com/data/thread/1011/2015/68/31/7_1.html，访问日期：2008年5月17日。

② 参见徐静：《中大传设学院微信谣言分析报告"三大谣"：致癌、养生、丢小孩》，《广州日报》2014年12月12日。

国斌曾经提出:"网络事件的产生和扩散,依赖的是能够激发网民的嬉笑怒骂、喜怒哀乐等情感的表现形式和内容。网络事件的发生,是一个情感动员的过程,而传统社会运动理论中的资源动员和政治过程的理论范式,并不能充分揭示网络事件的动因和意义。"①基于对当时出现的典型的新媒体事件的分析,他还将情感动员划分为"悲情"与"戏谑"两种主要的类型,其中,前者以2007年出现的山西黑砖窑事件为代表,后者以2005年胡戈恶搞电影《无极》事件为典型。在这些新媒体事件不断发酵并形成强大影响的过程中,社会公众的悲情、戏谑等情感因素都起到了重要的推波助澜的作用。反过来说,官方应对新媒体事件的过程,其实也是试图回应与平复公众的负面情感的过程,只不过,这种平复的努力很难取得立竿见影的效果,甚至有时会适得其反,进一步加剧公众情感的烈度,或者使公众的负面情感得以演化,即从一种负面情感转向另一种负面情感,从一个情感抗争对象转变为另一个情感抗争对象。

情感动员在新媒体事件发酵过程中的作用:首先表现为,它会扩展情感抗争的主体,从而扩大新媒体事件的参与范围和影响范围。所谓情感动员,其实就是一个通过情感共振改变旁观者的态度和行为,使其参与到新媒体事件中来的过程,也就是说,它是一个将旁观者感召为抗争主体的过程。新媒体事件的导火索通常都是偶发的,它只与特定的个体直接相关,导致他们受到伤害或利益受损。不过,一旦这些事件通过新媒体传播出去,借助情感动员的力量,它们就会吸引大量旁观者的参与,从而形成一种强大的网络"共意",裹挟进更多的参与者。正如有学者指出的:"绝大多数参与者与引发治安事件的当事者并没有直接利益关系,是一个临时聚集起来的松散群体,但又能被轻易动员起来。参与者一方面为事件受伤害者征讨公平正义,另一方面也是借机发泄不满情绪,表达对利益受损、为富不仁、社会不公、官员腐败等现象的不满。"②正是有了众多非直接利益相关者的参与,新媒体事件才获得了普遍意义,成为某种深层社会矛盾和社会情感的显现。因此,情感动员是新媒体事件发酵过程中必不可少的要素,根据事件性质不同,它会激发起不同类型的情感共鸣,从而将当事人与旁观者联系在一起,形成一种情感的共同体。

---

① 杨国斌:《悲情与戏谑:网络事件中的情感动员》,载邱林川、陈韬文主编:《新媒体事件研究》,中国人民大学出版社2011年版,第40页。

② 朱力、曹振飞:《结构箱中的情绪共振——治安型群体性事件的发生机制》,《社会科学研究》2011年第4期。

其次,情感动员的结果往往是情感的激化,甚至极端化。作为一个情感的共同体,新媒体事件参与者在很多方面都差异很大,比如年龄、职业、文化程度等,但有一点却高度一致,那就是弱势心态和受损者心态。有研究表明,当前中国社会中存在着较为严重的弱势心态,很多阶层都自认为是弱势群体,并与弱势群体有更多认同,无论是个人地位还是家庭地位的认同,也不管是城乡分计还是合计,自认为属于中下层和下层的比例都在 50% 以上,最高达到了 69.9% 。而且,这个比例呈逐年上升的趋势。[①] 不管是哪个社会群体,都不可避免地会在现实生活中遭受各种不公,感觉自己利益受损却又找不到追讨的途径,于是,新媒体事件就为他们发泄不满情绪提供了一个契机。这也就意味着,新媒体事件的参与者在利益和情感立场上通常都认同于受害者一方,并与他们结为情感联盟,共同对抗事件中造成伤害的一方,而这一方通常都涉及官方、警方或富人。受刻板印象的影响,很多人都基于弱势心态将自己归为受损者或潜在的受损者,"一旦网民基于'受损记忆'和'未来受损预期'就极易为网络抗争形成动员基础,在这种环境下,将亿万网民连接在一起的并非是输赢的策略算计,而是对参与行动道德对错的情感判断"[②]。甚至可以说,很多事件公众并不在乎是非曲直,而是急于表达对某个强势社会群体的攻击和挞伐。一旦这种对立情绪被点燃,各种激烈的言辞和观点必然纷至沓来,这些言辞和观点又会反过来激化公众的情绪,从而愈演愈烈,使事件公众的情感不断激化,甚至引发不同规模的暴力冲突。

最后,情感动员还会使抗争对象发生偏移,从而使个别的利益冲突普遍化。新媒体事件都是由具体的社会矛盾引起的,它是个别的、偶发的。比如,在 2009 年杭州飙车案中,它的肇事者是一个名叫胡斌的青年;而在"李刚门"中,涉事的是作为个体的李启铭。但是,公众很快就将他们与"富二代""官二代"等身份标签联系起来,将这些个体视为某个社会群体的代表,并将自己的不满情绪转移至对某个社会群体,甚至是导致社会群体分化的体制的不满。于是,情感抗争的目标就发生了偏移,首当其冲的便是政府和其他公权力部门。有学者将此概括为"标靶转移效应":

① 冯仕政:《中国社会转型期的阶级认同与社会稳定——基于中国综合调查的实证研究》,《黑龙江社会科学》2011 年第 3 期。

② 李畅、陈华明:《社交媒体在社会突发暴力事件风险传播中的情感动员研究》,《新闻界》2016 年第 16 期。

从行动目标来看,治安型群体性事件最终产生标靶转移效应。受害当事者亲属由最初要求治安机关、政府公平处理事件、给予相应补偿,到最后怀疑治安机关、政府处置不公正,参与者的愤恨和不满情绪也开始转向治安部门和政府,普通的治安矛盾转变为官民矛盾,即冲突的对象由当事的一方转移到处理问题的治安部门或政府。①

这种抗争目标的偏移主要是由情感因素造成的,从根本上讲,它源于公众长期积累起来的负面情感。这样一来,情感抗争的对象就由具体的当事人转变为政府,个别的利益冲突也上升为普遍化的社会冲突。在当前社会阶层和社会利益分化的背景下,个别的新媒体事件之所以能够愈演愈烈,形成燎原之势,甚至成为社会稳定的威胁,就是因为借助了情感动员的力量。

(三)新媒体事件中的情感类型

杨国斌曾经提出,新媒体事件的情感类型大体上可分为两种,即悲情与戏谑。它们都是社会不满情绪的表达,都可被视为一种"弱者的武器"。所谓悲情,是社会弱势群体在面对他人遭受的不公时所表现出的一种物伤其类的情感。比如,在"山西黑砖窑事件""邓玉娇案"中,普通公众并没有受到直接的伤害,他们的利益也没有直接受损,但他们却在情感上认同事件中的受损者,表现出对后者的同情,以及道德上的义愤。在很多普通公众看来,他们与事件中的受损者分享着相同的社会身份和境遇,后者遭受的不幸和不公以后也可能会降临到自己头上,因此,如果在这一事件中,他们所主张的正义得不到伸张,他们就会为自己的命运和处境感到由衷的悲哀,并将这种悲哀表达出来,以引起其他人的共鸣。换一个角度看,在一个普遍"自我矮化"的社会中,这种弱者的悲情也最容易引起普遍的共鸣。

所谓戏谑,则是一种更为超脱的调侃和解构,它不仅道出了普遍的社会不满,而且充满幽默和智慧,使公众获得一种智识上的优越感。以针对电影《无极》的戏谑为例,面对大导演的大制作,普通观众无论喜欢与否,通常都缺乏表

① 朱力、曹振飞:《结构箱中的情绪共振——治安型群体性事件的发生机制》,《社会科学研究》2011 年第 4 期。

达个人意见的直接渠道,在其巨大名声的影响下,甚至还不得不为其票房买单。而胡戈的视频短片《一个馒头引发的血案》之所以能够大火,一方面是因为它代表普通观众表达了对于大导演、大制作的不满,从某种意义上说,这种不满不仅仅是针对陈凯歌的《无极》的,同时也是针对此前的其他同类影片的;另一方面是因为它通过富有创意的重新剪辑和配音,将一部严肃的电影改编为一部充满无厘头色彩的搞笑视频,显示出草根阶层的智慧。正如杨国斌所分析的:"它把电影《无极》中的人物和情节放到当前中国社会的情境中,一方面嘲弄了《无极》里荒诞无稽的故事情节,同时又赋予这些情节现实意义。"[①]也就是说,这部视频短片比电影原作更能触及社会现实,更能引起观众共鸣,它的解构和嘲弄使大导演的大制作名誉扫地,这让普通公众真切感受到草根阶层不仅更有力量,而且更有智慧。

从以上分析可以看出,不管是悲情还是戏谑,其实都基于普遍存在的社会不满情绪,如果将这种不满表达出来,就会产生愤怒。可以说,愤怒是新媒体事件中的一种更基本的情感类型,相比来说,悲情和戏谑都是一种表达愤怒情感的策略和手段——通过渲染悲情,可以表达出更强烈的愤怒,因为弱者越值得同情,恃强凌弱者也就越可恨,这个事件就越让人感到愤怒;而戏谑则可以更迂回、更安全、更智慧地表达愤怒,这通常是一种激烈程度较低的愤怒。由于新媒体事件大都是对抗性的,大都涉及社会弱势群体与强势群体之间的冲突,而"群众最大的一致性认同就是自己和事件中利益受损者同属一个身份群体,属于'我群','他群'则是基层政府、警方、企业主"[②],所以在很多新媒体事件中,都交织着对弱势群体的同情和对恃强凌弱者的愤怒。

不仅如此,在情感动员机制的作用下,这种同情还常常走向对于弱势群体的无条件认同,以及对于强势群体的"抽象愤怒"。所谓"抽象愤怒",是指非特定之人因非特定之事引发的普遍的和长期的愤怒[③],它像是一股无名的怒火,任何一件与己无关的小事都可以将其点燃。不过,严格来说,抽象愤怒并非毫无来由,它是人们在日常生活中点滴积累起来的愤怒情绪的总爆发,新媒体事件

---

① 杨国斌:《悲情与戏谑:网络事件中的情感动员》,见邱林川、陈韬文主编:《新媒体事件研究》,中国人民大学出版社 2011 年版,第 51—52 页。

② 朱力、曹振飞:《结构箱中的情绪共振——治安型群体性事件的发生机制》,《社会科学研究》2011 年第 4 期。

③ 参见于建嵘:《有一种"抽象愤怒"》,《南风窗》2009 年第 18 期。

只不过为这种抽象愤怒提供了发泄契机，因此，事件公众常常表现得“不拘小节”，甚至缺乏探究真相的耐心和兴趣，他们更关注的是倾泻自己的愤怒。如果倾泻受阻，反而会激发起他们更大的抗争能量。比如，2020 年 4 月 9 日，《涉嫌性侵未成年女儿三年，揭开这位总裁父亲的“画皮”》一文瞬间引爆网络，网民骂声一片，几乎一致地表达对这一事件的愤怒。3 天后，财新网刊发报道《高管性侵养女疑云》，提出该事件的诸多疑点。这篇报道显然影响了公众倾泻他们的愤怒，因而遭到猛烈攻击。次日，财新网就将该报道撤回并道歉。

另一种基本的情感类型是恐惧，这主要产生于有关灾难的新媒体事件或与每个人都息息相关的新媒体事件。这些不幸并没有发生在自己身上，但谁也无法保证以后自己不会遭遇同样的事件，因此它会让人产生恐惧感。比如，2020 年 7 月，杭州吴女士在取快递的过程中被人偷拍，并被造谣出轨。此事流传到网络上以后，立即引起网民围观的热情，从吴女士提出诉讼到法院立案、审理和宣判，该事件多次成为舆论热点。显然，网民之所以持续关注这个事件，主要是出于一种担忧和恐惧——在当前这个偷拍、造谣都变得轻而易举的时代，个人隐私随时都可能泄露并被恶意篡改和使用。

在这类新媒体事件中，恐惧成为一种共通的情感，渲染恐惧成为一种主要的情感动员策略。而一旦公众的恐惧得不到回应和安抚，那么，愤怒、悲伤等负面情绪也就相伴而生了。可以说，愤怒、恐惧、悲伤这些负面情感是可以互相激发的，正如特纳所分析的：

> 有时，人们对他们在互动中没有满足期望或者受到惩罚进行的外部归因是正确的。在这种条件下，人们通常对他人或者互动所嵌套的社会结构感到愤怒。如果他人有权有势，他们在进行正确的外部归因时还会体验到恐惧感。如果个体不能冲破他人或社会结构的阻碍来调整行为以激活正性情感，那么，人们在对他人感到愤怒和恐惧时，还会为自己的命运感到悲伤。进而，如果这三种情感同时激活，此人将体验到这些情感第二次复合所生成的对他人和社会结构的疏离感。[①]

① 乔纳森·H. 特纳：《人类情感——社会学的理论》，孙俊才、文军译，东方出版社 2009 年版，第 169 页。

值得注意的是，新媒体事件中的情感并非都是愤怒、恐惧、悲伤等负面情感，在很多新媒体事件中，由戏谑而产生的愉悦也发挥了重要作用。埃姆德(Emde)、奥斯古德(Osgood)、达尔文(Darwin)等理论家都将愉悦看成人类的基本情感之一。[①] 我们发现，这种情感也是很多新媒体事件得以形成和发酵的重要原因。比如2015年的"青岛天价虾事件"，它起源于一起普通的宰客事件，可以说，这类事件每天都在全球各地发生，而这一事件之所以能够脱颖而出，在网络上被炒得沸沸扬扬，主要不是因为这起宰客行为有多么超乎寻常地恶劣，公众对之怒不可遏，也不是因为它让公众对外出旅游心生恐惧，而是因为这一事件太富有戏剧性了——类似的桥段曾经出现在喜剧作品中，而如今却在现实生活中真实发生了。因此，它为公众的吐槽和调侃提供了鲜活的材料，成为公众愉悦感的来源。

再比如，在2016年的"帝吧出征FB事件"中，大陆的年轻网民以表情包为主要工具进行情感动员和互动交流，既突显了严肃的爱国主题，同时也充满娱乐狂欢色彩。这些表情包将各种工农子弟兵形象、影视人物形象、动漫人物形象等配以说明性文字，既表达了态度和立场，又起到了幽默搞笑的效果，比如"别惹我，我有一百种让你和我站在爱国主义统一战线上的方式""尔康不介意奉陪到底"等。正如有学者分析的："当网民在使用表情包进行自我展演时，和台湾网民之间的情感冲突慢慢减少，而基于兴趣、爱好和表情包本身的交流则不断增多。各种娱乐化、商业化、游戏化的情感融入其中，消解了出征的政治色彩，变成两岸同胞恶搞、戏谑、娱乐和情感宣泄的'狂欢'之地。"[②]可以说，两岸网民的表情包大战绝少硝烟味，已经在很大程度上淡化了冲突和对抗，消解了愤怒、敌视等负面情感，而更像是幽默、智慧和新媒体技术的大比拼，众多网民之所以积极参与其中，在很大程度上是因为他们在这一过程中体验到了创造性和愉悦感，并实现了两岸年轻人之间的交流。

总体上看，愤怒、恐惧和愉悦是新媒体事件中的三种主要情感类型，它们常常相互交织，而非彼此泾渭分明。比如，在全国各地屡屡出现的抵制PX项目(对二甲苯化工项目)的事件中，就既有对这一化工项目潜在危害的恐惧，又有

---

① 参见乔纳森·H. 特纳：《人类情感——社会学的理论》，孙俊才、文军译，东方出版社2009年版，第4—5页。

② 谷学强：《互动仪式链视角下网络表情包的情感动员——以"帝吧出征FB事件"为例》，《新闻与传播评论》2018年第5期。

对当地政府“选址不当”或“漠视民意”的愤怒，以及对自身可能会面临危险处境的悲伤。尽管很难将某种情感与某类新媒体事件一一对应起来，但笼统地说，在由人祸引起的、已经产生伤害的新媒体事件中，愤怒的情感常常是主导性的；而在由天灾或其他因素引起的新媒体事件中，恐惧的情感是主导性的；而在一些文化类新媒体事件中，愉悦的情感是主导性的。

（四）新媒体事件中的情感动员策略

情感动员的目的是唤起、激发或者改变人们对事物的认知、态度和评价，也就是以自己的情感态度去影响他人、争取他人，以扩大“我群”的规模和影响，使“他群”陷于不利和不义。因此，虽然情感动员起源于愤怒、恐惧等负面情感，但其目的却是唤起他人的情感共鸣，以获得一种肯定和满足的情感体验。正如特纳所分析的：“人们几乎总是带着某种期望进入人际互动。事实上，很少有谁没有任何期待地就进入某种情境。并且，如果有谁在不完全清楚自己期望的情况下进入情境，一般将会体验到中等程度的负性情感，比如焦虑、羞愧和犹豫不决等。然而，一旦期望状态呈现出来，人们将感受到比较多的舒适，只要这种期望被环境中他人的行动所满足。”①为了激发他人的行动，情感动员必然会采取一些策略。

首先，在新媒体事件中，最为常见的情感动员策略是夸张和渲染。所谓夸张，就是夸大其词，增强量级；所谓渲染，就是突出和强调。其目的都是吸引公众的眼球，激起公众的道德义愤感或恐惧感。可以发现，很多引发新媒体事件的网帖标题不仅经常使用“震惊”“恐怖”“荒唐”“可怕”等表达强烈情感的词汇，而且大量使用最高级、感叹号等，比如，《荒唐，受审的飙车案主犯“胡斌”竟是替身》《惊！！！河北大学富二代校内醉驾撞飞两名河大新区女生，“有本事你告去，我爸是李刚！”》，等等。显然，这些标题在传播信息的同时，也传达出强烈的情感倾向。尽管事后证明很多信息都是失实的，但这并不影响它们的广泛传播，或者说，正是由于使用了夸大其词的策略，它们才更好地达到了情感动员的效果。除此之外，很多作者还深谙公众的情感倾向，知道哪些信息最容易激起公众的情感共鸣，从而有意地舍弃一些信息，而突出和强调其中最具有“爆炸

① 乔纳森·H. 特纳：《人类情感——社会学的理论》，孙俊才、文军译，东方出版社2009年版，第73页。

性"的信息。"因此,'非正常死亡''打死人''轮奸''强奸'等与暴力和性有关的情景最常被构建,且最容易激活公众的兴奋点"①。比如,在2013年北京京温商城女子坠亡事件发生后,网络上就出现了"京温花季少女离奇跳楼""京温商城安徽籍女子被七名保安强奸后跳楼,警方拒不立案"等帖子,"花季少女""强奸""跳楼"等词汇无不强烈冲击着公众的情感。

其次,情感动员还会有意制造一种危机感,以突显采取行动的紧迫性。在新媒体时代,与前面所说的"震惊体"同时存在的,还有"马上体""小心体"等,它经常使用的句式是"再不知道就晚了""再不行动就晚了""小心,这种事情可能会发生在你身上",等等。比如,在2010年2月的山西"躲地震"事件中,就有网络传言称:"听说运城地震了,咱们这儿马上要震。赶快通知家里人。"在这则传言中,有一部分是事实——2010年1月24日山西运城的确发生了4.8级地震,这无疑增加了整则传言的可信度;而后面的"马上""赶快"则突显了采取行动的紧迫性。在危机情景中,人们的情感更容易相互感发,相互传染,即使有人心存犹疑,也容易在"宁信心理"的影响下随波逐流。因此,营造危机感是新媒体事件最常见的情感动员策略之一。

再次,情感动员还会有意制造身份对立,以赢得大多数人的情感共鸣。"为迅速促成抗争性网络集群行为的生成,抗争主体会充分利用'仇官''仇富''仇警''仇垄'等负面社会情感体验,极力展示抗争主体和抗争客体的身份和地位差异,以此激发网民对上述身份群体所郁积的既有情感体验"②。当前,随着互联网的普及,我国网民的学历结构、职业结构、收入结构等都发生了重大变化。从学历结构角度看,中低教育水平群体大幅增加。根据中国互联网络信息中心提供的数据:2000年,我国网民中大专及以上学历占84.67%,高中及以下学历仅占15.33%。③ 而到了2018年,虽然全国的教育水平整体上有所提高,但网民的学历结构却出现了相反的变化:初中、高中(中专、技校)学历的网民占比分别为38.7%和24.5%,合计达到63.2%;受过大学专科、大学本科及以上教育的网民占比分别为8.7%和9.9%。从职业结构角度看,我国网民中学生群体占

① 郭小安:《网络抗争中谣言的情感动员:策略与剧目》,《国际新闻界》2013年第12期。
② 陈相雨、丁柏铨:《抗争性网络集群行为的情感逻辑及其治理》,《中州学刊》2018年第2期。
③ 参见中国互联网络信息中心:《第六次中国互联网络发展状况统计报告》,中国互联网络信息中心网站,http://www.cnnic.net.cn/hlwfzyj/hlwxzbg/200905/P020120709345370656662.pdf,访问日期:2013年7月1日。

比最高,达到25.4%;其次是个体户(自由职业者),占比为20.0%。从收入结构角度看,月收入在2001—5000元的占比最高,达到36.7%。① 这也就意味着,当前我国网民的主体是受教育水平不高、没有工作或工作不稳定的中低收入群体。新媒体事件要想形成广泛的影响,必然要激起这些群体的情感共鸣。与此同时,当前我国中产阶级的规模日益庞大,他们对社会不公问题尤其敏感,在身份认同上倾向于"自我矮化"。因此,情感动员最为有效的策略之一就是制造身份对立,将新媒体事件叙述为强势群体对弱势群体的欺凌,以达到对社会底层和中间阶层的广泛动员。比如,在"药家鑫事件""胡斌飙车事件""瓮安事件""李刚门"等众多新媒体事件中,肇事者的身份都被贴上了"官二代""富二代"或"星二代"的标签。这种特殊的身份标签自动将众多普通网民区隔为一个利益共同体、情感共同体,从而实现了有效的动员。

最后,新媒体事件还经常以系列事件的形式出现,形成一种情感叠加效应。比如,从2018年年初开始密集曝光的"长江学者"性骚扰和学术不端丑闻就是典型案例。2018年1月,有人实名举报"长江学者"、北航教授陈某性骚扰女学生,此事经北航调查后获得证实。2018年4月,有人实名举报"长江学者"、北京大学原教授沈某性侵女学生并导致其自杀。2018年7月,又有女生实名举报"青年长江学者"、中山大学教授张某存在性骚扰行为。2018年10月,有人举报"青年长江学者"、南京大学教授梁某涉嫌学术不端,之前发表的百余篇论文莫名被撤。这些接连曝出的丑闻使"长江学者"这一数量极少的学者群体获得了广泛的社会关注,同时也使这一称号的声誉受到极大影响。

再比如,2019年7月6日,某高校"学伴"事件被微博网友曝出,引发极大争议。7月12日,该校通过官方微博回应此事并致歉。不过,一波未平一波又起,当日,该校又被曝出曾经招募25人陪护一名骨折的留学生。与此同时,其他涉及留学生的事件也相继被曝出:7月9日福州交警遭留学生推搡的视频迅速传遍网络;另一高校被传出"为留学生腾宿舍"等。这一系列事件使我国留学生的所谓"超国民待遇"问题获得广泛关注和极大争议。由此,这一系列个别事件被提炼为一个公共议题。可以说,很多新媒体事件都是以系列形式出现的,这些接二连三曝出的事件既突显了相关问题的普遍性和严重性,维持了话题的热

---

① 参见中国互联网络信息中心:《第43次中国互联网络发展状况统计报告》,中国互联网络信息中心网站,http://www.cnnic.net.cn/hlwfzyj/hlwxzbg/hlwtjbg/201902/P020190318523029756345.pdf,访问日期:2019年2月28日。

度,同时也以一种排比、叠加的方式实现了情感动员。尤其是借助互联网的超链接传播,这些事件相互关联、相互印证,从个别上升为一般,更好地起到了情感动员的效果。

值得注意的是,除了以上这些常见的情感动员策略,在近年出现的一些新媒体事件中,还有一种被称为“表演式抗争”的情感动员方式。所谓表演式抗争,是指底层社会群体有意通过戏剧化、表演性的行为,以求引起社会关注、促成问题解决的抗争行为。有学者分析说,底层群体之所以采取表演式抗争,其中一个很重要的原因是:

> 抗争者掌握的资源是非常有限的,无论是在经济资源、政治资源抑或社会网络资源方面,底层抗争者都处于弱势,尤其是在社会网络资源方面。在一个碎片式的社会中,抗争者失去了联结的纽带。这决定了其难以采用集体行动的方式来参与政治,改变利益分配格局。表演式抗争的优势在于低成本性,无论是跳桥,还是堵路都无须太高的行政资源门槛,只要简单的道具(横幅),简单的行动(走上公路)抗争者就可以将自己的利益诉求以表演的方式淋漓尽致地展现出来。①

比如,2014 年 7 月 16 日,7 名统一身穿白色上衣的访民在中国青年报社门口集体喝农药,希望得到媒体的关注。据媒体报道,这些访民在喝农药之前曾经做过演练,并有人专门负责拍照。他们严格控制喝农药的剂量,有的人只喝了一小口,有两人把农药含在口中没有咽下去,还有一人没有喝,只是把农药洒在衣服上。与传统的“以死抗争”不同,这些人并不是真的打算舍弃生命,而是为了引起社会公众和媒体的关注,制造一起“媒介事件”,迫使有关部门重视和解决自己反映的问题。再比如,2011 年 1 月 22 日,5 名妇女跪在河南开封市开封府门前,向“包公”递交状纸,为被羁押 150 余天的家人“申冤”。显然,这几名妇女也不是真的相信包公能为她们主持正义,而同样是为了引起社会及有关部门的关注。

有学者分析说:“底层群体之所以采取一系列充满智慧的表演方式,根本上

---

① 黄振辉:《表演式抗争:景观、挑战与发生机理——基于珠江三角洲典型案例研究》,《开放时代》2011 年第 2 期。

是为了制造一幕幕或悲情、或戏谑、或讽刺的‘图像事件’，进而通过图像化的感性方式作用于公众的情感认同，其目的就是将自身的诉求合法化。可见，在表演式抗争实践中，底层群体不仅诉诸情感，同时生产情感，而且还有意识地运作情感。”[①]这类新媒体事件不是自发产生的，而是有意制造的，其目的就是通过展演自己的悲情，感染那些围观的“观众”，使他们对自己产生同情。可以说，这是一种经过理性算计的情感动员，是在表演失去理智的“以死抗争”。在中国的社会权力结构中，底层群体的抗争一旦成为事件，相关部门从社会稳定的大局出发就倾向于采取息事宁人的态度，因此，这种表演式抗争就容易达到其目的。不过，我们也应该看到这背后隐藏的极大风险，郭小安分析说：“表演式抗争与公关策划的结合还有可能改变抗争事件的性质，它将可能和职业‘医闹’‘拆闹’一样，走向规模化、产业化，只不过，这种非暴力形式包装下的、带有戏剧化的维权方式更隐蔽、更不容易被察觉。”[②]一旦如此，表演式抗争也将减损其情感动员效果，公众也将无从辨别真正的悲情与表演的悲情，这必然会造成社会冷漠，比如，近年来各地屡屡出现的围观跳楼，甚至催促跳楼者快跳的现象，在一定程度上就可以视为这种表演式抗争的负面效应。

可见，新媒体事件中的情感动员并非自然而然的相互感发，而是策略性地追求某种情感效果。从某种意义上说，新媒体事件的热度就取决于它所动员起的社会情感的强度，一旦这种情感冷却下来，新媒体事件也就走向了平息——不管这一事件有没有出现一个最终的结果或结论。因此，情感动员的策略直接关乎新媒体事件的持续时间和走向，不管是夸张渲染、营造危机感，还是制造身份对立、排比叠加，都是新媒体事件中常见的情感动员策略。

二、网络谣言中的情感动员

网络谣言与新媒体事件如影随形，在几乎所有新媒体事件中，我们都能发现网络谣言的身影，不仅如此，很多新媒体事件本身就是由网络谣言引发的。如果说情感动员在新媒体事件的形成和发酵过程中发挥着至关重要的作用，那

---

① 刘涛：《情感抗争：表演式抗争的情感框架与道德语法》，《武汉大学学报（人文科学版）》2016年第9期。

② 郭小安、刘明瑶：《媒介动员视角下“表演式抗争”的发生与剧目——以“中青报门口访民集体喝农药事件”为例》，《现代传播》2016年第5期。

么我们同样应该重视网络谣言中的情感因素。从情感的角度看,网络谣言的形成与某些普遍存在的情感密切相关,这些情感为其提供了重要的传播动力,同时,网络谣言还会影响和改变人们的情感态度。谣言研究先驱、印度学者加木纳·巴斯德(Jamuna Prasad)认为:“人们传谣主要受恐惧和惊愕两种情绪驱使,而这些情绪态度会让人潜意识中相信任何事都有可能发生,因而会轻信一些无根据的荒谬言论。”①中国谣言研究的先驱陈雪屏也曾提出,在非常时期,人的忧惧与惶惑能够蒙蔽理智,使人陷于轻信;同时他还主张:“在非常时期我们要讲求防止谣言传播的方法,同时更要利用谣言,使能引起民众愤怒的情绪。”②可见,在早期的谣言研究中,中外学者都关注到了情感因素的作用,在他们看来,不管是谣言的生成与传播,还是谣言的作用与效果,都与恐惧、惊愕、忧惧、惶惑等情感密切相关。借助互联网,情感动员变得更加便捷,我们更应该从情感角度来考察网络谣言的生成与传播规律。

(一)网络谣言的情感基础

谣言不仅是一种信息传播,而且是一种带有认知倾向和情感倾向的信息传播。网络谣言大都出现在危机情境中,此时,人难免会产生焦虑、恐惧、怨恨等负面情感,在这些情感的作用下,人的认知能力和判断能力必然会受到影响,从而将网络谣言的传播过程变成一个情感与理性相互交织的过程。正如有学者分析的那样:“每一位谣言传播者都会在谣言身上投射自己的情感,并且在传播过程中与接受者互动协商,直到说服对方。在协商一致的过程中,情感也互相交融。”③

首先,由不确定性所造成的焦虑感是网络谣言产生的重要基础之一。“不确定性是一种无法确定当前事件意味着什么或将会发生什么事件的心理状况。在那些对个人有重要性的问题上,不确定性会导致失控感和焦虑感”④。为了重新获得对自身所处环境的理解和掌控,人们需要获得新的认知,而在正规渠道

---

① 吴建、马超:《谣言研究中被遗忘的先驱——巴德斯及其经典文献的考察》,《新闻界》2016 年第 3 期。

② 陈雪屏:《谣言的心理》,商务印书馆 1939 年版,第 70 页。

③ 蔡盈洲:《数字新媒体环境下突发性群体事件的谣言传播研究》,江西人民出版社 2014 年版,第 174 页。

④ Nicholas Difonzo, Prashant Bordia, *Rumor Psychology: Social and Organizational Approaches* (Washington: American Psychological Association, 2007), p. 71.

的信息匮乏或不可信时,他们就会转而求助于非正规的信息网络。在这种情况下,谣言就会不胫而走,也正是在这种意义上,谣言常常被视为一种"集体创作"或"即兴新闻"。不管这些"创作"或"新闻"是否可靠,它们都提供了一种解释,让人产生一种重新理解和掌控了环境的感觉,从而减轻了他们的焦虑。

从根本上说,焦虑是一种现代性体验,它源于现代社会的流动性,以及随之相伴随的不安全感和不确定感。如今,在衣、食、住、行等各个生活领域,人们都面临着不断变化的环境,从而产生一种失控感。尤其是随着科技的发展,"在涉及我们周围的世界秩序时,科学技术的迅速变化使一切知识都是可以怀疑的,一切确定性都是不可能的。当公众对一切都无法相信的时候,那么他们就会相信一切"①。这种心态为一切荒诞不经的谣言提供了心理条件。具体到中国社会而言,改革开放40多年来的急剧变革也使焦虑成为一种普遍性的社会情绪。英国杂志《经济学人》在专题报道中称:"中国中产是世界上最焦虑的一群人。"如果将年薪10万至50万的人群界定为"中产阶层",根据官方统计,我国中产阶层群体已达1.4亿人,他们大多为"80后""90后",在一、二线城市从事着脑力工作,是社会中所谓的"有为青年"。然而,在光鲜的外表背后,95%的"中产们"都感到焦虑,其中多源于对未来的不确定性。② 可以说,这种焦虑情绪是网络谣言大量滋生的社会土壤,换个角度看,目前很多网络谣言也正是在诉说人的焦虑情绪,甚至将"贩卖焦虑"发展成为一门生意。

其次,恐惧也是网络谣言传播的重要情感动力。尤其是在战争、地震等危机情境中,人们面临着各种不可知的凶险,恐惧感油然而生,于是,谣言就会大量滋生。比如,"对美国人来说,可能很少有事件像911那样引起人们的恐惧心理,因此那个时候各种谣言充斥着美国社会,比如每5瓶可乐中就有1瓶被恐怖分子注入了炭疽病毒;911那天没有一个犹太人到世贸大厦上班,因为他们事先就得到了恐怖袭击的消息(实际上遇难者中15%是犹太人)等等"③。在危机情境中,谣言一方面传播和扩散了恐惧情绪;另一方面也有助于人们克服和化解这种情绪。这是因为,通过传播谣言,恐惧在人群中扩散,这让每个人都感到

① 让-诺埃尔·卡普费雷:《谣言:世界最古老的传媒》,郑若麟译,上海人民出版社2008年版,第84页。

② 参见爱写报告的小蜜蜂:《当贩卖焦虑成为一门生意》,简书网,https://www.jianshu.com/p/fcef4b7893d9,访问日期:2018年5月28日。

③ 《心理学:谣言的传播与分析》,搜狐网,http://www.sohu.com/a/191608839_772939,访问日期:2017年9月12日。

自己不是孤独的,而是可能受到灾难影响的群体之一员,这给他们带来了安慰;同时,谣言往往预言最严重的灾难,这让人在心理上做好了最坏的预期和准备,如此一来,此后再出现任何结果就是可以承受的了。就此而言,恐惧性谣言既是一种情感动员,对个体来说也是一种心理防御机制。

随着风险社会的来临,人们的恐惧感已经不只出现在危机情境中,而是无时不在、无处不在,这就使得恐惧性谣言变得日常化了。举凡那些普通公众无法理解又充满风险的社会生活领域,都成为网络谣言的重灾区。乌尔里希·贝克提出:"风险首先是指完全脱离人类感知能力的放射现象,此外还包括空气、水、食品中的有毒物和污染物,以及由此对动植物和人所造成的短期或长期的影响。风险引发的损害是系统性的,通常不可逆转,大多也不可见。"①比如,核辐射、转基因、空气污染、食品添加剂等问题既与每个人的生活息息相关,同时其危害又是不可见的,甚至超出了普通人的理解能力,这不免会让人产生恐惧心理。由此,这些现代科技也成为网络谣言的高发区。

值得提出的是,在同样的处境中,不同的人对风险的感知和由此产生的恐惧感也是有差异的,因此他们传播谣言的动力也是不同的。在同一个社会中,一般来说那些知识较少、处于社会边缘的群体理解环境的压力更大、抵抗各种风险的能力更差,因此,也更容易产生不安和恐惧,更容易相信和传播谣言。根据《2018 年网络谣言治理报告》,相较于"80 后""90 后"青年群体,中老年人群体更具传谣倾向,网络谣言成为中老年网民群体遭遇比例最高的网络风险。谣言鉴别力弱、受教育程度低、网龄越短、主观幸福感低的中老年群体更易传谣。②而在不同的社会中,那些安全感和社会信任程度更高的社会,更不容易传播恐惧性谣言;而那些社会动荡或社会信任程度较低,尤其是对公共机构的信任程度较低的社会,就容易出现恐惧性谣言。正如费因所说:"一个谣言成为主导性政治话语的世界,必然是一个行将崩溃的世界。人们对公共机构的信任消失了,他们对任何说法都充满怀疑,并力图探求那些被隐藏起来的利益,他们认为这种利益与他们的共同善观念是相互对立的。人们认为当权者其实是在谋一己之私,于是,他们在一个充满阴谋的世界中寻找着那些言外之意。人们认为,

---

① 乌尔里希·贝克:《风险社会:新的现代性之路》,张文杰、何博闻译,译林出版社 2018 年版,第 8 页。

② 参见孝金波、曹佳慧:《〈2018 年网络谣言治理报告〉发布 774 机构在微信辟谣》,人民网,http://society.people.com.cn/n1/2019/0118/c1008-30574893.html,访问日期:2019 年 1 月 18 日。

所有的信息都是不可靠的；所有人的声誉也都必须自己去争取。”①

最后，怨恨也是催生很多网络谣言的心理基础。怨恨是现代社会中的一种重要情感类型，马克思·舍勒（Max Scheler）甚至将它看成现代资本主义社会市民伦理的根源，在他看来：“怨恨产生的条件在于：这些情绪既在内心猛烈翻腾，又感到无法发泄出来，只好‘咬牙强行隐忍’——这或是由于体力虚弱和精神怯懦，或是出于自己害怕和畏惧自己的情绪所针对的对象。因而，就其生长的土壤而言，怨恨首先限于仆人、被统治者、尊严被冒犯而无力自卫的人。”②他还提出，在真正的民主制社会或等级森严的社会中，怨恨一般都比较少；而在那些人人都有权利与别人相比、而事实上又无法相比的社会中，必然会积聚起强烈的怨恨。在这种社会中，公众既具有了平等意识和平等要求，同时又真切感受到实际上的不平等。对于这种令人气恼的处境，他们既没有明确的发泄对象，又缺乏直接发泄的勇气，于是就有一股怨气在心中郁结，怨恨就形成了。

在当前中国社会中，怨恨也成为一种普遍存在的情感状态。社会学者成伯清曾经提出：在改革开放初期，第一种引起广泛关注和议论的情感是嫉妒，而时至今日，怨恨已经取代嫉妒成为一种主要的社会情绪。“目前，我们社会就正体验着不时爆发的怨恨所制造的事端：从没有直接利益的群体性冲突事件，到各种恶意犯罪，甚至带有恐怖主义性质的危害公共安全的犯罪”③。怨恨不是由具体的事件引发的，而是由社会结构性问题造成的；它也不局限于社会底层群体，而是在整个社会蔓延。这种状况还催生出马克思·舍勒所说的“怨恨批评”，即一种看不到任何希望、缺乏积极目标的批评。舍勒提出：“一种持久的社会压力越被感受为顺乎天命，就越不会，也越不可能产生确实改变这种状况的力量，因此就越要在一种缺乏积极目标的批判中对现存的一切发泄怨气。”④可以说，既不满现状，又看不到，甚至不相信有改变的希望，是怨恨情绪的典型特征。

从某种意义上说，很多网络谣言就产生于这种怨恨情绪，它本身也可被视为一种怨恨批评。在新媒体事件中，一旦涉及官员、警察、富人等群体，网络谣

---

① 加里·阿兰·费因：《谣言、信任与公民社会：集体记忆与判断的文化》，陈国战译，载陶东风、周宪主编：《文化研究》第20辑，社会科学文献出版社2015年版，第99页。

② 马克思·舍勒：《道德意识中的怨恨与羞感》，林克等译，北京师范大学出版社2014年版，第10页。

③ 成伯清：《从嫉妒到怨恨：论中国社会情绪氛围的一个侧面》，《探索与争鸣》2009年第10期。

④ 马克思·舍勒：《道德意识中的怨恨与羞感》，林克等译，北京师范大学出版社2014年版，第14页。

言就容易层出不穷，前一个刚被辟谣，后一个就会接踵而至。比如 2017 年的“泸州太伏中学事件”，当年 4 月 1 日，太伏中学一名初二男生在住宿楼外死亡，公安机关侦查后认为：无证据证明死者系他杀，其损伤符合高空坠伤特征。但是，当地一些群众对这一结论并不认可，于是，各种谣言不胫而走，并借助网络在全国范围内扩散开来。有谣言说“死者因没钱交保护费而被活活打死”，有谣言说“五名学生打死同学，其中包括‘官二代’镇长的孩子”，还有谣言说“警察持枪镇压百姓”等。其中还有谣言通过“移花接木”的手段，将其他事件的网络视频嫁接到这一事件上，最终酿成一起在全国范围内产生恶劣影响的新媒体事件。

通过这一事件以及其他同类事件可以看出，新媒体事件的对抗性和破坏性主要来自网络谣言，而网络谣言又是社会怨恨情绪的表达。“在公共危机事件中，潜伏于人们心中的弱势心态极易被刻意强调或虚构的谣言信息唤醒，并在网络上持续发酵，激起他们的强烈不满和怨恨情绪。特别是当他们认为自己处于弱势的原因是社会不公和其他群体的不正当手段时，更容易造成其反社会情绪的宣泄和非理性行为”①。在这种情况下，网络谣言成为一种发泄怨恨的手段，也可被视为一种怨恨批评，与其说这些谣言是在探求真相，不如说它们是在借机表达怨恨。因此，任何一次辟谣都是对这种表达欲求的压制，它不仅不能让人满意，还会激起更大的怨恨，形成更猛烈的谣言。

总之，谣言既是一种信息传播，也是一种情感表达。在面对面交往中，人在表达负面情感时常常会有所顾忌和克制；而在网络空间中则更加肆无忌惮，更容易使用激烈的言辞。“由于缺少形象的和语气的线索，我们较难发现语言造成的伤害，所以互联网降低了对言语行为的约束，使人们以更加冲动的方式进行交往。”②在英语中，人们把这种激烈的表达称为“喷火”（flaming），而在中文世界里也有“拍砖”“炮轰”“打脸”等说法，这些词汇形象地表明，人们在网络空间的情感表达更加随意，也更具有攻击性。因此，网络空间更有利于焦虑、恐惧、怨恨等负面情感的传达和激荡，同时，人们也更容易在这些情感的裹挟下相信和传播网络谣言。

---

① 张爱军、孙贵勇：《论网络谣言的治理策略》，《行政论坛》2016 年第 5 期。

② William A. Galston, “The Impact of the Internet on Civil Life: An Early Assessment”, in Verna V. Gehring (Eds). *The Internet in Public Life*(Rowman & Littlefield Publishers, 2004), p. 84.

(二)网络谣言的情感动员策略

谣言不仅是一种信息传播,还是一种人际互动,为了互动的顺利展开,“人们需要感受到互动中的他人和自己正在体验着一个共同的世界”①,也就是说,人们需要有一种与他人保持一致的感觉。因此,尽管传谣者有时试图将自己与谣言分离开来,强调自己态度的中立性,但其实这种传谣行为背后常常隐藏着一种说服动机和情感动员逻辑。为了更具有说服力、更能激起人的情感共鸣,谣言往往会诉诸一些情感动员策略,在互联网环境中,这些策略主要有以下几种:

首先是极端化策略,以增强传播动力。作为一种信息传播,谣言的内容当然是越离奇,就越能够刺激公众的神经,就越具有充足的传播动力。因此,谣言在传播过程中会有一种夸张趋势,其中一种很重要的表现形式就是数量夸大,奥尔波特研究发现,当谣言中涉及数量时,基本上都会在传播过程中不断增多,而很少有减少的。对于这种夸张趋势的成因,他分析说:“任何一个谣言的关键就在于要造成一种某件事很重要的共识,还有比修辞上的夸张造成这种印象的更好的办法吗?”②于是,为了突出谣言信息的重要性,它会在传播过程中越传越夸张、越传越离谱。陈雪屏也曾分析过这种现象,他认为,对谣言内容进行夸张渲染能同时给听者和传者两方面带来心理满足:“在听众一方面,不但想知道某些事物,而且要知道得透彻,要充分激起他那好奇的欲望。一个平淡无奇的故事往往在静默中结束,会使得听者不满足,人人都表示勉强接受的神色,而述者得不着他所期望的鼓励也感觉到不愉快。因此夸张的表现便普遍地流行着,有时虽然明知点染过分,也还是含笑容忍,颔首神会。”③夸张的谣言更具有传播动力,也更能满足人的心理期待,因此,谣言在传播过程中会变得极端化。

网络空间具有一种松绑效应,会弱化人的责任意识,同时,网络上的信息只有足够劲爆才能吸引人的关注,在商业动机或成名心态的影响下,这种极端化趋势变得更加突出了。著名网络写手咪蒙曾经总结过写出爆款文章的 12 条秘诀,其中一条就是“标题要简单粗暴”,文章写道:“你说话很温和,你观点很中

---

① 乔纳森·H. 特纳:《人类情感——社会学的理论》,孙俊才、文军译,东方出版社 2009 年版,第 109 页。

② 奥尔波特等:《谣言心理学》,刘水平、梁元元、黄鹂译,辽宁教育出版社 2003 年版,第 107 页。

③ 陈雪屏:《谣言的心理》,商务印书馆 1939 年版,第 39—40 页。

立,你性格很宽容。那你不要写公号文章了。你不适合。你看了《乌合之众》就会知道,任何时代的领袖,包括意见领袖,都是特别偏激的。偏激的观点才具有煽动性。你的标题必须简单粗暴,情绪明确。爱憎特别分明的人更适合写新媒体文章。"①这可谓她的夫子自道:新媒体文章的成功秘诀不是有一说一地呈现事实和真相,而是极尽所能地煽动读者的情感。这也无怪乎 2016 年《牛津英语词典》将"后真相"(post-truth)选为年度词汇,所谓"后真相"描述的是这样一种社会状态:事实的重要性已经让位于情感,因此,诉诸情感及个人信念比单纯地陈述客观事实更能影响舆论。在新媒体时代,一方面真相更难获知了,每个人都试图用自以为是的真相说服我们,让人感到无所适从;另一方面真相的重要性也相对下降了,与真相相比,公众更关注的是情感和观点的表达。于是我们可以看到,新媒体事件大都喧嚣一时,引起激烈的口诛笔伐,但是等不到真相水落石出,围观者就已经热情消退、四散而去。在这种趋势的影响下,网络谣言为了更好地进行情感动员以获得充足的传播动力,常常借助极端化策略,信奉"语不惊人死不休"——冲突还不够,还必须要死人;死人还不够,还必须是惨死。2017 年发布的一项研究报告指出:对所有语料库的标题进行词频分析,可以看出谣言标题中经常出现"一定""绝对""只因为"等绝对化用语,"揭秘""真相""曝光"等表示悬念的用语,"震惊""惊呆"等夸张性用语,"竟然""没想到""居然"等表示意外的用语,"必看""警惕""扩散"等诱导性用语。②

其次是戏剧化策略,以打动人心。戏剧性既要有矛盾冲突,又要有丰富的细节,只有这样才能够吸引观众,产生打动人心的力量。网络谣言为了满足人们的心理期待,获得充足的传播动力,也经常诉诸戏剧化策略,将新媒体事件转化为一出善恶分明的道德剧。有学者发现:"只要能够从一个事件中剥离出阶层对立的事实,立刻可以引起公众的愤怒与悲悯。因此在抗争叙事中,一般都强调受害者的无辜和他们所遭遇的不公,而作为对照,作恶者则常常被描述得凶恶无情,此类叙事所展现的,是善与恶的典型对照。"③善恶分明是大众最容易接受的戏剧冲突类型,可以发现,网络谣言经常使用这种截然两分的叙事策略,

① 咪蒙:《如何写出阅读量 100 万 + 的微信爆款文章?》,简书,https://www.jianshu.com/p/f5799eb3f81b,访问日期:2017 年 11 月 27 日。

② 参见京师中国传媒智库:《移动社交网络时代的传谣与辟谣:技术逻辑视野下的新态势和新对策》,原创力文档网站,https://max.book118.com/html/2018/1122/5344042100001332.shtm,访问日期:2018 年 12 月 30 日。

③ 郭小安:《网络抗争中谣言的情感动员:策略与剧目》,《国际新闻界》2013 年第 12 期。

将新媒体事件讲述为一个"恃强凌弱"的故事。通过渲染强者的嚣张跋扈、弱者的可怜无助,网络谣言能够激起极大的情感共鸣。

为了增强戏剧冲突效果,网络谣言往往会提供一些生动的"细节"。比如,在2011年的广州增城新塘事件中,当地治保会工作人员在执法过程中与一名摆地摊的四川籍孕妇发生冲突,有围观者将冲突视频上传至网络以后,各种谣言就铺天盖地而来,有的说"治保会向小贩收取保护费",有的说"孕妇的老公被活活打死",更有甚者,还有谣言栩栩如生地描述了冲突的"细节":"治保队长号召打死起哄的外地人,一个就值50万。"在这些谣言中,冲突双方强弱分明:一方是代表公权力的治保会;另一方是多重弱势身份的叠加——外地人、小商贩、女性、孕妇。如果他们之间发生了冲突,那公众显然会在道义上站在弱者一方。最后一则谣言不仅凸显了"外地人"的身份标签,以实现更广泛的情感动员,而且还提供了生动的细节,即对治保队长的语言描写,从而将他的"嚣张跋扈"和"草菅人命"表现得淋漓尽致。同样,在2010年的"李刚门"中,最刺激公众神经的也并不是醉酒驾车肇事本身,而是"我爸是李刚"这句经过剪裁的话。可见,细节往往更具有打动人心的力量,网络谣言经常通过捏造细节实现情感动员。

再次是情境化策略,以借力热点事件。比如,2019年7月初,一篇题为《惊人!!! 中国高考判卷内幕,寒心啊!》的文章在网上热传,该文作者自称是"山西某中学教师",参与了当年的高考阅卷,文章披露说:一些阅卷老师为了赶进度,不管对错随意批改,其中还提供了大量细节。有记者调查发现,这则谣言在网上流传至少已经有10年了,每年高考以后都会死灰复燃,被人改头换面以后进行传播,为此,教育部还专门做过辟谣。再如,2016年2月6日,一位自称上海女孩的网友发帖称,她第一次去江西农村男友家过年,因一顿年夜饭,发现自己难以忍受农村的贫穷落后,便连夜赶回上海。这篇文章一时间引起激烈讨论。不过,江西省网信办随后辟谣称:这是一则假消息,发帖者并非上海人,而是江苏省某女网民,因春节前与丈夫吵架,不愿去丈夫老家过年而独自留守家中,于是发帖宣泄情绪,内容纯属虚构。这则谣言被中国互联网举报中心列为2016年十大网络谣言。

可以看出,以上两则谣言都出现在特定的情境中,它们都利用公众关注的热点问题实现了"借势传播"。高考谣言在每年高考过后的6、7月都会高发,这是因为,作为当前中国最重要、决定很多考生一生命运的考试,它极易引起人们的焦虑。据悉,2019 年全国高考报名人数超过 1000 万人,而在这些考生背后,还有数以千万计的家长,他们对高考的公平性尤其敏感,因此,任何关于高考的负面传闻都能引起他们巨大的心理震动,获得充足的传播动力。由于这种原因,以上关于高考阅卷的谣言才会在每年高考过后一次又一次地死灰复燃。而过了这一时机,高考话题降温,这则谣言也就沉寂下来。第二则谣言则触及近年来讨论比较多的"返乡体"写作、"凤凰男"等热点话题。2015 年春节期间,上海大学博士生王磊光发表《一位博士生的返乡笔记:近年情更怯,春节回家看什么》,2016 年春节前夕,黄灯发表《一个农村儿媳眼中的乡村图景》,此后几年,"返乡体"写作成为每年春节前后的舆论热点,城乡差异是其中讨论比较多的话题。几乎与此同时,"凤凰男"一词也悄然流行,这一带有污名色彩的词汇指代的是那些出身于农村、靠个人奋斗实现进城的男青年。在舆论场中,这一群体常常与敏感、自卑、小农意识等联系起来,他们与城市女孩之间的婚恋使传统的门当户对观念重新被讨论。显然,第二则谣言就是利用了这种社会舆论氛围,搭上"返乡体"写作的便车,从而实现了广泛传播。

最后是脚本化策略,以激活集体记忆。贝克(Baker)和埃德尔斯坦(Edelstein)在《脚本革命:革命比较研究的历史方法》(*Scripting Revolution: A Historical Approach to the Comparative Study of Revolutions*)一书中提出,革命类似于戏剧演出,它常常是按照脚本化的方式展开的。革命前的社会经济、政治条件或许可以解释革命为何发生,却无法解释革命何以如此展开。而在他们看来,"革命的想象力并不是产生于革命之前的社会中存在的种种张力或前提条件。革命思想大多来自其他革命"①。根据这种思想,我们发现,不管是新媒体事件,还是网络谣言,也都体现出一种脚本化策略,它们常常求助于过往的同类事件或同类谣言,从中获得叙事脚本,并借以激活公众的集体记忆。

比如,在 2011 年 3 月发生的谣"盐"事件中,很多人之所以相信谣言并加入抢购食盐的大军,一方面是由于现实的恐慌心理的影响,另一方面也是因为这则谣言利用了人们所熟悉的谣言脚本,激活了人们的恐慌记忆。对此,陈力丹曾做过分析:2003 年非典期间,我国就发生过抢购板蓝根的事件,后来几年发生的禽流感、甲型 H1N1 流感、大地震、泥石流,以及香蕉致癌、松花江水污染、蛆

① Daniel Gordon, "The Perplexities of Beginning: Hannah Arendt's Theory of Revolution", in Peter Baehr, Philip Walsh (ed.): *The Anthem Companion to Hannah Arendt* (Anthem Press, 2017), p. 123.

橘事件等公共危机中,都存在不同程度的抢购(或拒购)相关商品的风潮。在这种背景下,过去的流言可能消失或被否定,但它的“印象”会残留下来成为人们记忆的一部分,一旦相关主题再次被激发,流言造成的这部分印象会和其他相关信息一起,成为判断新情况的依据,这便是流言传播中的“同化”。更加明显的是,在2020年年初新冠肺炎疫情防控期间,很多在2003年非典期间传播的谣言也都重新出现,比如关于某种药品或食品可以抑制病毒的谣言。这也就意味着,当出现危机情境时,抢购某种商品已经成为一种脚本化的行动,它潜藏在人们的集体记忆中,遇到合适的时机就会被激活。在这些被抢购的商品中,食盐是最经常出现的。食盐之所以频频成为谣言的目标、成为被抢购的商品,一方面与它在人们生活中的重要地位有关,另一方面也因为它价格低廉,便于储存,人们抢购食盐的成本较低。可见,很多谣言都是通过诉诸人们所熟悉的谣言脚本,激活人们的谣言记忆来实现“借势”传播的。

(三)网络辟谣与情感治理

如前所述,谣言不仅是一种信息传播,还是一种情感动员;谣言的效果不仅在于它提供了一条重要的真假难辨的信息,还在于其中所携带的情感能量对公众所造成的心理冲击。因此,辟谣不仅要提供足以推翻谣言的信息,还要疏导和平复公众的情绪,消除滋生谣言的情感基础。从这个意义上说,辟谣也是一种情感治理。所谓情感治理,是指“以情绪安抚和心灵慰藉为目标的制度化的或非制度化的情感回应”①。随着情感社会学的发展,情感治理作为一种社会治理方式被提出,在互联网出现以后,社会情绪的蔓延和发酵变得越发便捷、越发难以控制,情感治理的重要性也进一步突显出来。

谣言是社会信任状况的晴雨表,它反映出公众对官方信息缺乏信任,表达了愤怒、恐惧、怨恨等负面情绪,在这种情况下,如果辟谣只是提供相反的信息,那就很难赢得公众的信任,相反,由于这些信息阻碍了公众情绪的表达,它们还可能会进一步激化公众的情绪,滋生出更多的谣言。关于辟谣的这种困境,奥尔波特曾经举过一个经典的例子:“当一个反犹主义者指控犹太人逃避兵役,后来又面对不可辩驳的事实,证明犹太人按照他们在总人口数中的比例服了兵役,他会怎么做?他只会改变谣言的内容(而不是敌对情绪),他会说‘对,但他

---

① 何雪松:《情感治理:新媒体时代的重要治理维度》,《探索与争鸣》2016年第11期。

们在军队里干的都是轻松活'。"[①]显然,这些谣言的重点并不在于犹太人是否逃避了兵役,或者犹太人是否只干了轻活,而是表达对犹太人的敌意和仇恨。如果不消除这种情感基础,单纯地提供辟谣信息就很难奏效——即使能够证明犹太人在军队里与其他人干了同样的活,也是会产生其他针对犹太人的谣言。

对于网络谣言来说,情感治理就显得更为重要了。这是因为,网络谣言的生成和传播变得更加便捷,一则谣言被辟谣后,其他谣言就会接踵而至。一个很明显的变化是,很多网络谣言都不是孤立存在的,而是以"系列谣言"的形式存在,尤其是在各种新媒体事件中,网络谣言几乎都是花样翻新、层出不穷的。比如,在2009年的杭州飙车案中,先后出现了多种网络谣言:"胡斌的母亲是浙江省政协委员""胡斌飙车的同伴是杭州市某领导的儿子""上庭受审的是替身"等。在2015年天津港爆炸事故发生以后的短短几天内,就有人汇总了27个网络谣言,其中包括:"爆炸企业负责人是副市长之子""爆炸公司总裁背景深厚""瑞海国际与中化集团多有交集""有害气体可能影响北京"等。这些网络谣言不仅数量多,"按下葫芦浮起瓢",而且彼此之间能够互相支撑、互相解释,形成了牢固的"证据链"。在这种情况下,如果单纯提供辟谣信息而忽视了情感治理,就不仅会应接不暇,而且很难奏效。

为了对网络谣言进行有效的情感治理,需要注意以下几个方面的问题:首先,不能一味地把公众情感当成非理性的,不能把网络谣言全都当成无稽之谈。应该认识到,作为公众表达情感的工具,即使网络谣言本身是不真实的,甚至是荒诞不经的,它也是公众真实情感的表达,而这些情感来源于公众的理性认知,需要认真对待。正如有学者分析的:"结构箱中的群众的不满、怨气来自于理性的认知,对事件的评论、态度也是理性的表达。只有当群众感到诸多不公平事件在不断地累加,但却没有在制度化框架内公平处理的渠道,且看不到希望的时候,这种理性的认知才会转化为非理性的不满、愤怒的情绪。"[②]如果认识不到这一点,漠视公众情绪,就容易导致谣言的大规模爆发。周裕琼曾分析了胡斌案中"替身"谣言的传播过程:在谣言出现以后,中国新闻社记者向法院求证,工作人员在给出一番牵强的解释后,称"网友的一些猜测纯属无稽之谈,毫无可能"。而中新社所发布的新闻通稿题目中也赫然使用了"无稽之谈"一词。这种

---

① 奥尔波特等:《谣言心理学》,刘水平、梁元元、黄鹏译,辽宁教育出版社2003年版,第6页。

② 朱力、曹振飞:《结构箱中的情绪共振——治安型群体性事件的发生机制》,《社会科学研究》2011年第4期。

官方对民意“高人一等、不屑一顾”的姿态非但没有让网友停止传谣，还使谣言进一步传播并不断演变。[①] 可见，虽然网络谣言可能是虚假的，但其背后的情感却是真实的，只有充分尊重公众的情感反应，辟谣也有望奏效。

其次，要谨慎使用警告、压制的辟谣方式。面对网络谣言，一些地方和部门习惯于将其视为敌我矛盾，首先想到的是警告“别有用心的人”和“不明真相的群众”，声称将“严厉打击”制造和传播谣言的行为，试图以此制止谣言的传播。事实证明，这样的做法通常都无济于事。比如，在谣“盐”暴发前期，很多媒体重点报道的是“严厉打击造谣传谣”“严厉打击哄抬物价”等，但这并没有消除公众的恐慌情绪，也未能阻止谣言的进一步传播。实际上，网络谣言传播的动力是共同的情感，而这种情感是集体性的、匿名性的，这种警告和压制会进一步激化公众的情绪，试想，如果公众认为权力部门隐瞒了真相，那么，权力部门严厉警告和压制他们传播自己所认为的“真相”（网络谣言），岂不是恰恰证明了权力的强大和傲慢？

最后，也不能试图完全消除社会负面情感。任何一个社会中都存在正面情感和负面情感，它们都是一种常量。网络辟谣要疏导和平复公众的负面情感，但这并不意味着要将这些负面情感完全根除，不给它们留下任何存在的空间。当前，在打击网络谣言的名义下，一些地方和部门滥用权力，风声鹤唳、草木皆兵，反而会成为负面社会情绪暴发的导火索。比如，2017 年 8 月 18 日，河北省邯郸市涉县广播电视台发布一则警情通报：有网民在网上发帖称“涉县新医院餐厅质差、价贵、量少，还是人民的医院吗？”对此，涉县公安局城关派出所以“涉嫌虚构事实，扰乱公共秩序”为由将发帖人张某某抓获并行政拘留。这显然是一种过度反应，该通报被媒体转载后，立即引起舆论哗然，大量网民认为警方执法荒唐，原来的“谣言”默默无闻，警方的辟谣反而激起公众的情绪反弹。

总之，网络谣言是一种携带着情绪的信息，这种情绪为其传播提供了强大的动力。如果将网络谣言的传播看成一个情感动员过程，那么相应地，网络辟谣就要重视情感治理。对于网络谣言中的负面情感，既不能漠然视之，也不能一味压制，而应该采取疏导的策略。从根本上说，网络谣言根植于恐惧、愤怒、怨恨等负面情感，而这些情感又是社会结构性矛盾的伴生物，因此，网络谣言中

---

① 参见周裕琼：《网络新谣言研究——以胡斌“替身说”为例》，《深圳大学学报（人文社会科学版）》2010 年第 4 期。

的情感治理必然是一个长期的过程,很难产生立竿见影的效果。不过,正如情感动员有一些常见的策略一样,情感治理的方法和策略也直接关乎辟谣的效果。

第六章　新冠肺炎疫情防控期间的网络谣言与网络舆情

新冠肺炎疫情发生以后,我国网络舆论场一度非常活跃,各种与疫情相关的网络谣言和网络舆情始终占据着中心位置。从整体上看,与非典时期相比,虽然新冠肺炎疫情防控期间也出现了大量谣言,但其存续时间和影响力都比较有限,没有引起大规模的社会恐慌和集体行动。与之形成鲜明对比的是,各种网络舆情却一波未平一波又起,不断激起不满、悲伤、怨怼等情绪,将网民凝聚为一个个情感共同体。在相隔 17 年的两次重大疫情中,中国社会从谣言满天飞到网络舆情此起彼伏,从恐慌情绪蔓延到不满、悲伤、怨怼等情绪相互交织,折射出我国公众在面对疫情时的心态变化,以及近年来我国社会的一些深层问题。

一、两次疫情中的谣言

在各种天灾人祸发生以后,谣言都会大量出现,这是一种普遍现象。在疫情中更是如此:一方面,不同于地震、化工爆炸等影响局限于一地的灾害,疫情具有跨地域的传染性、不可预期的持续性,在人员流动密集的当下,疫情扩散的风险使其他地方的人也不能置身事外;另一方面,导致疫情的病毒又看不见、摸不着,这使每个人都无法完全规避其风险。因此,疫情会带来更大面积的社会不安,各种有关疫情的谣言具有更强大的传播动力。

关于非典时期的谣言,目前已有不少研究。这些研究表明,非典时期的谣言主要是通过口耳相传、手机短信,以及 QQ、BBS 等途径传播的。当时,关于预防方法的谣言使全国很多地方的板蓝根、白醋、食盐等都被抢购一空;“北京即将封城”谣言还导致以学生和农民工为主的离京溃散大潮;此外,很多地方还出现了关于当地政府隐瞒非典病例的谣言。[1] 这些谣言不仅传播范围广，而且影响力极大，有些还引起了大规模的社会恐慌和集体行动。经历过非典的人应该还记得，当时很多人都在半信半疑中抢购过板蓝根，在房间里熏过白醋。

17 年后新冠肺炎疫情暴发的时候，我国的媒介环境已经大不相同了[2]，微信、微博等社交媒体成为很多人获取信息的主要渠道。在这些平台上，既有正规媒体和专业人士发出的权威可靠的信息，也有普通网民上传的各种芜杂的信息，其中就有大量谣言。另外，此次疫情恰逢春节假期，受疫情影响，人们基本上都居家不出，社交中断，于是，通过社交媒体获取和转发疫情信息就成为很多人每天最主要的事情。根据主流舆论中关于社交媒体的刻板印象，这必然会造成谣言满天飞、社会恐慌四处蔓延的可怕局面。

但现实情况并非完全如此。一方面，新冠肺炎疫情防控期间确实出现了大量谣言，其中很多谣言还采用了与非典时期相似的"脚本"；但另一方面，这些谣言的存续时间和影响力都较为有限，基本上没有引起大规模的社会恐慌和集体行动。以影响力相对较大、引发抢购双黄连口服液的谣言为例，2020 年 1 月 31 日 22 时 46 分，新华社官方微博"新华视点"首发微博称："上海药物所、武汉病毒所联合发现中成药双黄连口服液可抑制新型冠状病毒。"此消息一出，立即在社交媒体上被大量转发，多地市民连夜到线下药店排队购买，电商平台上的双黄连口服液也被抢购一空。然而，仅仅几个小时过后，多家自媒体平台就发布了辟谣信息，《人民日报》官方微博也于 2 月 1 日 7 时 33 分发文称："抑制并不等于预防和治疗！特别提醒：请勿抢购自行服用双黄连口服液。"至此，这一谣言就消退了，抢购也没有持续太久。还值得注意的是，这则影响相对较大的谣言并不是由普通网民发布的，而是由公众对权威信息的误读造成的，而之所以会出现这种误读，与其怪公众科学素养不高，不如说是因为信息发布不够谨慎和规范——在公众神经如此敏感的时间点上，指望他们区分"抑制"和"预防""治疗"在措辞上的微言大义，显然有点不切实际。

从整体上看，此次疫情防控期间的谣言主要有三类：第一类是关于预防方

---

① 参见周晓虹：《传播的畸变——对"SARS"传言的一种社会心理学分析》，《社会学研究》2003 年第 6 期。

② 截至 2019 年 6 月，我国网民规模已达到 8.54 亿，互联网普及率达到 61.2%；其中，手机网民规模 8.47 亿，网民中使用手机上网的比例达到 99.1%。参见中国互联网络信息中心：《第 44 次中国互联网络发展状况统计报告》，中国互联网络信息中心网站，http://www.cnnic.net.cn/hlwfzyj/hlwxzbg/hlwtjbg/201908/P020190830356787490958.pdf，访问日期：2019 年 8 月 30 日。

法的谣言。除了上面分析的关于双黄连口服液的谣言,其他被谣传具有预防作用的方法还有抽烟、熏艾、喝白酒、服用维生素 C、盐水漱口、小磨香油滴鼻孔等,这类谣言反映出公众在面对疫情时的恐慌和焦虑情绪。不过,它们大都出现在疫情前期,影响力也比较有限,其中提到的一些预防方法明显荒诞不经,比如抽烟、喝白酒等。这与其说是“病急乱投医”,不如说其中已经掺杂有戏谑成分。正是在这种心态下,网上有传言称人们在抢购双黄连口服液时“连双黄莲蓉月饼都被抢光了”。第二类是关于疫情扩散的谣言,如“北京协和医院有肺炎患者出逃”“深圳龙华医院用集装箱隔离病人,发烧病人 2010 例”等。第三类是关于疫情“追责”的谣言,如“中国疾控中心主任被查”“武汉病毒所女研究生是零号病人”等。

前期,谣言主要集中于前两类,即关于预防方法的谣言和关于疫情扩散的谣言。随着疫情防控和宣传工作的展开,公众形成了对疫情形势的基本认知,安全感得以提升,这时,他们更关心的是此次疫情是如何产生的、谁该为疫情扩散承担责任。关于这些问题,官方和科学家迟迟没有给出权威结论,于是,谣言就因提供了各种貌似合理的解释而得以广泛传播,中国疾控中心、武汉病毒研究所等机构在谣言中成为“替罪羊”。从整体上看,与非典时期相比,此次疫情中谣言的数量未必减少了,但其影响力明显降低了,并且少了一些恐慌和非理性成分。这种变化一方面表明我国公众整体上变得更加成熟理性了,对国家应对疫情的能力更有信心了。另一方面也表明,虽然社交媒体有利于谣言的产生和传播,但它也具有强大的“自净化”能力。在这次疫情防控中,很多谣言都没有等到官方机构出面就已经被自媒体辟谣了,一些网络辟谣平台也发挥了重要作用。

二、新冠肺炎疫情防控期间的网络舆情

新冠肺炎疫情防控期间,在网络谣言的影响力明显降低的同时,相关网络舆情却持续高涨。从 2020 年 1 月 20 日国家卫健委高级别专家组组长钟南山通报“有人传人现象”,到 3 月 29 日国务院联防联控机制新闻发布会通报“本土疫情传播已基本阻断”,在疫情防控最为艰难的两个多月里,我国网络舆论场的中心话题始终是新冠肺炎疫情。据笔者统计,除后期关于境外疫情的话题外,这段时间内围绕国内的疫情防控先后出现 30 多个重要的网络舆情,它们可分为

四类。

(一)由地方政府部门或领导干部在疫情防控中的表现引发的舆情

1. 百步亭社区举办“万家宴”。2020 年 1 月 20 日以后,武汉疫情的严重性逐渐为人所知,百步亭社区曾在 1 月 18 日举办“万家宴”的消息引发关注,网友指责个别领导干部为了面子工程不顾公众安危。此后还有传言称“百步亭暴发了”。

2. 春节团拜会文艺演出。2020 年 1 月 23 日,“湖北省民族歌舞团”官方微信公众号推送《全省春节团拜会圆满举办有我们:湖北省民族歌舞团小黄人军团!》,文章提到,湖北省主要领导都出席了 1 月 21 日举办的团拜会,还有演员带病上台。文章随后被多家媒体转载扩散,受到网友批评。

3. 领导通报湖北口罩产量时两次口误。2020 年 1 月 26 日,湖北省省长出席新闻发布会,在介绍湖北省口罩生产能力时出现两次口误。该发布会通过“央视新闻”平台直播,引发网友批评。1 月 29 日再次出席发布会时,省长回应表示“这是给我们开的苦口良药”。

4. 黄冈市卫健委主任“一问三不知”。截至 2020 年 1 月 28 日 24 时,黄冈市累计确诊病例 324 例,累计疑似病例 1048 例,成为仅次于武汉的第二疫情高发区。29 日,中央指导组派出督查组赶赴黄冈。面对督查组的提问,黄冈市卫健委主任多次应答不上,现场视频在网上传出后引发热议。30 日,黄冈市委提名免去其职务。

5. 湖北省和武汉市红十字会物资发放。2020 年 1 月 30 日,武汉协和医院在网上发出紧急求助帖,这引起了人们对湖北省红十字会捐赠物资发放工作的关注和批评。2 月 1 日,一名男子从武汉市红十字会临时仓库提出一箱 3M 口罩放进汽车后备厢,据该车司机称这是给领导配的,于是,武汉市红十字会和该公务用车所属单位也陷入舆论旋涡。

6. 大理强制征用重庆和黄石的口罩。2020 年 2 月 2 日,云南省大理市的一份《应急处置征用通知书》被曝光,通知书显示,某快递公司承运的 9 件 598 箱 30 万个 N95 口罩被大理方面强制征用。随后,重庆和湖北黄石政府分别发公函要求将口罩发回。2 月 5 日,大理市卫健局回应称所征用口罩已经送到一线,无法追回。2 月 24 日,云南省纪委、监委决定对 5 个单位、8 名责任人进行问责处理。

7. 湖北一药店口罩进价 0.6 元卖 1 元被罚。2020 年 2 月 9 日，湖北省洪湖市委宣传部官方微信公众号发布消息称：一药房销售一次性口罩，购进价格 0.6 元/只，销售价格 1 元/只，涉嫌哄抬价格，决定没收违法所得 14210 元，罚款人民币 42630 元。2 月 12 日，这则消息在网上传开，引起网友热议。

8. 武汉病毒研究所因“零号病人”成为舆论焦点。2020 年 2 月 15 日，一张截图在网上广泛传播，称新冠肺炎“零号病人”系武汉病毒研究所研究生黄某。2 月 16 日，该所发布官方声明辟谣。而在此之前，武汉病毒研究所已多次成为舆论焦点。

9. 疫情防控中的暴力执法。2020 年 2 月 16 日，一则视频在网上流传：湖北孝感一家三口正在家里打麻将，防疫人员进屋就打砸物品，并扇一年轻人耳光。随后，全国其他地方的暴力执法视频也陆续曝光，引起人们对这类现象的指责和反思。

10. 武汉嫂子“汉骂”视频走红。2020 年 2 月 22 日晚，一个微信购物群里的聊天记录被人用录屏的方式发到网上。视频中，一位女业主用武汉话怒怼超市套餐制配送、社区不作为。有网友赞叹：“隔着手机屏幕都让武汉人精神为之振奋，低迷了一个月的情绪仿佛被治愈。”

11. 云南一地要求幼儿服用“大锅药”。2020 年 2 月 29 日，网上流传一份《临沧市临翔区教育体育局关于报送 2020 年春季开学前服用大锅药情况的通知》，根据通知，辖区内所有 3—6 岁的孩子都必须按指定药方每天服用药物。3 月 2 日凌晨，临沧市教育体育局回应称，已要求立即停止执行。

12. 武汉市民通过窗户向中央指导组喊话。2020 年 3 月 5 日上午，中央指导组实地察看社区防控和群众生活保障情况时，有居民从家里的窗户向外喊话：“假的，假的。”孙春兰副总理当即要求省市领导深入了解情况并指出，群众有情绪很正常，这提醒我们，社区群众的基本生活保障还存在短板。

13. 市委书记提出开展“感恩教育”。据《长江日报》报道，2020 年 3 月 6 日晚，武汉市委书记在主持召开会议时提出：“要通过多种形式的宣传教育活动，在广大市民、党员干部中开展感恩教育。”这在网上引起不小热议。

14. 网友接力转发《发哨子的人》。2020 年 3 月 10 日早上，《人物》周刊公众号发布对武汉市中心医院急诊科主任艾芬的访谈《发哨子的人》，这篇文章很快便无法查看。随后，一些自媒体通过更换标题、转换文字等方式继续推出，网友纷纷转发。有文章总结，截至 11 日 23 时网上共出现 33 个版本。

15. 医院领导与援鄂医疗队员合影时“抢镜”。2020 年 3 月 23 日,一张名为“河北唐山开滦总医院领导集体抢镜”的图片在网上引起热议。图片显示,8 名医护人员站在酒店台阶上,而领导则站在前排。对此,医院方回应称是为了保持安全距离。不过,第二天事件再度反转,在拍摄于 3 月 18 日的一张照片中,医护人员都曾走下台阶与人合影。《新华每日电讯》评论认为:公然以拙劣的“撒谎式回应”应对舆论质疑,比“领导合影抢镜”更不妥。

(二)由媒体的宣传报道引发的舆情

1.“放下钱就走”式的捐款报道。2020 年 2 月 1 日,“时间视频”发布一条微博:“现在流行这么给武汉捐款? 环卫大爷来到派出所,放下一沓钱就走。”有网友发现,近期媒体上不断出现这种“放下钱就走”式的捐款报道。这在让人感动的同时,也有人怀疑其真实性,还有人提出不应该接收困难老人的捐款。

2.《长江日报》评论“风月同天”和“武汉加油”。2020 年 2 月 12 日晚,《长江日报》微信公众号发布评论文章《相比“风月同天”,我更想听到“武汉加油”》,文章还引用阿多诺的经典名句“奥斯维辛之后,写诗是残忍的”作为结尾。文章一出,立刻在网上引起争议,赞同者和批评者皆有。

3. 甘肃援鄂女护士集体剃光头。2020 年 2 月 15 日,“每日甘肃网”官方微博发布一条微博:“剪去秀发,她们整装出征。”内容是甘肃省妇幼保健院 15 名女护士集体剃光头的画面,不少护士当时眼含热泪。这样的画面迅速引发热议,有人对女护士表达敬意,也有人怀疑这是典型的形式主义。

4. 共青团中央官方微博推出虚拟偶像。2020 年 2 月 17 日,“共青团中央”发布微博,宣布它们的虚拟偶像“红旗漫”“江山娇”正式上线,并号召大家给团属“爱豆”打 call。在这条微博下面,网友的负面评论占多数,其中热评“我是你的公民朋友,不是粉丝”获赞超过 5 万。受舆情影响,官方在发布 4 小时后将相关微博删除,并在微博和 B 站清空了相关账号。

5. 多地报道“强制休息令”。2020 年 2 月中旬,社交媒体上一张张“强制休息令”被网友纷纷转发,有人称赞这是“最有人情味儿的强制令”,相关话题很快登上了热搜榜首位。不过也有网友质疑这是一种作秀。

6.《长江日报》新闻报道省略“我老婆呢?”。2020 年 2 月 19 日,《长江日报》刊登对新冠肺炎重症患者肖胜友的报道《歪歪扭扭七字遗书让人泪奔》,细心的网友发现,这份遗书除了“我的遗体捐国家”七个字,下面还有一行写着:

“我老婆呢?”而这四个字被记者省略了,引起网友热议。

7. 新华社女记者获奖。2020 年 3 月 8 日,新华社湖北分社女记者廖君获得“疫情防控一线的巾帼奋斗者”称号,并接受媒体采访。有网友发现,这位记者在疫情出现早期曾报道过“未发现明显人传人现象”“8 人因散布不实信息被依法处理”“可防可控”等信息,其获奖资格受到一些网友质疑。

(三)由疫情造成的死亡或其他不幸引发的舆情

1. 脑瘫儿独自在家死亡。2020 年 1 月 29 日,微信公众号“大米和小米”发布文章《家人疑似新冠肺炎被隔离,湖北 17 岁脑瘫儿独自在家 6 天后死亡》,这一事件迅速引发媒体和公众关注。3 月 14 日,国务院联防联控机制印发《因新冠肺炎疫情影响造成监护缺失儿童救助保护工作方案》。

2. 李文亮医生去世。武汉市中心医院眼科医生李文亮曾因发布“不实信息”被武汉警方训诫。2020 年 2 月 1 日,他在个人微博上宣布自己感染了新冠肺炎。2 月 6 日晚,李文亮被送进重症监护室抢救,众多网友深夜为他守候和祈祷。2 月 7 日 3 时 48 分,李文亮经抢救无效去世后,网络上出现了一波声势浩大的“云悼念”,还有不少网友到他生前发布的最后一条微博下留言。

3. 货车司机在高速公路上漂流。2020 年 2 月 9 日,《人物》微信公众号发布《在高速公路上漂流》,报道了货车司机肖红兵受封路影响在高速公路上漂流 4 天 4 夜的经历,引发众多网友的同情。

4. 湖北导演常凯一家 4 口去世。2020 年 2 月 16 日,有微博网友发文称,湖北电影制片厂导演常凯一家 4 口 12 天内相继去世。综合其他消息,网友发现 2 月 14 日去世的武昌医院护士柳帆就是常凯的姐姐。随后,常凯的遗书在网上传出,内容让很多网友感到悲痛。

5. 老人在家中死亡,6 岁孙子独守尸体。2020 年 2 月 24 日,一张微信聊天截图在网上传播开来。图中消息称湖北省十堰市一位老人在家中死亡,屋内还有一名五六岁的男孩。这一消息迅速在网上发酵,多家媒体跟进报道。

6. 武汉外地人露宿街头捡拾剩饭。2020 年 2 月 24 日,“沸点视频”发布的视频显示,一些来武汉务工的外地人因不能离开武汉而成为流浪汉,露宿街头。志愿者发现后,为他们送来食物和口罩。

7. 河南邓州女孩因无手机上网课服药自杀。2020 年 3 月 1 日,一篇题为《初三女生没钱买手机上网课服药自杀》的网帖引发热议。不少网友认为,全面推行网课忽略了没有条件进行远程学习的学生。

8. 泉州隔离酒店倒塌。2020 年 3 月 7 日 19:05,作为泉州市鲤城区新冠肺炎疫情隔离点的欣佳酒店发生严重坍塌事故,共造成 29 人遇难。事故发生后,这个存在严重问题的酒店为何被选为隔离点,在网上引起质疑。

(四)由违反防疫规定引发的舆情

1. 荆州男孩称其父动用关系将他接回。2020 年 2 月 14 日,有微博账号发文称:在全省封路的情况下,父亲通过关系派车把他接回荆州。此微博一经发出,立即引起网友热烈讨论,有网友称其父恐怕要“大意失荆州”了。

2. 厅级干部确诊后拒绝送医隔离。2020 年 2 月 15 日,有媒体报道称,湖北省一名退休厅级干部及其家属被确诊感染后,以医院无法提供相应的医疗标准为由,不仅拒绝住院治疗,还向社区居民隐瞒身体情况,多次在小区内走动。这一事件迅速扩散,网友纷纷声讨其特权思想。

3. 刑满释放人员黄女士离汉返京。2020 年 2 月 24 日,北京市东城区报告一例确诊病例,该病例自武汉来京,来京前已有发热症状。该消息发布后,许多网友提出质疑:她在离汉通道关闭、且已经发热的情况下是如何离开武汉的?

4. 郑州境外输入病例隐瞒行程。据郑州警方 2020 年 3 月 11 日通报,郑州一名境外输入病例郭某故意隐瞒出境史,未严格落实隔离观察措施,郭某的这种不负责任的做法引发网民声讨。

5. 黎女士隐瞒病情回国。2020 年 3 月 13 日,北京通报一例境外输入病例,据调查,黎某在美国期间已出现发热、咳嗽等症状,登机前服用退烧药,登机后未如实向乘务人员提供个人健康状况。黎女士的做法引起网友指责。

6. 澳籍梁女士居家观察期外出跑步。2020 年 3 月 15 日,处于居家观察期的梁女士未戴口罩在小区内跑步,社区工作人员发现后对其进行劝阻,但她情绪激动,拒不配合,还一再强调自己是澳大利亚国籍。这在网上引来严厉批评。

可以看出,以上网络舆情所涉及的事件大都具有“丑闻”的性质。[①] 这些事件基本上不涉及复杂的道德判断,而是黑白分明,因此,它们能够激起众多网民相似的情绪反应,在短时间内凝聚起巨大的能量。

---

① 马修·辛德曼曾提出:人们通常津津乐道的借助强大的网络舆论影响事件进程的案例,大多与丑闻有关。参见马修·辛德曼:《数字民主的迷思》,唐杰译,中国政法大学出版社 2016 年版,第 22 页。

三、网络舆情中的社会情绪

网络舆情是社会情绪的反映，通过网民关注的焦点问题，可以看出他们的主要关切和焦虑。以上四类网络舆情流露出的社会情绪主要有三种，即不满、悲伤和怨怼。其中，由地方政府部门或领导干部在疫情防控中的表现引发的舆情、由新闻媒体的宣传报道引发的舆情体现出的主要是不满，甚至是愤怒情绪。新冠肺炎是一种新发传染病，地方政府部门前期重视不够，应对突发事件的能力不足，在疫情防控中难免左支右绌。而在疫情防控期间，全社会的注意力高度集中，一些问题经网络曝光后，很容易成为舆论热点，这是很正常的。

很多网络舆情都在客观上起到了舆论监督、暴露工作盲点、促进疫情防控进一步完善的积极作用。比如，在 2020 年 1 月底武汉市红十字会的工作受到网民激烈抨击后，武汉市立即指派企业协助其工作，提高了物资分发效率，在网络上赢得好评。再比如，2020 年 3 月 5 日上午，中央指导组实地察看社区防控和群众生活保障情况，有居民从家里的窗户向外喊话："假的，假的。"孙春兰副总理当即要求省市领导深入了解情况，进一步做好群众的生活保障工作。这些做法都很快化解了网络舆情，纾解了社会不满情绪。这表明网民的情绪其实是问题导向的，而非基于某种偏见，只要问题得到解决，其负面情绪就可以消除。

在第三类舆情，即由疫情造成的死亡或其他不幸引发的舆情中，最为突出的情绪是悲伤，其中还夹杂着不满和愤怒。在疫情肆虐期间，武汉和湖北不断传出噩耗，这给公众的心理带来巨大的创痛。再加上疫情给每个人的生活都带来了影响，人们大都居家不出，心情难免沮丧。在这种环境中，人们更容易对他人的不幸产生强烈的共情，并由此延及对相关责任主体的不满和愤怒。这种情绪最为集中的爆发是在 2020 年 2 月 7 日凌晨李文亮医生去世前后。6 日晚，很多网民集体为他守夜和祈祷、在社交媒体上为他点燃蜡烛。在他去世以后，一些市民自发到他所在医院的门前悼念，还有人吹起凄厉的哨声。7 日，有武汉市民倡议当晚 9 点集体熄灯、用手中的光源指向天空默哀。这些信息都以图片或视频的形式在网络空间广泛传播，使网民的悲伤情绪相互感染、绵延不绝。

在第四类舆情，即由违反防疫规定引发的舆情中，网民流露出的主要是愤怒和怨怼情绪。表面看来，网民对违规者的指责是出于愤怒，但其深层却是长期积累的怨怼情绪。在疫情防控前期，这类舆情主要涉及所谓的"特权"人物，这些人之所以成为舆论批评的对象，除了其自身行为不当，还与网民对“特权”的固有认知和怨怼心态有关，反映出的是他们长期积累的对社会不公的感受和不满。在境外输入风险加大后，这类舆情主要涉及由境外入境的人员。这类人被指责首先也是因为其自身行为不当，甚至涉嫌违法。而在这背后，其实也与当前部分网民中民族主义情绪抬头、对在华外国人的所谓“超国民待遇”格外敏感有关。正是基于这种怨怼情绪，近年来在华外国人的不当行为、一些针对外国人的政策屡屡成为舆论热点。[①] 而在这次疫情防控中，一些在华外国人的行为也不断引起非议。[②]

需要说明的是，我国疫情防控期间的社会情绪不只有这三种，也不完全是负面情绪。比如，感动就是另一种比较突出的社会情绪，不管是各地医疗队“逆行”驰援湖北，还是海内外纷纷向湖北捐赠医疗物资和生活物资，甚至是普通网民在某些问题上相互声援和鼓励，都使网络空间始终涌动着感动情绪。但正如上文所说，引发网络舆情的事件大都具有丑闻性质，因此，其中体现出的主要是一些负面情绪也就不奇怪了。还要说明的是，不满、悲伤、怨怼等情绪是相互交织在一起的，而不是单独存在的。这些情绪不仅相互感染、相互激发，而且使网民彼此联系起来，产生一种共情和共在的感觉。

在笔者看来，疫情防控期间的网络舆情实际上形成了一个个情感共同体。所谓“情感共同体”（emotional community），是指网络上以对某一事件的共同关注和相似情绪反应为纽带形成的共同体。它类似于费迪南·滕尼斯所说的“精神共同体”（spiritual community）。[③] 不过，由于这种共同体是在网络虚拟空间形成的，所以它是松散的、匿名的，其成员除了共同的情绪这一点，在其他方面可能差异极大。这种情感共同体是即兴形成的，主要通过转发、点赞、评论等来表达情绪和相互体认，随着问题的解决或时间的流逝就消散于无形。有中国学者

---

① 比如，2019 年 7 月 6 日，山东大学为留学生招“学伴”事件曝出后，引发极大争议。此后，其他涉及在华留学生的事件相继被曝出，如山东大学曾招募 25 人陪护一名骨折的留学生、福州交警遭留学生推搡、山东财经大学被传“为留学生腾宿舍”等。这一系列事件使在华留学生的待遇问题引起极大关注。

② 比如，2020 年 4 月 1 日，网络上出现广州第八医院一名女护士在病房内被打伤的图片和视频，据称打人者是一名确诊感染新冠肺炎的尼日利亚籍男子，这在网络上激起一片指责和愤怒。随后，北京、西安、青岛等地的个别外国人不遵守疫情防控规定的行为也相继被曝光。

③ 参见斐迪南·滕尼斯：《共同体与社会：纯粹社会学的基本概念》，林荣远译，北京大学出版社 2010 年版。

曾提出过“情绪共同体”概念。[①] 在笔者看来，虽然“情绪”在汉语中是一个中性词，但一旦将“情绪”与“共同体”联系起来，就容易让人产生贬义联想，似乎“情绪共同体”都是非理性的。基于这种考虑，笔者使用“情感共同体”以避免将其污名化。

通过对比可以发现，在非典时期，社会中流动的主要是恐慌情绪；而在新冠肺炎疫情防控期间则主要是不满、悲伤、怨怼、感动等情绪，恐慌反而不那么显著了。除了上文提到的我国公众变得更加成熟理性、对国家的防控能力更有信心等原因，这还是由媒介环境的变化造成的。非典时期，受制于传播手段，只有那些言简意赅的信息才会得到大范围传播，谣言就属于此类。而在这次疫情中，各种生动的故事、丰富的细节，连同直接冲击人感官的图片和视频都能在社交媒体上便捷地传播。这使网民能更详尽、更立体地了解疫情信息，产生更丰富的情绪反应。换个角度看，如果说恐慌主要出于对自身安全的关心，那么不满、悲伤、怨怼、感动等则主要来自对他人和公共事件的关注，这表明过去十多年间我国公众对公共事务的关注度和参与度有了明显提高。

四、关于网络舆情治理的反思

近年来，网络舆情治理成为一个重要的社会问题。从治理的角度看，网络舆情常常被视为盲目的、危险的，是社会稳定的潜在威胁。此次疫情中网络舆情的集中爆发，为我们反思其性质和治理方式提供了契机。

首先，应看到网络舆情的积极社会作用，而不应将其视为洪水猛兽。尽管网络舆情有时会有盲目性，但它之所以能够凝聚起众多网民，通常都是因为它体现出朴素的正义诉求，如渴望真相、追求公平、同情弱者等。尽管网络情感共同体不免情绪激烈，但其成员之间没有组织协调，仅仅靠对一个事件的共同关注而临时聚集起来，一旦这个事件得以解决，他们就即刻消散了。因此，网络舆情具有迅速兴起、迅速消退的特性，不必对其过于紧张。事实上，很多网络舆情

---

① 据笔者所见，“情绪共同体”概念较早出现于 2015 年的一篇论文中，在该文中，作者并没有给它下一个定义，而是将其视为一种社会稳定风险，探讨其治理方法。参见洪宇翔、李从东：《面向社会稳定风险治理的社会情绪共同体研究》，《情报杂志》2015 年第 4 期。后来又有学者从传播学角度提出这一概念，并分析它与谣言传播之间的关系。参见李春雷、姚群：《“情绪背景”下的谣言传播研究》，《广州大学学报（社会科学版）》2018 年第 10 期。

还起到了舆论监督、暴露工作盲点、促进疫情防控进一步完善的积极作用。比如,在滞留武汉的外地人成为网络舆情热点后,志愿者立即为他们送去食物和口罩,政府也开始为其提供救助服务,此后,不仅这一网络舆情很快就消失了,而且滞留在武汉的外地人也进入政府救助的视野。因此,及时检视和解决暴露出来的问题,是治理网络舆情最有效的方法。

相反,如果不是靠解决问题,而是试图以其他方式将其压制下来,那它就会因受到刺激而变得愈发激烈。比如,此次疫情防控期间因一篇访谈引起的网络舆情就充分证明了这一点。2020 年 3 月 10 日早上,《人物》周刊公众号发布对武汉市中心医院急诊科主任艾芬的访谈《发哨子的人》,这篇文章披露了艾芬所在医院前期应对新冠肺炎过程中的一些细节,得到大量转发。不过,该文很快便被删除。随后,一些自媒体通过更换标题、转换成其他文字等多种方式继续推出这篇文章,一些网友也带着对抗情绪不停转发。这个反面案例提醒我们:网络舆情是无数匿名的网民情绪的反应,通过压制消除其影响往往会适得其反。一些网络舆情本来具有积极的社会作用,至少能够疏解社会情绪,而一旦试图将其压制下去,反而就将其推向了对立面,使其获得了社会对抗性和破坏力。这种方法即使偶尔奏效,网民的负面情绪也会贮存于网络公共记忆中,当下次再有同类事件出现时,就会形成一种叠加效应,网络舆情会以更大的烈度爆发出来。

其次,主流媒体要积极回应网络舆情,避免出现“两个舆论场”的分裂。过去很长时间,主流媒体着力传递社会正能量,尽量减少负面信息。在互联网普及以前,这在一定程度上有利于营造积极向上的社会氛围。而随着互联网的普及,尤其是社交媒体成为人们获取信息的重要渠道后,如果主流媒体继续回避网络上反响强烈的问题,其实就等于主动放弃了对网络舆情的介入和引导,这不仅无助于减少网络舆情的影响,还会使主流媒体公信力流失,甚至造成主流媒体舆论场和网络舆论场的分裂。

当前,网络自媒体的影响力快速提升,对受众的影响越来越大,其议程设置能力甚至超过了主流媒体,此次疫情中的大多数舆情都是由自媒体引发的。在这次疫情防控中,国家和一些地方政府及时回应网络舆情,通过严肃问责、成立调查组、出台文件等方式,成功化解了很多网络舆情的负面影响。与之相比,主流媒体的反应却显得比较滞后,它们常常在政府出面之后才开始关注和报道网络舆情反映的问题,这显然不利于其扩大影响力和提升公信力。应该认识到,当前人们的信息渠道更加丰富了,主流媒体为避免传播"负能量"而不去回应网络舆情,不仅不能避免人们接触负面信息,还会导致自身受众流失。在媒体融合的背景下,主流媒体大都开设了官方自媒体账号,还有意借用自媒体的话语方式和营销方式,这当然是一种媒体融合,但这种融合还是表面性的、形式上的,其效果如何也值得讨论。真正的媒体融合应该是主流媒体与网络自媒体积极进行议题互动,并通过这种互动提升自身的公信力和影响力。

再次,应警惕正面宣传报道出现"翻车"事故。值得注意的是,此次疫情中的不少网络舆情都是由正面宣传报道引发的,从其出发点来看,这些报道都是为了传递正能量,都是为了感动读者,但由于某种过时的理念陈陈相因,对受众变化缺乏敏感,其效果却适得其反。这也提醒我们,当前的受众已经发生变化了,正面宣传报道的话语方式也应作出调整,应改变对正能量的狭隘理解,回归常情常理,不回避问题,不刻意拔高。应该认识到:"我的遗体捐祖国"是正能量,在病重期间依然关心"我老婆呢?"何尝不是正能量呢? 对于普通人来说,这种常情常理更具有打动人心的力量。

最后,还应警惕对网络谣言的不当治理造成负面效应。在疫情防控期间,李文亮医生去世引发了一个极为突出的舆论热点,这在很大程度上是因为他曾因"造谣"而被警方训诫。应该说,公众对李文亮的同情和哀悼,隐含地表达了对当前一些较为粗暴的网络谣言治理方式的不满,值得警惕。这带来的一个启示是:公权力在介入网络谣言问题时应更加谨慎,如果匆忙辟谣而事后被证明谣言所传确有其事,那就会陷入极为被动的境地。一般来说,网民之间的相互交流既无利可图,也很少有恶意动机,即使传播了不实信息,其影响也不会太大。因此,不管是从保护言论自由的角度,还是从限制谣言进一步扩散的策略角度出发,公权力都应更为谨慎和宽容。

与之不同,当前更应该警惕和治理的是那些为追求流量而故意散布谣言的自媒体平台。这些自媒体平台借助网络热点和网民情绪,炮制大量虚假信息,已经形成了一条完整的灰色利益链,并成为扭曲网络舆论生态的重要因素。比如,此次疫情防控期间网上就有大量文章散布"世界失控""华商太难"等论调,有人研究发现,这些文章基本上都出自一个叫"郭红"的人,他名下有 3 家企业,拥有几十个微信公众号,这些公众号密集发布了大量内容相同、只是更换了一下地名或人名的虚假文章。[①] 更应警惕的是，这类谣言不仅传播虚假信息，还有意刺激部分网民的盲目自大心态，甚至会给中国外交带来负面影响。[②] 因此，网络谣言治理应该以这些涉嫌违法的自媒体平台为主要对象，而不是网民之间的相互交流。

总之，新冠肺炎疫情是一场给每个人都带来巨大影响的灾难，目前它仍在全球蔓延，后果无法完全预期。因为没有人能置身事外，再加上工作和社交处于半停滞状态，所以它在我国激发出前所未有的网络参与，各种网络舆情此起彼伏。作为社会情绪的反映，这些网络舆情反映出疫情防控期间公众的不满、悲伤和怨怼情绪，显示出他们对公共事务的关心和参与。国家和一些地方政府通过及时回应网络舆情，不仅有效化解了社会矛盾，而且促进了疫情防控工作的进一步完善。未来，主流媒体应更加重视与网络舆情进行议题互动，在对网络舆情的主动介入和引导中提升自身的影响力和公信力。

---

① 登峰造极520：《一个叫"郭红"的人，炮制了朋友圈所有的"世界失控"》，新浪科技百家号，https://baijiahao.baidu.com/s?id=1661552581503151997，访问日期：3月19日。

② 据澎湃新闻报道，有公众号发布近30篇以"某某国为何回归中国""某国为何从中国独立出去"为题的文章。这些文章肆意编造历史，给中国与相关国家的关系造成了负面影响。参见《删文227篇，封号153个!》，澎湃新闻微信公众号，2020年4月16日。

第七章　网络谣言的治理及其反思

当前,网络谣言治理已经成为社会治理的重要内容。治理理论是 20 世纪 90 年代开始在社会科学领域流行起来的理论。俞可平提出:“治理指的是公共权威为实现公共利益而进行的管理活动和管理过程。治理与统治既有相通之处,也有实质性的区别。两者的实质性区别之一在于,统治的主体只能是政府权力机关,而治理的主体可以是政府组织,也可以是非政府的其他组织,或政府与民间的联合组织。统治的着眼点是政府自身,而治理的着眼点则是整个社会。”①因此,网络谣言治理的主体应该是多元的,在发挥政府作用的同时,还必须依靠媒体、非政府组织以及公民个体的力量。

一、网络实名制及其效果

在这一轮始于 2012 年的网络谣言治理中,网络实名制作为一项重要的治理对策被提出并付诸实施。2012 年 12 月 28 日,全国人民代表大会常务委员会第三十次会议通过了《关于加强网络信息保护的决定》,其中规定:“网络服务提供者为用户办理网站接入服务,办理固定电话、移动电话等入网手续,或者为用户提供信息发布服务,应当在与用户签订协议或者确认提供服务时,要求用户提供真实身份信息。”这也就是人们通常所说的“网络实名制”。2016 年 11 月 7 日,全国人民代表大会常务委员会发布《中华人民共和国网络安全法》,自 2017 年 6 月 1 日起施行。其中第二十四条规定:“网络运营者为用户办理网络接入、域名注册服务,办理固定电话、移动电话等入网手续,或者为用户提供信息发布、即时通讯等服务,在与用户签订协议或者确认提供服务时,应当要求用户提

① 俞可平:《发刊词》,《中国治理评论》(第 1 辑),中央编译出版社 2012 年版,第 1 页。

供真实身份信息。用户不提供真实身份信息的,网络运营者不得为其提供相关服务。”2016—2018 年,国家互联网信息办公室相继制定了《即时通信工具公众信息服务发展管理暂行规定》《互联网用户账号名称管理规定》《互联网直播服务管理规定》《移动互联网应用程序信息服务管理规定》《互联网跟帖评论服务管理规定》《互联网论坛社区服务管理规定》《互联网群组信息服务管理规定》《互联网用户公众账号信息服务管理规定》《微博客信息服务管理规定》等,其中均提到要按照“后台实名、前台自愿”的原则,对用户进行真实身份信息认证。至此,我国网络实名制立法逐渐完备,网络实名制在微信、微博、直播、论坛等各个互联网应用领域建立起来。那么,对于网络谣言的治理而言,网络实名制的效果如何?作为网络实名制的先行者,韩国的经验和教训又给我们带来哪些启示呢?

(一)网络实名制的效果

网络实名制实施前后,社会中曾出现一些争议,支持网络实名制的理由主要是:“网络实名制由于具有身份识别和主体追踪功能,因此它有利于保障交易安全,防止交易欺诈;有利于让网民谨言慎行,对自己的言行负责;一旦出现违法或侵权情况,很容易找到违法者;其实施结果有利于构建和谐的网络生态环境。”[①]从政府管理的角度看,网络实名制显然是有益的。2017 年 12 月 24 日,第十二届全国人民代表大会常务委员会第三十一次会议全体会议,听取全国人大常委会执法检查组关于检查《中华人民共和国网络安全法》《全国人民代表大会常务委员会关于加强网络信息保护的决定》实施情况的报告,报告提出:2015 年以来,国家互联网信息办公室等部门依法对网络空间进行治理,对网上各类违法行为形成有力震慑。中国青年报社社会调查中心提供给检查组的万人调查分析报告显示,在参与调查的 10370 人中,超过 90% 的受访者对治理成效给予肯定,其中有 63.5% 的人认为近年来网络上危害国家安全、宣扬恐怖暴力、淫秽色情等违法违规信息明显减少。[②] 这其中就包括网络谣言等虚假信息。

---

① 刘德良:《网络实名制的利与弊》,《人民论坛》2016 年 2 月上。

② 参见《全国人民代表大会常务委员会执法检查组关于检查〈中华人民共和国网络安全法〉〈全国人民代表大会常务委员会关于加强网络信息保护的决定〉实施情况的报告》,中国人大网,http://www.npc.gov.cn/npc/c30834/201712/73685f79f8014eceadd9354bc48d1bc9.shtml,访问日期:2017 年 12 月 24 日。

不过,网络实名制从酝酿到出台实施,也出现了一些不同声音。有人提出:"中国实行网络实名制之立法理由,在于维护网络安全,并促进经济发展。但实践表明实行网络实名制同网络安全的维护之间并无直接联系,严格规范网络使用并不能抑制利用网络实施的侵权或犯罪行为,网络仅是旧的违法行为的新工具,而原有刑法、民法均能够在网络环境下继续适用。"①还有人提出:"网络实名制并不是治理我国目前广泛存在的网络乱象的最有效办法","其功能的实现只有对于一般比较诚实的社会公众才有意义,而对于一些试图违法乃至犯罪者而言,基本上是没有多大意义的"。②

不仅如此,还有人担心网络实名制会对言论自由造成消极影响,甚至形成"寒蝉效应"。法律学者韩宁曾经以微博实名制为例,探讨了网络实名制可能造成的消极后果:

> 1. 微博用户可能会因为惧怕"秋后算账"而主动抑制对言论自由的行使,使一些可能有益、但存在被打压可能性的言论被扼杀在摇篮里,这显然与言论自由的应有之义背道而驰。
>
> 2. 微博实名制广泛搜集的个人信息更会使微博用户对个人信息是否被泄露产生担忧,此种担忧也会使微博用户衡量信息被泄露与行使言论自由两者之间的轻重,进而从另一方面抑制微博用户对言论自由的行使。③

可以说,网络实名制是否会伤害言论自由、是否会危及个人信息安全,是反对者的主要关切。很多人认为:"对于中国社会特定的发展阶段来说,网络是一个重要的公共意见的表达渠道。尽管并不存在完全意义上的匿名,但是网民自认为处于匿名的状态,在这种状态下,他们的表达会更自由。"④在实名制大规模推行之前,就有学者提出应该针对不同的网站服务进行分别探讨,而不能一刀切,"在需要网络信任、维护网络安全的地方,就有必要创设利于实名认证的技

① 王一舟:《网络实名制的法律秩序研究》,《黑龙江政法管理干部学院学报》2019 年第 2 期。
② 刘德良:《网络实名制的利与弊》,《人民论坛》2016 年 2 月上。
③ 韩宁:《微博实名制之合法性探究——以言论自由为视角》,《法学》2012 年第 4 期。
④ 刘锐:《信息监控与网络治理:社会化媒体实名制研究》,华中科技大学出版社 2013 年版,第 94 页。

术架构;但是在涉及公众表达行为的地方,就需要慎重考虑实名制的采用"①。这样一来,就既可以减少网络欺诈等商业犯罪活动的发生,又可以有效保护人们的言论自由和个人信息安全。

那么,在网络实名制全面推行以后,它对网络谣言的传播造成了什么样的影响呢?在这一问题上,目前仍缺乏比较有说服力的实证研究,事实上,这种研究也很难进行。通过对近几年网络话语生态的观察,我们可以明显感觉到以下两个变化:其一,网络谣言的数量减少了,但影响广泛的新媒体事件却越来越多。在政府治理行动和主流媒体宣传的作用下,制造和传播网络谣言的成本提高了,不管主观上有无恶意,人们必然会对自己的言行做更多检查,从而变得更为谨慎,这在一定程度上减少了网络谣言的发生,降低了其影响。尤其是对于那些出于商业目的而故意炮制的网络谣言来说,其违法成本大大提高,数量也就减少了。与此同时,可以明显感到近几年新媒体事件的数量和影响力提高了。其二,政治性谣言减少了,但食品养生、名人轶事等方面的谣言增加了。当前网络谣言治理的重点对象是政治类谣言,这类谣言常常携带着强烈的对抗情绪,对政府公信力和社会稳定形成直接威胁。在网络实名制以及各种严厉的惩罚措施的威慑下,政治类谣言明显减少了,熊炎的研究发现:"依据实证结果来解释,人们为了避免受到惩罚而显著减少了仇官类谣言的传播,或是刻意淡化了谣言中的仇官情绪",但与此同时,"当人们谨慎对待仇官类谣言时,其他求证难度更高、利己价值更多的非仇官类谣言开始蔓延开来,如股情钱荒、食品养生、名人轶事、外星奇闻、污染病疫等谣言"②。这表明,网络实名制和相应的惩罚措施确实是有效的,能够减少网络谣言的数量,尤其是政治类谣言的数量。

(二)韩国的实践与启示

韩国是世界上最早推行网络实名制的国家,其经验和教训为我们提供了重要的镜鉴。2004 年以来,随着互联网的高度普及,网络暴力问题开始引起韩国社会上上下下的高度关注和忧虑。2005 年 6 月 5 日,一个女孩拒绝清理自己的宠物狗在地铁车厢内的排泄物,随后,她在网络上遭到"人肉搜索"并被肆意侮

① 胡凌:《中国网络实名制管理:由来、实践与反思》,载巢乃鹏主编:《中国网络传播研究》第四辑,浙江大学出版社 2011 年版,第 205—206 页。

② 熊炎:《惩罚能抑制谣言传播吗?——以"转发超 500 次入刑"为例》,《新闻与传播研究》2014 年第 2 期。

辱和调侃。这给她和家人的生活造成严重影响:她被迫退学,还患上了精神疾病;她和家人不得不搬家,隐姓埋名地生活。这一事件促使韩国民众开始反思网络暴力问题,并让政府下决心将网络实名制政策化。[①] 不过,自 2010 年以来,韩国发生了多次大规模的个人信息泄露事件,比如,2011 年 7 月,韩国一家著名的门户网站和一家社交网站被黑客攻击,约有 3500 万网民(接近 2010 年韩国总人口 4800 万的 73%)的个人信息遭到泄露。此后,韩国国内要求废除网络实名制的呼声越来越高。最终,2012 年 8 月 23 日,韩国宪法裁判所全员一致通过网络实名制违宪的裁决,至此,韩国网络实名制宣告废止。韩国宪法裁判所认定网络实名制违宪的理由是:

> 1)网络实名制侵犯了使用者的言论自由与个人信息自我决定权,同时也侵害了信息通信服务提供商的言论自由;2)网络实名制作为国家政策而被执行在全世界范围内是罕见的,而这一制度的执行并未体现出对韩国国家公共利益的推进作用;3)网络实名制不仅在很大程度上侵害了在韩韩国网民匿名表达的自由,同时还阻碍了在韩外国人以及在外韩国人的网站正常使用;4)网络实名制通过处以罚金的形式,严重制约了在规定限制之内的、ISP 通过网站的运营形成以及传播舆论的权利;5)网络实名制本人确认程序的实施,加之信息安保技术的欠缺,增大了个人信息泄露的概率,侵害了用户的个人信息自我决定权。[②]

韩国的网络实名制持续了 8 年,是一个重要的案例,不管是在韩国国内,还是在包括中国在内的其他国家,都引起了学者的研究兴趣。综合这些研究来看,韩国的网络实名制实践带给我们两方面的思考。

一方面是网络实名制能否减少网络暴力。2010 年 4 月,在实名制实施近 3 年后,韩国首尔大学一位教授发表了《对互联网实名制的实证研究》,其中的数据显示,在实施实名制后,网络上的诽谤跟帖数量从原先的 13.9% 减少到 12.2%,仅减少 1.7 个百分点。此外,由韩国网络振兴院和信息通信部联合进行的调查显示,在实名制实施两个月后,恶意网帖仅减少 2.2%。[③] 由此可见,

① 参见杨婷:《韩国网络实名制发展脉络研究及反思》,《西南政法大学学报》2018 年第 2 期。
② 杨婷:《韩国网络实名制发展脉络研究及反思》,《西南政法大学学报》2018 年第 2 期。
③ 参见周永坤:《网络实名制立法评析》,《暨南学报(哲学社会科学版)》2013 年第 2 期。

网络实名制对网络暴力的影响并不如想象中那么大。这主要是因为，网络空间人数众多、众声喧哗，尽管从技术上讲可以追踪每一条恶意发言的出处，但是，这需要付出极高的行政资源，这种成本对于任何一个社会来讲都是不可承受的。

另一方面是网络实名制与公民的隐私权、安全权和言论自由权的关系问题。韩国政府推行网络实名制的初衷之一是保护个人隐私，但是，此后屡次发生的个人信息泄露事件对此形成了反讽：在网络实名制实施以后，公民的个人隐私和信息安全反而面临更大的威胁。此外，网络实名制还对言论自由权形成威胁，这也是韩国宪法裁判所对其做出违宪裁决的主要原因。韩国首尔大学一位教授的研究表明，以 IP 地址为基准，网络实名制前后，网络论坛的平均参与者从 2585 人减少到 737 人，减幅达 71.5%。基于此，有人提出："互联网实名制导致的自我审查可能在一定程度上抑制了网上的沟通。"①网络谣言具有各种不同的性质和类型，其中有一些是恶意的诽谤，有一些背后有商业利益和网络推手的作用，对于这些网络谣言，我们应该依法打击，必要的时候还应该出台新的法律。但是，也有一些谣言没有明显的主观恶意，甚至找不到最初的"作者"，它们是公众在危机情境中的一种集体创作，在这种情况下，我们在打击网络谣言时就应该特别谨慎地提防伤害言论自由。

二、网络辟谣及其策略

谣言一旦传播开来，要想扑灭它往往需要付出极大的努力，在互联网条件下尤其如此。这主要是因为，尽管都是公众关注的信息，但谣言通常比辟谣信息拥有更强大的传播动力。作为一种无组织传播，谣言的内容往往是离奇的、夸张的，它能够充分调动人的情绪，营造出一种紧迫感，促使人赶紧将它传播出去。与之相比，辟谣通常是一种组织化行为，它的内容往往是平淡的、严谨的，缺少吸引人的要素，不仅如此，它还是对人们刚刚被谣言调动起来的激动情绪的打击，因此，它通常是不受欢迎的。2018 年的一项研究表明：假新闻的传播速度比真新闻快 6 倍，被转发的概率比真实新闻高近 70%；虚假新闻的转发量动辄达到 10 万 +，而真实新闻的传播很少超过 1000 人次。这也印证了人们常说

① 周永坤：《网络实名制立法评析》，《暨南学报（哲学社会科学版）》2013 年第 2 期。

的“当真相还在穿鞋,谣言已经跑遍半个世界”①。基于此,为了进行有效的辟谣,有关方面就不能仅仅提供与谣言相反的信息,还要在辟谣的主体、时机、方式等方面进行一些策略选择。

(一)网络辟谣的主体

如果说谣言是一种反权力,那它直接挑战和威胁的就是权力拥有者的权威。也正是由于这种原因,每当谣言出现时,首先站出来辟谣的往往是权威受到挑战和威胁的一方。不过,从实际效果来看,这种辟谣的效果并不理想,甚至还会适得其反。这是因为,既然谣言表明了公众对于权力部门的不信任,那么,再由这些权力部门出面辟谣同样很难赢得公众的信任,也就是说,使谣言得以滋生的社会土壤也会让辟谣信息归于无效。正如有学者指出的:“当谣言针对某一组织或个人时,涉事主体作为辟谣主体发布信息,受众会认为辟谣动机可能是在维护自身利益而非陈述事实。”②这种辟谣不仅无效,甚至还会进一步刺激公众情绪,带来更多谣言。比如,在2009年5月7日晚发生的“杭州飙车案”中,面对网络上传得沸沸扬扬的各种谣言,杭州交警部门于第二天下午召开新闻发布会进行情况说明,反应不可谓不快。但是,西湖区交警大队公布的初步调查结果认定:“案发时,肇事车辆速度为70公里每小时左右。”此言一出,舆论哗然,基于对“官官相护”的刻板认知,这一辟谣似乎恰恰印证了关于“肇事者背景深厚”的谣言,因此,它不但没有平息谣言,反而激起公众更强烈的质疑和不满,催生出更多的谣言,甚至还有网友利用“70码”的谐音,生造出“欺实马”这一词汇,让交警部门权威扫地。

在大众传媒时代,政府和传统媒体几乎垄断了公开发布信息的渠道,面对谣言的流传,由政府部门通过大众传媒进行辟谣几乎是唯一的选择——尽管这种辟谣的效果往往并不理想。随着互联网时代的来临,每一个组织和个人都掌握了公开发布信息的渠道,因此,都可以发挥所长,成为网络辟谣的主体。这为网络辟谣主体的多元化提供了可能。此外,在很多大众的感知中,大众传媒会为各种利益主体所影响,其公信力会大打折扣,在这种情况下,网络辟谣的主体

① 金兼斌、江苏佳、杨虹艳:《社会化协同辟谣:行动者网络与运行机制》,《新闻与写作》2019年第8期。

② 唐雪梅、赖胜强:《突发事件中政府对网络谣言的辟谣策略研究——以太伏中学事件为例》,《情报杂志》2018年第9期。

也应该更加多元化，在政府和大众传媒等传统辟谣主体之外，还应该充分发挥非政府组织、行业协会、专家以及普通公众的力量。从现实角度来说，网络谣言到处滋生，无法预测，仅靠政府和大众传媒的力量根本无法阻止其蔓延，只有引导多元主体共同参与辟谣，才能切实发挥网络空间的自净化功能。辟谣主体的多元化能够提高辟谣的效果，“在实证研究中，谣言受益者、专业对口者与层级适当者被证明是较为可信的辟谣来源，选择他们担当辟谣者可以更多地降低谣言信度或影响”[①]。尤其是，非政府组织借助自身的独立性、专业性、民间性等特点，能够在网络谣言治理中发挥独特的作用，与政府形成互补。[②]

实际上，近年来我国已经出现了多种主体参与的网络辟谣平台，它们在阻击和粉碎网络谣言方面发挥了积极作用。王国华等人的研究发现，这些辟谣平台主要有三类：第一类是运营商专门辟谣微博，以新浪、网易、腾讯等的微博社区为代表；第二类是跨地区政府性联合辟谣平台，以北京、河北、新疆、香港等地陆续出现的网站联合辟谣平台为代表；第三类是民间专业性辟谣网站，比如，果壳网的谣言粉碎机、果壳网流言百科、科学松鼠会网站等。这三类网络辟谣平台都在不同程度上存在一些问题，比如，新浪微博社区管理中心处理能力有限，且较少涉及重大敏感问题，自2013年11月至2014年2月4个月内，该中心共处理不实信息683件，仅占全部举报总数的0.52%，而且，其中判定处理最多的信息是网友之间的口角之争，而不涉及敏感的危害信息。再比如，以果壳网为代表的民间性专业辟谣网站存在的主要问题是访问量较低，辟谣信息的关注度不够。[③] 还有学者指出：“就目前的情况而言，很多辟谣平台、组织还都处于各自‘分头作战’的状态，并没有进行有效协同，这给全社会的‘辟谣大业’带来诸多问题，无法有效终结谣言‘东边不亮西边亮’的现状。”[④]在我们看来，目前众多网络辟谣平台存在的最大问题是，它们处理的大都是一些无关痛痒的谣言，一些重大的谣言还是需要等待官方给出权威的解释，而官方主要还是借助自己的

---

① 熊炎：《辟谣信息构成要素：一种整合框架——二战以后西方辟谣实证研究回顾》，《国外社会科学》2015年第1期。

② 参见王颖吉主编：《突发公共事件中的谣言传播与治理》，中国传媒大学出版社2018年版，第234页。

③ 参见王国华、王戈、杨腾飞、钟声扬：《网络辟谣平台的运行及效果研究》，《情报杂志》2014年第9期。

④ 金兼斌、江苏佳、杨虹艳：《社会化协同辟谣：行动者网络与运行机制》，《新闻与写作》2019年第8期。

官方网站、官方微博等渠道信息发布,这就不可避免地造成重要的辟谣信息的分散化,进而导致扩散速度慢,影响范围小。因此,为了进行有效辟谣,不仅要充分调动多元主体的参与,还应该建立统一的、权威性的综合性网络辟谣平台,并使这一平台为更多官方部门所享所用,为更多公众所知所信——官方在通过自己的信息发布渠道辟谣的同时,也将其发布到这一辟谣平台上;公众遇到疑似网络谣言时,也能第一时间想到去这一平台上求证。

(二)网络辟谣的时机

关于网络辟谣的时机选择,有两个需要注意的问题。

一是并非所有的网络谣言都需要官方正式辟谣。这一方面是因为,网络谣言数量众多,五花八门,官方机构根本没有精力去逐一处理,而且这些谣言大都会自生自灭,不会产生重大影响。"京师中国传媒智库发布"的报告提出:"只有20%左右的谣言会获得一个不断转发和重复出现的机会,80%的谣言会自动消解。对网络谣言的活跃期进行时间分析统计发现,由于各辟谣平台和当事人的及时辟谣,60%的谣言活跃期都在7天以内。"[①]这也就意味着,即使不去辟谣,大部分谣言也会借助互联网的自净化功能自行消解。另一方面是因为,如果官方出面正式辟谣,反而会扩大谣言的影响力,甚至会增加它的可信度。卡普费雷曾经分析说,辟谣其实有两方面的效果,"一是使那些未听说过谣言的人知道了谣言;二是试图影响那些已经知道谣言的人"[②]。在很多谣言案例中,大部分公众都是在官方辟谣以后才得知谣言的,这也就意味着,辟谣客观上也起到了传谣的作用。不仅如此,辟谣不仅不能保证说服那些已经知道谣言的人,还会加重社会恐慌情绪,让那些本来不知道谣言的人感到"事态严重",不然官方就不会出面辟谣。

因此,官方要有选择地进行辟谣。那么,哪些谣言需要官方正式回应,哪些谣言又可以选择不回应而任其自生自灭呢?迪方佐(DiFonzo)给出的建议是:"谣言可信度本身较低,以及谣言不会引发不确定感与焦虑感的低感染度状况较适用不回应;另一种方式是尽快回应谣言,通过澄清事实降低谣言传播必须

① 《京师中国传媒智库发布移动社交网络时代传谣辟谣态势和新对策》,中国社会科学网,http://ex.cssn.cn/xwcbx/xwcbx_rdjj/201711/t20171102_3692118.shtml,访问日期:2017年11月2日。

② 让-诺埃尔·卡普费雷:《谣言:世界最古老的传媒》,郑若麟译,上海人民出版社2008年版,第264页。

具备的模糊性，并且辟谣越快越好。”[①]一般来说，那些缺少时效性的网络谣言，不会立即在社会中引发集体恐慌和集体行动，官方可以选择不回应，让它在传播过程中逐渐失效，比如科技类谣言、养生类谣言等。而那些具有行动紧迫性的谣言，以及由突发性公共事件造成的网络谣言，在社会负面情绪的激荡下，往往会在社会中迅速传播，如果不及时辟谣，就会使其影响越来越大，在这种情况下，官方则需要及时进行辟谣。

二是官方辟谣并非越快越好。当前，随着大规模网络舆情的出现越来越频繁，各地政府部门都高度重视舆情管理，并积累起一些应对经验，网络谣言治理也被纳入舆情管理和危机管理的范畴之内。在处理各种突发性公共事件时，人们往往强调越快越好，于是，“黄金 24 小时定律”“黄金 4 小时媒体”“黄金 1 小时”“黄金 10 分钟”等概念相继被提出。这些概念都强调，官方在应对和介入包括网络谣言在内的网络公共事件时，应该越快越好，越快就越有可能阻止事件的发酵，将其消灭在萌芽状态。然而，很多案例表明，官方的回应并非越快越好，比如在前面提到的“杭州飙车案”中，杭州交警部门的回应不可谓不快，完全符合“黄金 24 小时定律”，但是，其效果却适得其反。郭小安分析认为：政府辟谣过快可能失去缓冲和回旋的余地；政府辟谣过快容易“忙中出错”，影响政府公信力。[②] 因此，政府部门不应一味求快，而应该在确保辟谣信息准确无误的前提下，选择合适的辟谣时机。

那么，哪些谣言适合快速辟谣，哪些谣言又不能操之过急呢？从总体上看，那些关于过去已经发生了某事的谣言，比较容易求证，如果有确切的证据，就应该快速进行辟谣，以阻断谣言的进一步传播。比如，如果有谣言说某地发生了严重地震，那官方完全可以快速求证，立即辟谣。相反，如果谣言针对的是事件发生的原因，或者是将要发生某事，那就不可以操之过急，因为不管是调查事件发生的原因，还是研判未来发生某事的可能性，都需要一定的时间。如果官方急于辟谣，不仅容易出错，还会给公众造成不谨慎的印象。在这种时候，官方可以先发布一个调查声明，以安抚公众情绪，并将调查结果尽快公之于众。

（三）网络辟谣的方式

从辟谣主体的角度出发，很多人将网络谣言视为一种“无稽之谈”，认为它

---

① 唐雪梅、赖胜强：《突发事件中政府对网络谣言的辟谣策略研究》，《情报杂志》2018 年第 9 期。

② 参见郭小安：《当代中国网络谣言的社会心理研究》，中国社会科学出版社 2015 年版，第 190 页。

产生自“别有用心之人”，影响到的是“不明真相的群众”。基于这种认知，他们简单地认为辟谣就是要否定网络谣言的内容，将不明真相的群众从谣言的欺蒙中解救出来。事实上，这种直接而简单的辟谣方式效果往往并不理想。作为一种特殊的网络舆论，很多网络谣言都不是凭空产生的，而是根植于特定的社会心理和社会情绪，它之所以能够传播开来，就表明它符合很多人的既有认知，并蕴含着对各种反驳的反驳。因此，“政府在辟谣时需防止‘权力扩张’，允许人们对官方辟谣信源的质疑和不满，以开明态度面对谣言，解读谣言背后隐藏的民意”①。如果将公众当成“不明真相的群众”，仅从自身角度出发一驳了之，甚至诉诸恐吓式的警告，往往达不到想要的辟谣效果。

首先，要选择合适的辟谣内容。在有些情况下，辟谣可以是对谣言内容的直接否定，这较适用于那些比较简单的、容易求证的谣言，特别是那种关于已经发生了某事的谣言。而在涉及一些较为复杂的谣言时，这种辟谣方式往往不能取得理想的效果。这时，还需要综合使用以下辟谣方式：推翻谣言信息来源的可信性，揭露造谣者的动机，揭示谣言中的自相矛盾、不合逻辑之处，等等。② 比如，为了增加其可信性，有些谣言会声称来自某权威媒体，如果能够令人信服地指出该媒体从未发表过相关信息，那么，这则谣言就会失去可信性。再比如，在“塑料紫菜”谣言出现以后，公安部门经过侦查发现，制作视频的王某曾向涉事企业敲诈 10 万元，这样一来，制造谣言背后的动机被揭穿了，谣言也就不攻自破了。还比如，针对近年来屡屡出现的“塑料大米”谣言，有媒体报道指出，这种所谓“塑料大米”的成本远远高于正常大米，这就使这则谣言的荒谬之处暴露无遗。此外还需要注意的是，辟谣时尽量不要重复谣言的内容，以避免产生“真相错觉”。卡普费雷提出“奉劝大家在做电视辟谣宣传时，不要重复谣言的内容”，这是因为，“记忆心理学告诉我们，具体概念要比抽象概念易于记忆。所以，当听到这种类型的辟谣：‘×产品不会致癌’时，部分听众日后记住的可能是：×会致癌”③。这也就是所谓的“真相错觉”，这就提醒我们，辟谣时不仅要注意选择合适的辟谣角度，还要注意选择合适的措辞，尽量避免重复谣言的内容。

---

① 曾润喜：《政媒共谋：灾难事件中网络造谣与辟谣的信息行为研究——基于“8·12 天津爆炸事故”谣言的内容分析》，《电子政务》2016 年第 5 期。

② 参见孙嘉卿：《微博谣言特征及辟谣策略研究——基于新浪微博的质性研究》，《中国出版》2012 年第 10 期。

③ 让－诺埃尔·卡普费雷：《谣言：世界最古老的传媒》，郑若麟译，上海人民出版社 2008 年版，第 263 页。

其次,要选择适当层级的辟谣主体。当谣言出现时,由哪个层级的主体出面辟谣是至关重要的。层级较低的辟谣主体更了解第一手信息,但他们与谣言之间的关联度也相对较高,容易被认为缺少中立性和客观性,从而导致权威性不够,影响辟谣效果。相反,层级较高的辟谣主体更有权威性,但同时他们出面辟谣也会增加谣言的重要性,使公众感到事态严重,从而加速谣言的传播。如何取得二者之间的平衡,是选择辟谣主体时必须考虑的问题。

再次,辟谣时要重视情绪引导。有些谣言(尤其是由突发公共事件引发的谣言)的负面情绪特征非常明显,它们已经成为公众宣泄不满、愤怒、怨恨等情绪的工具,此时,如果只是简单地推翻谣言,往往会起到火上浇油的反面效果。从根本上说,此时他们已经成为一个情绪的共同体,任何可能破坏这种情绪、分裂这一共同体的信息都会遭到拒绝。因此,对这类谣言进行辟谣时要重视情绪引导,首先要争取获得公众的信任。各种谣言之所以层出不穷,就是因为公众的负面情绪不仅没有得到疏导,反而在辟谣信息的刺激下愈演愈烈。

最后,还应注重利用更有影响力的辟谣渠道。近年来,在新媒体的快速发展和政务公开的大背景下,各地区、各部门纷纷建立了自己的政务新媒体。当本地区、本部门发生重大公共事件时,这些地方和部门的官方网站、官方微博、官方微信公众号等就成为发布辟谣信息的第一渠道。不过,这些政务新媒体的影响力往往十分有限,即使在当地居民中也缺少关注度,而这些事件的影响通常都是全国性的,这就造成谣言和辟谣信息的传播速度和影响范围极不对等。比如,在“泸州太伏中学事件”中,“官方网络自媒体成为辟谣信息唯一的发布渠道,但这些官方自媒体影响力却较低,‘@平安泸县’的粉丝仅有4000人,通常发布的文章阅读量也仅有几百次,这样的影响力严重削弱了辟谣效果”[①]。为此,一方面要认识到地方政务新媒体的不足,主动利用各种具有全国影响力的公共媒体进行辟谣。另一方面,还要对各地区、各部门的政务新媒体进行整合,建立统一的、权威性的发声平台。2018年12月27日,国务院办公厅发布的《关于推进政务新媒体健康有序发展的意见》提出:“集中力量做优做强主账号,构建整体联动、集体发声的政务新媒体矩阵。对功能相近、用户关注度和利用率低的政务新媒体要清理整合,确属无力维护的要坚决关停。”可以说,当前各种

① 唐雪梅、赖胜强:《突发事件中政府对网络谣言的辟谣策略研究——以太伏中学事件为例》,《情报杂志》2018年第9期。

政务新媒体已经形成了新的“产能过剩”和“条块分割”,与谣言的强大影响力相比,通过政务新媒体发布的辟谣信息往往影响有限,只有借助其他媒体的扩散,辟谣信息才能够有效地到达受众。

三、网络谣言治理建议

近年来,随着我国对网络空间治理力度的加大,网络谣言的社会影响明显下降,可以说,网络谣言治理已经初见成效。不过,当前的治理思路依然建立在较为陈旧的网络谣言观念之上,而没有参考关于谣言的学术研究成果。这种观念假定:网络谣言都是虚假信息,制造和传播网络谣言的人要么无知轻信,要么别有用心,而互联网又为这种虚假信息的传播提供了前所未有的便利。与之相比,学界主流的声音则主张告别这种谣言观念,将谣言去污名化,然而,学界对于网络谣言的研究,又存在明显的以偏概全的弊端,即不加区别地将网络谣言视为一种对抗性话语。这两种观念看似截然对立,但它们造成的后果却是一致的,那就是将网络谣言问题敏感化。因此,我们在肯定网络谣言治理成效的同时,也必须认识到转变治理观念、更新治理方法的必要性。

(一)转变网络谣言治理观念

在一个正常的社会中,谣言的数量当然不能太多,但也不可能完全消除。谣言太多意味着政府公信力匮乏,人们对官方信息都采取不听不信的态度。而谣言绝迹则意味着,这可能是一个冷漠的社会,人们彼此漠不关心;或是一个恐怖社会,人们对传播任何小道消息都心存忌惮。在我们看来,谣言可被视为一种社会资本。谣言与社会资本之间的联系主要体现在两个方面:一方面,任何谣言的传播都要以一定的社会资本为基础,谣言依赖于社会成员之间的相互信任,并借助于社会关系网络而流传。谣言的存在表明,公众之间拥有一种相互信任。另一方面,作为一种“即兴新闻”,谣言自身也可以被看成一种社会资本。在日常生活中,每个人每天都需要接收大量信息,这些信息不可能完全由官方渠道来提供,在公众之间流传的“小道消息”也是一种重要的信息来源。

我们一方面要治理网络谣言,另一方面也要学会利用网络谣言。谣言作为社会矛盾的折射、社会情绪的显影,有时候能够发挥一种社会预警功能。它透露出潜藏在社会深层的集体情绪,比如,透过“塑料大米”谣言,我们可以清楚地看到公众对我国食品安全形势的忧虑,意识到消除这种忧虑的紧迫性。因此,网络谣言背后隐藏的社会情绪,同样值得重视。

(二)区别对待不同类型的网络谣言

网络谣言的类型多种多样,从不同角度可以做出各种划分。从动机角度看,有些谣言产生于无意中的讹传,有些谣言来自有意的编造,还有些谣言是一种“集体创作”。从主题角度看,又可以分为政治谣言、商业谣言、灾难谣言等。这些谣言在形成原因、传播规律和影响范围等方面差异都极大,潜在的社会危害也大不相同,因此,针对不同类型的网络谣言,需要采取不同的应对方式。

首先,大多数网络谣言会在传播过程中自行消失。《2018 年网络谣言治理报告》显示,微信平台 2018 年全年共拦截谣言 8.4 万多条。[①] 显然,这些谣言大部分都产生不了什么社会影响,完全可以凭借互联网的自净化功能予以消除。对于这类谣言,如果有关部门出面辟谣,反而会助长它的社会影响力,在公众中造成“你不辟谣我还不信,你一辟谣我反而信了”的效果。对于这些谣言,政府部门所要做的就是保持足够的耐心,等待其遇到相反的证据而不攻自破。在互联网条件下,这些谣言越来越容易被推翻,存在的时间也越来越短。

其次,对于那些可能产生重大影响的网络谣言,有关部门要提前研判,及时出面辟谣,防止谣言的进一步扩散。一般来说,那些涉及不同社会群体之间的冲突的谣言,容易激发社会对立情绪,具有强大的共意动员能力,需要有关部门及时介入,以防止对立情绪的激化,从而使谣言传播变得越发难控。另外,一些内容涉及即将发生重大事故的谣言,通常都具有行动紧迫性,传播速度快,社会危害大,也需要有关部门及时介入。这些谣言一旦传播开来,就会形成一种“首因效应”,即公众会对最先到达的信息更为信服,从而让辟谣变得更加被动和困难。

再次,在辟谣时,要选择合适的辟谣主体。在涉及突发公共事件时,相关政府部门掌握的信息通常都更为全面和及时,这时,应尽量由政府部门出面辟谣。需要注意的是,要选择合适的政府层级进行辟谣,层级太低往往权威性不够,辟谣效果不理想;而层级太高又容易扩散谣言的影响,起到相反的效果。而在涉及环境安全、食品卫生、地震天灾等专业性较强的谣言时,应尽量由专业机构出

① 参见苏丹丹:《〈2018 年网络谣言治理报告〉发布》,《中国文化报》2019 年 1 月 21 日。

面辟谣,以增强辟谣信息的中立性和说服力。

最后,在治理由突发公共事件引起的网络谣言时,要重视对公众情绪进行引导。当前,很多网络谣言的传播者与谣言都没有直接的利害关系,他们之所以加入传播者的行列中,并不是出于维护自身利益的考虑,而是为了发泄不满情绪。对于这些网络谣言,仅仅提供真实准确的信息是不够的,还要重视社会情绪的引导,如果不消除社会对立情绪,政府辟谣的效果往往会打折扣,即使平息了一个谣言,也会有其他谣言接踵而至。这就要求政府在辟谣时采取平等对话的姿态,尽可能地赢得公众的信任,而不能一味地将公众视为“不明真相的群众”。

(三)加大政府信息公开力度

在任何一个社会中,作为一种小道消息的谣言都与正规渠道发布的信息构成一种竞争关系,通常情况下,政府和公共媒体由于更接近信源、更容易掌握全面情况,会更容易赢得公众的信任。只有在正规渠道提供的信息不及时、不完整或不能赢得人们的信任时,人们才会相信谣言。因此,谣言体现着信任的博弈,为了压缩谣言的存在空间,正规渠道的信息就要更加及时、更加全面、更能赢得人们的信任。这就要求,每当重大公共事件发生以后,有关部门都要及时发布准确、权威的信息,以回应公众期待,消除产生网络谣言的隐患。同时,还要将政府信息公开常态化、制度化,以信息公开赢得公众信任。尤其是在当前这个网络时代,信息发布的主体更加多元了,信息发布的渠道更加便捷了,每个普通网民都能随时将自己所掌握的信息公之于众。在这种条件下,政府信息公开就要与个人网络曝光比速度、比公信力,如果政府信息公开力度不够,个人网络曝光就会走在官方发布的前面,“当真相还在穿鞋,谣言已经跑遍半个世界”,这句话在网络时代不再是一种夸张修辞,而是一种实实在在的挑战。

因此,政府信息公开既是建设责任政府、透明政府的内在要求,同时在很大程度上也是为了应对互联网带来的治理挑战。随着互联网的普及,我国政府信息公开的力度也越来越大。2007 年 4 月,国务院发布《中华人民共和国政府信息公开条例》(以下简称《条例》),自 2008 年 5 月 1 日起实施。其中第五条规定:“行政机关公开政府信息,应当遵循公正、公平、便民的原则。”2019 年,国务院对《条例》进行了修订,于 2019 年 4 月 15 日公布,自 2019 年 5 月 15 日起施行。修订后的《条例》第五条规定:“行政机关公开政府信息,应当坚持以公开为常态、不公开为例外,遵循公正、公平、合法、便民的原则。”可以看出,修订后的《条例》增加了“以公开为常态、不公开为例外”的原则,其目的就是为了进一步加大政府信息公开的力度,建设更加透明的政府。

2013 年,《人民日报》曾刊文指出目前我国政府信息公开过程中存在“五多五少”问题,即形式公开多,实质公开少;结果公开多,过程公开少;原则方面公开多,具体内容公开少;公众被动接受的多,主动申请获得的少;“正面”信息公开多,“负面”信息公开少。[①] 还有学者提出,目前我国地方政府信息公开的主动性不足,这主要表现为:

> 有些政府部门,面对社会热点问题不回应、不发声,听任谣言肆意泛滥;有些政府部门虽有回应,但是内容空洞,疑似应付,难以让人信服;有些政府部门,对政府信息进行选择性公开,公开的多为公众不感兴趣的信息,而公众迫切需要了解的与自身利益密切相关的信息却难以获得;有些政府网站更新过慢,所公布的文件和信息过时陈旧,未能充分发挥信息公开第一平台的作用等。[②]

显然,如果政府信息公开不到位,就必然会导致公众在很多问题上的盲听、盲信、盲从。只有不断加大政府信息公开的力度,提高公众的知情权和监督权,才能赢得越来越多的公众信任,从而压缩网络谣言存在的空间。

(四)提高政务新媒体的影响力

根据 2019 年 8 月发布的《第 44 次中国互联网络发展状况统计报告》,截至 2019 年 6 月,我国网民规模达到 8.54 亿,互联网普及率达到 61.2%。其中,我国手机网民规模达到 8.47 亿,网民中使用手机上网的比例达到 99.1%。截至 2019 年 6 月,我国共有政府网站 15143 个,主要包括政府门户网站和部门网站。我国 31 个省(区、市)已全部开通微信城市服务,微信城市服务累计用户数达 6.2 亿。经过新浪平台认证的政务机构微博为 13.9 万个。各级政府共开通头

---

① 参见黄庆畅、盖群:《信息公开“五多五少”待突围》,《人民日报》2013 年 6 月 5 日。

② 赵迎辉:《地方政府信息公开问题研究》,《理论学刊》2017 年第 6 期。

条号81168个,较2018年年底增加2988个。[①] 这些数据表明,我国大多数成年公民都已经连接上网,移动互联网成为他们获取信息的主要渠道。同时,各级政府部门也都十分重视利用新媒体平台,政务新媒体发展迅速。在这种背景下,治理网络谣言必然要重视发挥新媒体的作用。

不过,与政务新媒体的快速发展形成反差的是其影响力的不足。《中国青年报》社会调查中心的一项调查发现,四成网民从未访问过政府网站,42.0%的人"偶尔访问",两项合计为82%。而民众对本地政府网站的印象如何呢?调查结果是:47.9%的人表示"没什么印象"。在2471名受访者中,70.8%的受访者表示,有通过政府网站反映情况的经历。不过,受访者对信访答复满意度普遍较低,"很不满意"占70.5%,"不满意"占17.9%,认为满意的只占3%,还有8.6%认为"一般"。[②] 近年来,随着新媒体的快速发展,各地区、各部门的政务新媒体纷纷大干快上,各种问题也逐渐暴露出来,比如,"一些地方和部门的信息化建设各自为政,相互之间没有实现信息互通和资源共享,形成许多'信息孤岛'和'数据烟囱'"[③]。互联网的优势本来就在于能够实现信息的互联互通,而当前一些地方和部门的信息化建设却照搬了现实中的条块分割、部门分割,不仅造成了重复建设,而且给公众的访问带来了极大的不便。此外,就政务微博而言,不常更新的"僵尸账号"、自说自话的"官腔账号"、不负责任的"应付账号"已成为遭网友诟病的三大短板。[④]

针对这些问题,2018年12月27日,国务院办公厅印发了《关于推进政务新媒体健康有序发展的意见》,其中提出:"集中力量做优做强主账号,构建整体联动、集体发声的政务新媒体矩阵。对功能相近、用户关注度和利用率低的政务新媒体要清理整合,确属无力维护的要坚决关停。"这也就意味着,我国政务新媒体的发展已经从重数量向重质量、从各自为战向整体联动的方向迈进。为了应对网络时代的挑战,提高官方话语在社会舆论场中的影响力,有关部门要切实重视发挥新媒体的作用,而不能一开了之。作为官方信息发布和网络辟谣的

---

① 参见《第44次中国互联网络发展状况统计报告》,国家互联网信息办公室网站,http://www.cac.gov.cn/2019-08/30/c_1124938750.htm,访问日期:2019年8月30日。

② 参见王俊秀:《七成上访者向政府网站投诉过 近九成对答复不满意》,《中国青年报》2012年1月11日。

③ 赵迎辉:《地方政府信息公开问题研究》,《理论学刊》2017年第6期。

④ 参见于洋:《政务微博待补三大短板:僵尸账号 官腔账户 应付账号》,《人民日报》2016年1月28日。

重要平台，只有切实提高政务新媒体的关注度和影响力，才能提升辟谣的效果。

同时也应该认识到，政务新媒体的关注度毕竟有限，尤其是对于一些地方政府部门来说，其政务新媒体的影响力往往十分有限，很难超越地域的范围。而在网络时代，即使是发生在某一地方的重大网络谣言，其影响范围也往往是全国性的，甚至是全球性的。这也就意味着，政府部门在利用自己的政务新媒体进行辟谣的同时，还应该寻求其他更有影响力的辟谣途径，比如，通过召开新闻发布会，邀请传统主流媒体和大型门户网站参与报道，以扩散辟谣信息，提升辟谣信息的权威性。再比如，提高专业性网络辟谣平台的影响力，当前，我国的网络辟谣平台同样存在重复建设、信息分散、影响力不够等突出问题，为此，就要进一步加强整合，打造一个统一的、权威性的网络辟谣平台。

总之，在任何一个社会中，作为一种小道消息的谣言都与正规渠道发布的信息构成一种竞争关系，通常情况下，政府和公共媒体由于更接近信源、更容易掌握全面情况，会更容易赢得公众的信任。只有在正规渠道提供的信息不及时、不完整或不能赢得人们的信任时，人们才会相信谣言。对于那些出于恶意目的而故意炮制的网络谣言，我们要依法进行打击。而对于那些匿名的、作为一种“集体创作”的网络谣言，我们要不断加大政府信息公开的力度，提高公众的知情权和监督权。对于网络谣言来说，阳光也是最好的消毒剂。

参考资料

一、中文著作及中文版译著

1. 阿莱特·法尔热、雅克·勒韦:《谣言如何威胁政府:法国大革命前的儿童失踪事件》,杨磊译,浙江大学出版社2017年版。

2. 阿莱特·法尔热:《法国大革命前夕的舆论与谣言》,陈旻乐译,文汇出版社2018年版。

3. 埃里克·霍弗:《狂热分子:群众运动的圣经》,梁永安译,广西师范大学出版社2011年版。

4. 安德鲁·基恩:《网民的狂欢——关于互联网弊端的反思》,丁德良译,南海出版公司2010年版。

5. 奥尔波特等:《谣言心理学》,刘水平、梁元元、黄鹂译,辽宁教育出版社2003年版。

6. 蔡盈洲:《数字新媒体环境下突发性群体事件的谣言传播研究》,江西人民出版社2014年版。

7. 曾繁旭、戴佳:《风险传播:通往社会信任之路》,清华大学出版社2015年版。

8. 陈雪屏:《谣言的心理》,商务印书馆1939年版。

9. 丹·吉摩尔:《草根媒体》,陈建勋译,南京大学出版社2010年版。

10. 丹尼尔·戴扬、伊莱休·卡茨:《媒介事件:历史的现场直播》,麻争旗译,北京广播学院出版社2000年版。

11. 费迪南·滕尼斯:《共同体与社会》,林荣远译,北京大学出版社2010年版。

12. 弗兰克·韦伯斯特:《信息社会理论》,曹晋等译,北京大学出版社2011

年版。

13. 弗朗索瓦丝·勒莫:《黑寡妇——谣言的示意及传播》,唐家龙译,商务印书馆 1999 年版。

14. 弗朗西斯·福山:《信任:社会美德与创造经济繁荣》,彭志华译,海南出版社 2001 年版。

15. 古斯塔夫·勒庞:《乌合之众:大众心理研究》,冯克利译,中央编译出版社 2005 年版。

16. 郭小安:《当代中国网络谣言的社会心理研究》,中国社会科学出版社 2015 年版。

17. 哈罗德·伊尼斯:《传播的偏向》,何道宽译,中国人民大学出版社 2006 年版。

18. 汉斯－约阿希姆·诺伊鲍尔:《谣言女神》,顾牧译,中信出版社 2004 年版。

19. 何威:《网众传播:一种关于数字媒体、网络化用户和中国社会的新范式》,清华大学出版社 2011 年版。

20. 胡泳:《网络政治——当代中国社会与传媒的行动选择》,国家行政学院出版社 2014 年版。

21. 胡泳:《众声喧哗:网络时代的个人表达与公共讨论》,广西师范大学出版社 2008 年版。

22. 姜胜洪:《网络谣言应对与舆情引导》,社会科学文献出版社 2013 年版。

23. 卡斯·R. 桑斯坦:《谣言》,张楠迪扬译,中信出版社 2010 年版。

24. 凯斯·R. 桑斯坦:《信息乌托邦:众人如何生产知识》,毕竞悦译,法律出版社 2008 年版。

25. 凯斯·桑斯坦:《网络共和国:网络社会中的民主问题》,黄维明译,上海人民出版社 2003 年版。

26. 柯文:《历史三调:作为事件、经历和神话的义和团》,杜继东译,社会科学文献出版社 2015 年版。

27. 克莱·舍基:《人人时代:无组织的组织力量》,胡泳、沈满琳译,中国人民大学出版社 2012 年版。

28. 克里斯托弗·拉什:《自恋主义文化》,上海译文出版社 2013 年版。

29. 孔飞力:《叫魂:1768 年中国妖术大恐慌》,陈兼、刘昶译,上海三联书店 2014 年版。

30. 雷霞:《新媒体时代抗议性谣言传播及其善治策略研究》,中国社会科学出版社 2016 年版。

31. 李强、刘强主编:《互联网与转型中国》,社会科学文献出版社 2014 年版。

32. 李若建:《虚实之间:20 世纪 50 年代中国大陆谣言研究》,社会科学文献出版社 2011 年版。

33. 理查德 · 桑内特:《公共人的衰落》,李继宏译,上海译文出版社 2008 年版。

34. 理查德 · 桑内特:《公共人的衰落》,李继宏译,上海译文出版社 2008 年版。

35. 廖卫民:《网络舆论波研究》,浙江大学出版社 2014 年版。

36. 刘津:《博客传播》,清华大学出版社 2008 年版。

37. 刘锐:《信息监控与网络治理:社会化媒体实名制研究》,华中科技大学出版社 2013 年版。

38. 罗伯特 · 帕特南:《独自打保龄:美国社区的衰落与复兴》,刘波等译,北京大学出版社 2011 年版。

39. 罗斯诺、费恩:《流言》,唐晖、李华、钱孟姗译,国际文化出版公司 1990 年版。

40. 吕宗力:《汉代的谣言》,浙江大学出版社 2011 年版。

41. 马克 · 斯劳卡:《大冲突:赛博空间和高科技对现实的威胁》,黄锫坚译,江西教育出版社 1999 年版。

42. 马克思 · 舍勒:《道德意识中的怨恨与羞感》,林克等译,北京师范大学出版社 2014 年版。

43. 马克斯韦尔 · 麦库姆斯:《议程设置:大众媒介与舆论》,郭镇之、徐培喜译,北京大学出版社 2008 年版。

44. 马修 · 辛德曼:《数字民主的迷思》,唐杰译,中国政法大学出版社 2016 年版。

45. 莫里斯 · 哈布瓦赫:《论集体记忆》,毕然、郭金华译,上海人民出版社 2002 年版。

46. 尼古拉斯·卡尔:《浅薄:互联网如何毒化了我们的大脑》,刘纯毅译,中信出版社 2010 年版。

47. 欧文·戈夫曼:《日常生活中的自我呈现》,冯钢译,北京大学出版社 2008 年版。

48. 彭兰:《网络传播学》,中国人民大学出版社 2009 年版。

49. 乔纳森·特纳、简·斯戴兹:《情感社会学》,孙俊才、文军译,上海人民出版社 2007 年版。

50. 乔纳森·H. 特纳:《人类情感——社会学的理论》,孙俊才、文军译,东方出版社 2009 年版。

51. 邱林川、陈韬文:《新媒体事件研究》,中国人民大学出版社 2011 年版。

52. 让-诺埃尔·卡普费雷:《谣言:世界最古老的传媒》,上海人民出版社 2008 年版。

53. 斯科特·拉什:《信息批判》,杨德睿译,北京大学出版社 2009 年版。

54. 苏萍:《谣言与近代教案》,上海远东出版社 2001 年版。

55. 谭旋:《暴力与反暴力:法国大革命中的恐怖政治》,黄丹璐译,山西人民出版社 2019 年版。

56. 唐·E. 艾伯利主编:《市民社会基础读本——美国市民社会讨论经典文选》,商务印书馆 2012 年版。

57. 唐绪军、吴信训、黄楚新:《中国新媒体发展报告(2019)》,社会科学文献出版社 2019 年版。

58. 特里·N. 克拉克、文森特·霍夫曼-马丁诺:《新政治文化》,何道宽译,社会科学文献出版社 2006 年版。

59. 田海:《讲故事:中国历史上的巫术与替罪》,赵凌云等译,中西书局 2017 年版。

60. 王颖吉:《媒介的暗面:数字时代的媒介文化批评》,北京大学出版社 2013 年版。

61. 王颖吉主编:《突发公共事件中的谣言传播与治理》,中国传媒大学出版社 2018 年版。

62. 沃尔特·李普曼:《公共舆论》,阎克文、江红译,上海世纪出版集团 2006 年版。

63. 沃尔特·翁:《口语文化与书面文化:语词的技术化》,何道宽译,北京大学出版社 2008 年版。

64. 乌尔里希·贝克、伊丽莎白·贝克－格恩斯海姆:《个体化》,李荣山等译,北京大学出版社 2011 年版。

65. 乌尔里希·贝克:《风险社会:新的现代性之路》,张文杰、何博闻译,译林出版社 2018 年版。

66. 谢蓓:《微传播时代的中国互联网政治研究》,中国传媒大学出版社 2014 年版。

67. 薛宝琴:《网络舆论引导机制研究》,人民日报出版社 2018 年版。

68. 严富昌:《网络谣言研究》,中国书籍出版社 2016 年版。

69. 燕继荣:《社会资本与国家治理》,北京大学出版社 2015 年版。

70. 杨国斌:《连线力:中国网民在行动》,邓燕华译,广西师范大学出版社 2013 年版。

71. 伊丽莎白·诺尔－诺依曼:《沉默的螺旋:舆论——我们的社会皮肤》,董璐译,北京大学出版社 2013 年版。

72. 于建嵘:《抗争性政治:中国政治社会学基本问题》,人民出版社 2010 年版。

73. 喻国明、李彪主编:《中国社会舆情年度报告(2015)》,人民日报出版社 2015 年版。

74. 约翰·奈斯比特:《大趋势——改变我们生活的十个方向》,孙道章译,中国社会科学出版社 1984 年版。

75. 约书亚·梅罗维茨:《消失的地域:电子媒介对社会行为的影响》,肖志军译,清华大学出版社 2002 年版。

76. 詹姆斯·C. 斯科特:《弱者的武器》,郑广怀等译,译林出版社 2007 年版。

77. 詹姆斯·柯兰等:《互联网的误读》,何道宽译,中国人民大学出版社 2014 年版。

78. 赵鼎新:《社会与政治运动讲义(第二版)》,社会科学文献出版社 2012 年版。

79. 赵来军等:《谣言传播规律与突发事件应对策略研究》,科学出版社 2016 年版。

80. 周裕琼:《当代中国社会的网络谣言研究》,商务印书馆 2012 年版。

二、中文论文

1. 白淑英、肖本立:《新浪微博中网民的情感动员》,《兰州大学学报(社会科学版)》2011 年第 5 期。

2. 曹林:《网民愤怒的利用已成为一种产业》,《中国青年报》2009 年 3 月 19 日。

3. 曾润喜:《政媒共谋:灾难事件中网络造谣与辟谣的信息行为研究——基于"8·12 天津爆炸事故"谣言的内容分析》,《电子政务》2016 年第 5 期。

4. 陈昌凤:《媒体微博:公共事件中的舆论引导者》,《新闻与写作》2013 年第 11 期。

5. 陈红梅:《网络谣言传播的特点及其应对》,《编辑学刊》2009 年第 6 期。

6. 陈焕新:《地震谣言的产生和定义》,《中国地震》1987 年第 3 期。

7. 朱力、曹振飞:《结构箱中的情绪共振——治安型群体性事件的发生机制》,《社会科学研究》2011 年第 4 期。

8. 陈相雨、丁柏铨:《抗争性网络集群行为的情感逻辑及其治理》,《中州学刊》2018 年第 2 期。

9. 成伯清:《从嫉妒到怨恨——论中国社会情绪氛围的一个侧面》,《探索与争鸣》2009 年第 10 期。

10. 崔晨:《作为哲学事件的巴迪欧"事件哲学"》,《江苏社会科学》2017 年第 2 期。

11. 董天策:《从网络集群行为到网络集体行动——网络群体性事件及相关研究的学理反思》,《新闻与传播研究》2016 年第 2 期。

12. 杜向菊:《突发公共事件网络谣言传播心理机制分析》,《新闻知识》2013 年第 8 期。

13. 冯仕政:《中国社会转型期的阶级认同与社会稳定——基于中国综合调查的实证研究》,《黑龙江社会科学》2011 年第 3 期。

14. 谷学强:《互动仪式链视角下网络表情包的情感动员——以"帝吧出征 FB"为例》,《新闻与传播评论》2018 年第 5 期。

15. 郭小安、董天策:《谣言、传播媒介与集体行动——对三起恐慌性谣言的案例分析》,《现代传播》2013 年第 9 期。

16. 郭小安、刘明瑶:《媒介动员视角下"表演式抗争"的发生与剧目——以

"中青报门口访民集体喝农药事件"为例》,《现代传播》2016 年第 5 期。

17. 郭小安:《网络公共事件中的谣言与情感动员》,载陶东风、周宪主编:《文化研究》第 20 辑,社会科学文献出版社 2015 年版。

18. 郭小安:《网络抗争中谣言的情感动员:策略与剧目》,《国际新闻界》2013 年第 12 期。

19. 韩宁:《微博实名制之合法性探究——以言论自由为视角》,《法学》2012 年第 4 期。

20. 何雪松:《情感治理:新媒体时代的重要治理维度》,《探索与争鸣》2016 年第 11 期。

21. 胡凌:《中国网络实名制管理:由来、实践与反思》,载巢乃鹏主编:《中国网络传播研究(第四辑)》,浙江大学出版社 2011 年版。

22. 胡泳:《谣言作为一种社会抗议》,《传播与社会学刊》2009 年第 9 期。

23. 黄振辉:《表演式抗争:景观、挑战与发生机理——基于珠江三角洲典型案例研究》,《开放时代》2011 年第 2 期。

24. 加里·阿兰·费因:《谣言、信任与公民社会:集体记忆与判断的文化》,陈国战译,载陶东风、周宪主编:《文化研究》第 20 辑,社会科学文献出版社 2015 年版。

25. 金兼斌、江苏佳、杨虹艳:《社会化协同辟谣:行动者网络与运行机制》,《新闻与写作》2019 年第 8 期。

26. 晋晓兵:《试论网络匿名性的消逝》,载《国际新闻界》2006 年第 10 期。

27. 李畅、陈华明:《社交媒体在社会突发暴力事件风险传播中的情感动员研究》,《新闻界》2016 年第 16 期。

28. 李强:《地震谣言与地震误传的社会心理学分析》,《国际地震动态》1988 年第 12 期。

29. 李元来:《多层面向上网络谣言的悖论特性及长效治理》,《中州学刊》2016 年第 12 期。

30. 廖卫民:《社会恐慌的传播机制与治理对策研究——基于谣"盐"风波的理论分析》,《当代传播》2011 年第 3 期。

31. 刘德良:《网络实名制的利与弊》,《人民论坛》2016 年 2 月上。

32. 刘涛:《情感抗争:表演式抗争的情感框架与道德语法》,《武汉大学学报(人文科学版)》2016 年第 5 期。

33. 栾心怡:《“贩卖焦虑”现象流行背后的传播机制》,《青年记者》2018 年 6 月中。

34. 吕新雨、赵月枝:《中国的现代性、大众传媒与公共性的重构》,《传播与社会学刊》(总)第 12 期。

35. 尼古拉斯·迪方佐、普拉尚·博尔迪亚:《流言、传言和都市传说》,艾彦译,《第欧根尼》2008 年第 1 期。

36. 施爱东:《灾难谣言的形态学分析——以 5·12 汶川地震的灾后谣言为例》,《民族艺术》2018 年第 4 期。

37. 宋守全、陈英方等:《地震谣言和地震误传事件对策》,《国际地震动态》1985 年第 4 期。

38. 宋守全、沈建、姜玉平:《1980 年中国山东省烟台地区流传的一起地震谣言及辟谣对策(调查报告)》,《国际地震动态》1981 年第 8 期。

39. 苏公望等:《1986 年 5—7 月上海地震谣言事件概况及对策》,《国际地震动态》1986 年第 12 期。

40. 孙嘉卿:《微博谣言特征及辟谣策略研究——基于新浪微博的质性研究》,《中国出版》2012 年第 10 期。

41. 孙丽:《网络谣言的类型与特征》,《电子政务》2015 年第 1 期。

42. 唐雪梅、赖胜强:《突发事件中政府对网络谣言的辟谣策略研究——以太伏中学事件为例》,《情报杂志》2018 年第 9 期。

43. 汪青云、范文娟:《我国地震谣言传播的现状、原因及政府应对策略》,《江西师范大学学报(社会科学版)》2012 年第 4 期。

44. 王国华、方付建、陈强:《网络谣言传导:过程、动因与根源——以地震谣言为例》,《北京理工大学学报(社会科学版)》2011 年第 2 期。

45. 王国华、王戈、杨腾飞、钟声扬:《网络辟谣平台的运行及效果研究》,《情报杂志》2014 年第 9 期。

46. 王君玲、石义斌:《网络事件中的民粹主义现象分析》,《国际新闻界》2009 年第 4 期。

47. 王一舟:《网络实名制的法律秩序研究》,《黑龙江政法管理干部学院学报》2019 年第 2 期。

48. 吴建、马超:《谣言研究中被遗忘的先驱——巴德斯及其经典文献的考察》,《新闻界》2016 年第 3 期。

49. 吴世文:《转向新媒体事件研究:理论命题、研究视域与理论问题》,《现代传播》2014 年第 4 期。

50. 谢贵安:《古代政治民谣及其社会舆论功能》,《湖北行政学院学报》2002 年创刊号。

51. 熊炎:《惩罚能抑制谣言传播吗?——以“转发超 500 次入刑”为例》,《新闻与传播研究》2014 年第 2 期。

52. 熊炎:《辟谣信息构成要素:一种整合框架——二战以后西方辟谣实证研究回顾》,《国外社会科学》2015 年第 1 期。

53. 徐海菊:《食品安全谣言成因及对策分析》,《食品安全导刊》2018 年第 33 期。

54. 徐亚倩:《食品安全类微信谣言的情感动员策略——基于“谣言过滤器”118 条谣言的内容分析》,《青年记者》2018 年第 26 期。

55. 燕道成、杨瑾:《网络推手炒作谣言的传播机制及其防控策略》,《华侨大学学报(哲学社会科学版)》2014 年第 4 期。

56. 扬・阿斯曼:《什么是“文化记忆”?》,陈国战译,《国外理论动态》2016 年第 6 期。

57. 杨婷:《韩国网络实名制发展脉络研究及反思》,《西南政法大学学报》2018 年第 2 期。

58. 于建嵘:《社会焦虑:当代中国必须面对的重大问题》,《党政视野》2016 年第 8 期。

59. 喻国明:《“微博谣言”是个伪命题》,《中国青年报》2011 年 9 月 11 日。

60. 张爱军、孙贵勇:《论网络谣言的治理策略》,《行政论坛》2016 年第 5 期。

61. 张忆:《网络商业谣言的成因探析——以湖南隆回金银花事件为例》,《中南林业科技大学学报(社会科学版)》2014 年第 6 期。

62. 赵昶竹:《网络推手与网络谣言的传播》,《新媒体研究》2016 年第 5 期。

63. 赵迎辉:《地方政府信息公开问题研究》,《理论学刊》2017 年第 6 期。

64. 郑燕:《民意与公共性——“微博”中的公民话语权及其反思》,《文艺研究》2012 年第 4 期。

65. 周玲、杜放:《谣言、辟谣与社会化网络——基于谣“盐”集体记忆的探析》,人民网,2012 年 2 月 17 日。

66. 周永坤:《网络实名制立法评析》,《暨南学报(哲学社会科学版)》2013年第2期。

三、英文著作

1. Axford, B. & Huggins, R. ed. , *New Media and Politics*, SAGE Publications, 2001.

2. Boler, M. ,*Digital Media and Democracy*: *Tactics in Hard Times*, The Massachusetts Institute of Technology Press, 2008.

3. Craig, G. , *The Media Politics and Public Life*, Allen & Unwin, 2004.

4. Dahlgren, P. , *Media and Political Engagement*: *Citizens*, *Communication*, *and Democracy*, Cambridge University Press, 2009.

5. Daiel J. Solove, *The Future of Reputation*: *Gossip*, *Rumor*, *and Privacy on the Internet*, Yale University Press, 2007.

6. Diana Saco, *Cybering Democracy*: *Public Space and the Internet*, University of Minnesota Press, 2002.

7. Gary Alan Fine, Vĕronique Compion-Vincent, Chip Heath ed. , *Rumor Mills*: *The Social Impact of Rumor and Legend*, Transaction Publishers, 2005.

8. Greg Daniel, *Rumor and Communication in Asia in the Internet Age*, Routledge, 2013.

9. Hamilton, J. *All the News That to Sell*, *How the Market Transforms Information into News*, Princeton University Press, 2004.

10. Harry C. Boyte, *Everyday Politics*: *Reconnecting Citizen and Public life*, University of Pennsylvania Press,2004.

11. Hassan, R. *Media*, *Politics and the Network Society*, Open University Press, 2004.

12. Nicholas DiFonzo & Prashant Bordia, *Rumor psychology*: *Social and organizational approaches*, American Psychological Association, 2006.

13. Peter Baehr, Philip Walsh ed. , *The Anthem Companion to Hannah Arendt*, Anthem Press, 2017.

14. Poe, M. , *A History of Communications*: *Media and Society from the Evolution of Speech to the Internet*, Cambridge University Press, 2011.

15. Poster, M., *Information, Please: Culture and Politics in the Age of Digital Machines*, *Duke University Press*, 2006.

16. Tamotsu Shibutani, *Improvised News: A Sociological Study of Rumor*, Bobbs-merrill, 1966.

17. Todd Gitlin, *Media Unlimited: How the Torrent of Images and Sounds Overwhelms Our Life*, Metroplitan Books/Henry Holt and Company, 2001.

18. Verna V. Gehring ed., *The Internet in Public Life*, Rowman & Littlefield Publishers, 2004.

四、英文论文

1. Allport, G. & Postman, L., "An Analysis of Rumor". *Public Opinion Quarterly*, 1994, Vol. 10 (4).

2. Dahlberg, L., "Rethinking the Fragmentation of the Cyberpublic: From Consensus to Contestation". *New Media & Society*, 2007, Vol. 9 (5).

3. Dahlberg, L., "The Internet and Democratic Discourse: Exploring the Prospects of Online Deliberative Forums Extending the Public Sphere". *Information, Communication & Society*, 2001, Vol. 4 (4).

4. Dahlgren, P., "The Internet, Public Sphere, and Political Communication: Dispersion and Deliberation". *Political Communication*, 2005, (22).

5. Fine, G., "Rumor, Trust and Civil Society: Collective Memory and Cultures of Judgment". *Diogenes*, 2007, 213.

6. Freelon, D., "Analyzing Online Political Discussion Using Three Models of Democratic Communication", *New Media & Society*, 2010, Vol. 12 (7).

7. Papacharissi, Z., "Democracy Online: Civility, Politeness, and the Democratic Potential of Online Political Discussion Groups". *New Media & Society*, 2004, Vol. 6 (2).

8. Prashant Bordia, Nicholas Difonzo, "Problem Solving in Social Interactions on the Internet: Rumor as Social Cognition", *Social Psychology Quarterly*, 2004, Vol. 67, No. 1.

9. Garrett R. Kelly, "Troubling Consequences of Online Political Rumoring." *Human Communication Research*, 2011, 37.

10. Rosnow, R., "Rumor as Communication: A Contextualist Approach", *Journal of Communication*, 1988, Vol. 38 (1).

11. Thompson, J., "Shifting Boundaries of Public and Private Life", *Theory, Culture & Society*, 2011, Vol. 28(4).